어떻게
살아야
할까

어떻게 살아야 할까

발행일	2019년 3월 15일		
지은이	강건		
펴낸이	손형국		
펴낸곳	(주)북랩		
편집인	선일영	편집	오경진, 최승헌, 최예은, 김경무
디자인	이현수, 김민하, 한수희, 김윤주, 허지혜	제작	박기성, 황동현, 구성우, 정성배
마케팅	김회란, 박진관, 조하라		
출판등록	2004. 12. 1(제2012-000051호)		
주소	서울시 금천구 가산디지털 1로 168, 우림라이온스밸리 B동 B113, 114호		
홈페이지	www.book.co.kr		
전화번호	(02)2026-5777	팩스	(02)2026-5747

ISBN   979-11-6299-567-9 03320 (종이책)   979-11-6299-568-6 05320 (전자책)

이 도서의 국립중앙도서관 출판예정도서목록(CIP)은 서지정보유통지원시스템 홈페이지(http://seoji.nl.go.kr)와
국가자료공동목록시스템(http://www.nl.go.kr/kolisnet)에서 이용하실 수 있습니다.
(CIP제어번호: CIP2019008358)

(주)북랩 성공출판의 파트너

북랩 홈페이지와 패밀리 사이트에서 다양한 출판 솔루션을 만나 보세요!

홈페이지 book.co.kr   •   **블로그** blog.naver.com/essaybook   •   **원고모집** book@book.co.kr

어떻게
살아야
할까

강건 지음

북랩 book Lab

사랑하는 후배인 강건 목사가 쓴 '어떻게 살아야 할까!'가 세상에 나오게 되었습니다. '어떻게 살아야 할까!'는 강건 목사의 피와 땀과 눈물이 담겨있는 명저입니다.

강건 목사는 하나님의 은혜를 받고 지식과 지혜의 성령님의 인도하심을 따라서 성경을 100회 이상 읽고 수천 권의 인문학책을 읽어 의식혁명을 이루어 냈습니다. 강건 목사는 체육과 출신이지만 의식혁명을 이루어 작가와 인문학 강사로 활동하고 있습니다.

대한민국의 모든 사람들이 '어떻게 살아야 할까!'를 필독했으면 좋겠습니다. 그래서 한 번밖에 살지 못하는 인생길을 방황하지 않고 잘 살아냈으면 좋겠습니다. 강건 목사의 '어떻게 살아야 할까!'가 대한민국에 널리 전파되어 아름답고 풍요로운 대한민국이 되었으면 좋겠습니다.

대전중문침례교회 **장경동 목사**

5

강건 목사는 '학문의 여왕'이라는 신학과 인문학을 공부했습니다. 100회가 넘는 성경 읽기와 수천 권의 독서를 통해서 착실하게 내면을 돌아보며 현상을 직시하는 시대의 선지자가 되었습니다. 강건 목사는 탁월한 통찰력으로 '인생을 어떻게 살아야 할까!'라는 우리의 인생과 매우 밀접하면서도 한편으로는 저 멀리 있는 것 같은, 무겁고도 친밀한 주제를 다루고 있습니다.

강건 목사의 8가지 삶의 길라잡이는 가치가 있는 목표를 정해서 걸어가게 하는 좌표가 될 것입니다. 단 한 번뿐인 내 인생을 잘 살아가기 위해, 강건 목사가 제시하는 8가지 삶의 길라잡이와 함께 걸어가기를 권합니다.

침례신학대학교 총장 **김선배**

어떻게 살아야 할까?

인생길에 정답이 있을까?

어떻게 살아야 할까? 어떻게 사는 것이 잘 사는 것일까? 인생길에
정답이 있을까? 인생길에 정답은 없다. 그러면 정답이 없는 인생을 어
떻게 살아야 할까? 어떻게 살아야 정답이 없는 인생을 잘 살아낼 수
있을까?

누구에게나 인생은 한 번만 주어진다. 인생이 한 번 이상 주어진다
면 연습을 해봐도 좋고 시행착오를 겪어도 괜찮을 것 같다. 연습을 해
보고 시행착오를 겪으면서 좋은 방향으로 수정해 가면 되기 때문이다.
하지만 누구에게나 인생은 한 번밖에 주어지지 않는다. 따라서 인생은
연습을 하거나 시행착오를 겪으면서 살아갈 여유가 있는 것이 아니다.

어떻게 사는 것이 한 번뿐인 내 인생을 잘 살아내는 것일까? 인생에
는 정답이 없지만, 그래도 해답은 있지 않을까? 정답이 정해진 답이라
면 해답은 풀어가는 답이다. 정답이 객관식의 답이라면 해답은 주관식

의 답이다.

인생은 해석이 중요하다. 어떻게 해석을 하느냐에 따라서 인생이 전혀 다른 방향으로 진행될 수 있기 때문이다. 인생이 술술 풀리는 것도 해석에 달려 있고 인생이 뱅뱅 꼬이는 것도 해석에 달려 있다. 인생의 성패가 결정이 되는 것은 해석에 달려 있다는 말이다. 인생은 어떻게 해석하고 어떻게 푸느냐가 중요하다는 것이다.

누구에게나 인생길은 두렵고 떨리는 길이다. 한 번도 가지 않은 길이기에 누구에게나 힘들고 어려운 길이다. 두렵고 떨리는 길을 어떻게 가는 것이 좋을까? 힘들고 어려운 길을 어떻게 가는 것이 좋을까?

목표의식이 확실해야 한다. 목표의식이 확실하면 잘 살아낼 수 있다. 삶의 길라잡이가 있어야 한다. 삶의 길라잡이가 확실하면 잘 살아낼 수 있다. 우리네 인생길에는 목표의식과 길라잡이가 될 8가지 길이 있다. 8가지 길을 따라서 걷다보면 누구나 삶을 아름답고 풍요롭게 살아낼 것이다.

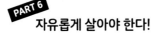

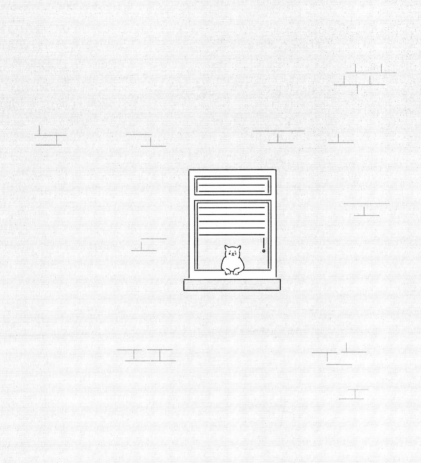

PART 1

행복하게 살아야 한다!

하늘의 뜻은 행복에 있다

어떻게 살 것인가?

어떻게 살 것인가는 가장 중요한 질문이다. 어떻게 살 것인가는 인생철학이다. 우리에게는 확고한 인생철학이 있어야 한다. 인생철학 없이 잘 살 수 있는 사람은 아무도 없기 때문이다. 어떻게 살 것인가의 인생철학은 우리의 가치관과 세계관이 명확해야 찾을 수 있는 답이다.

어떻게 살아야 할까?
어떻게 사는 것이 잘 사는 것일까?
어떻게 사는 것이 최고선의 삶을 사는 것일까?

행복하게 살아야 한다. 우리는 무조건 행복하게 살아야 한다. 삶의 목표가 무조건 행복이어야 한다. 내가 행복한 것이 가족이 행복한 것이고, 내가 행복한 것이 공동체가 행복한 것이기 때문이다. 내가 행복한 것이 나를 만나는 사람들이 행복한 것이고, 내가 행복한 것이 대한민국이 행복한 것이기 때문이다. 내가 행복한 것이 세상을 아름답게 만드는 것이기 때문이다.

우리가 최고선의 삶을 살려면 하늘의 뜻대로 살아야 한다. 하늘의 뜻을 구하고 하늘의 뜻에 따라서 살아야 한다. 하늘의 뜻대로 사는 것이 진리를 따르는 삶이고 순리를 따르는 삶이기 때문이며, 진리를 따르고 순리를 따르는 삶이 가장 이상적인 삶이기 때문이다.

하늘의 뜻은 무엇일까? 하늘의 뜻은 행복에 있지 않을까? 하늘의 뜻은 사람이 행복하게 살아가는 것이다. 사람이 행복하게 살아가는 것이 하늘의 뜻을 따르는 삶이고 진리를 따르는 삶이며 순리를 따르는 삶이다.

하늘은 무엇일까? 우리 선조들이 말하는 하늘은 무엇일까? 하늘이 무엇이기에 선조들은 하늘의 뜻대로 살았을까? 하늘이 무엇이기에 우리는 하늘의 뜻대로 살아야 할까? 하늘이 무엇이기에 사람들이 행복하게 살기를 원하는 것일까?

선조들이 말하는 하늘은 과학적으로 밝혀진 우주공간을 말하는 것일까? 선조들이 말하는 하늘은 우주공간이 아닐 것이다. 우주공간이 아니라 신의 개념이다. 우주공간 어딘가에 신이 있다는 개념이다. 우리 선조들이 말하는 하늘은 신이라는 것이다.

선조들은 '하늘이 두렵지 않느냐?', '하늘에게 부끄럽지 않느냐?'라는 말을 했다. 선조들이 하늘을 단순한 우주공간으로 받아들였다면 하늘을 두려워하거나 하늘에게 부끄러워할 필요가 없는 것이다. 우리 선조들은 하늘을 신으로 받아들였기에 하늘을 두려워하고 하늘에게 부끄럽지 않게 살았던 것이다.

우리 선조들이 말하는 하늘의 뜻대로 산다는 것은 결국 신의 뜻대로 사는 것이다. 신의 뜻대로 사는 것이 진리이고 순리라는 말이다.

하늘은 우리가 어떻게 살기를 원할까? 하늘은 우리가 행복하게 살기를 원하지 않을까? 사람이 행복하게 사는 것이 하늘의 뜻이라는 근거는 무엇인가? 하늘의 마음은 부모의 마음과 같기 때문이다.

성경에서는 신이 세상도 만들고 사람도 만들었다고 말한다. 신이 세상을 만들고 사람을 만들었다면 부모의 개념이 아닐까? 사람도 부부가 사랑하여 자식을 낳는다. 부부가 자식을 낳는 개념은 신이 사람을 만드는 개념과 동일하다.

신이 사람을 만든 이유는 무엇일까? 신이 사람을 만든 것은 행복에 있다. 사람이 행복하게 살아가도록 사람을 만든 것이다. 신은 부모의 마음을 갖고 있다. 그래서 사람이 행복하게 살기를 원하는 것이다. 부모의 마음으로 사람이 행복하게 살아가기를 원하는 것이다.

신이 원하는 것은 사람의 행복이 전부일까? 신이 사람을 만든 이유는 사람을 지배하기 위한 것이 아닐까? 신이 사람에게 경배를 받기 위해서 만든 것이 아닐까? 신이 사람에게 무엇인가 원하는 것이 있어서 만든 것이 아닐까?

신의 마음이 부모의 마음이라면 사람에게 어떤 것도 요구하지는 않을 것이다. 자식에게 무엇인가를 요구하는 부모라면 결코 좋은 부모는 아닐 것이다. 신도 사람에게 무엇인가를 요구한다면 결코 좋은 신은 아닐 것이다.

신은 어떤 존재일까? 신에게 부족한 것이 있을까? 신은 부족한 것이 아무것도 없다. 신이 부족한 것이 있다면 신이 아닐 것이다. 무엇인가를 요구한다는 것은 부족한 것이 있다는 것이다. 신은 부족한 것이 없는 존재이기에 사람에게 요구하는 것이 아무것도 없는 것이다.

부모가 자식에게 원하는 것이 있을까? 부모는 자식에게 원하는 것이 아무것도 없다. 부모는 자식이 잘 사는 것만을 바랄 뿐이다. 부모는 자식이 잘 사는 것 이외에 바라는 것은 아무것도 없다. 그리고 자식이 잘 사는 것이 아니라 다른 바라는 것이 있다면 좋은 부모는 아닐 것이다.

자식이 잘 사는 것의 최고선은 무엇일까? 자식이 잘 사는 것의 최고선은 행복하게 사는 것이 아닐까? 자식이 행복하게 살아가는 것보다 부모님을 기쁘게 해주는 것은 없을 것이다. 부모님에게는 자식의 행복이 최고선이다.

어떻게 살아야 할까

부모가 원하는 자식에 대하여 세 가지 예를 들어 보겠다. 첫 번째 자식은 부모님을 너무너무 사랑하여 수입의 50%를 부모님께 드리고 자신은 처자식과 어렵게 살아간다. 두 번째 자식도 부모님을 엄청나게 사랑하여 고부갈등이 심각하지만 무조건 부모님과 함께 산다. 세 번째 자식은 부모님에게 돈도 안 드리고 부모님과 함께 살지도 않지만 자기들끼리 너무너무 행복하게 살아간다. 그대가 부모라면 어떤 선택을 할 것인가? 정상적인 부모라면 세 번째 자식을 선택할 것이다.

행복한 사람이 행복한 가족을 만든다

사람은 무엇을 위해서 살아갈까?
사람이 살아가는 이유와 목적은 무엇일까?

사람이 살아가는 모든 이유와 목적은 행복에 있어야 한다. 사람이 추구하는 궁극적인 지향점을 찾아가다보면 결국 행복으로 좁혀지게 되어있다. 우리가 살아가는 모든 이유와 목적은 결국 행복이라는 것이다.

우리가 열심히 사는 이유는 무엇일까? 우리가 열심히 살아가는 이유는 행복한 삶을 위한 것이다. 우리가 열심히 공부를 하는 이유도 행복한 삶을 위한 것이다. 우리가 열심히 독서를 하는 이유도 행복한 삶을 위한 것이다. 우리가 돈을 벌려고 열심히 노력하는 이유도 행복한 삶을 위한 것이다. 우리가 성공하려고 열심히 노력하는 이유도 행복한 삶을 위한 것이다. 우리가 살아가는 모든 이유와 목적은 결국 행복이다.

사람의 삶의 목표는 행복에 있다. 그러나 우리는 행복하면 조금 불안한 생각이 든다. '내가 이렇게 행복해도 되나?', '나만 이렇게 행복해도 되나?' 이런 생각들이 우리를 지배하기도 한다.

우리가 행복에 대해서 불안하게 생각하는 이유는 동양적인 사고방식을 가지고 있기 때문이다. 서양적인 사고방식은 개인주의가 강하고 동양적인 사고방식은 공동체주의가 강하다. 그래서 서양에서는 개인의 행복을 중요하게 생각하지만 동양에서는 공동체의 행복을 중요하게 생각하는 것이다.

우리는 동양적인 사고방식 속에서 자라고 교육을 받아왔다. 그래서 자신의 행복에 대하여 불안한 개념을 가지고 있다. 그러나 우리에게는 행복할 권리가 있고 행복을 추구할 자유가 있다.

에리히 프롬의 『사랑의 기술』이라는 책을 보면 '자식에게 젖을 줄 수 있는 여자는 다수지만 꿀을 줄 수 있는 여자는 소수다. 행복한 여자만이 자식에게 꿀을 줄 수 있다.'라는 말이 있다.

자식에게 젖을 줄 수 있는 여자가 다수라는 것은 엄마라면 누구나 자식을 낳고 키울 수는 있다는 것이다. 배움이 많든지 적든지에 상관없이, 경제적으로 풍요롭든지 풍요롭지 못하든지에 상관없이, 교양미가 있든지 없든지에 상관없이 엄마라면 누구나 자식들을 양육할 수 있다는 것이다.

자식에게 꿀을 줄 수 있는 여자가 소수라는 것은 자식에게 정서적인 만족감을 주면서 양육하기 어렵다는 것이다. 그러나 자식에게 꿀을 주지 못한다는 것은 독을 주는 것이란 뜻이다. 21세기에 들어서 심하게 사춘기를 겪는 아이들이 많아진 것도 꿀이 아니라 독을 먹고 자랐기 때문이다.

행복한 여자만이 자식에게 꿀을 줄 수 있다는 것은, 엄마가 행복하면 자식들을 사랑으로 양육할 수가 있다는 것이다. 엄마가 행복하면 자식에게 꿀을 먹여서 양육할 수 있다는 것이다. 반대로 엄마가 불행하면 자식에게 꿀이 아니라 독을 먹여서 양육하게 된다는 것이다.

내가 사는 아파트 단지에서는 학교에 등교할 무렵이면 가끔씩 초등학교에 다닐 정도의 나이대 남자아이의 울부짖는 소리가 들린다. "엄마 잘못했어요.", "엄마 용서해주세요."라는 어린아이의 울부짖는 소리가 들린다. 그러면 나는 상상력을 발휘하여 무슨 일이 벌어졌을까를 생각해 본다.

주부들에게는 아침시간이 가장 힘든 시간이다. 특히 직장맘들의 아침은 전쟁터나 다름없다. 사실 남자들은 아침에 혼자 일어나서 밥 먹고 출근하기도 바쁘다. 그러나 직장맘들은 남자들에 비하면 엄청나게 바쁘다. 직장맘들은 자신도 출근 준비를 해야 하고, 남편과 아이들도 깨워야 하고, 아침식사 준비도 해야 한다. 남자들에 비해서 직장맘들은 정신없는 아침을 보내는 것이다.

직장맘들이 아무리 바빠도 행복한 여자라면 다르다. 자신이 행복한 여자라면 아무리 바쁘고 정신이 없어도 기쁨으로 모든 것을 감당할 수 있다. 그러나 행복하지 못한 여자라면 너무 힘들 것이다. 정신없는 아침을 보내다보면 한계가 올 때가 있다. 그러면 폭발하게 되는 것이다. 우리 아파트의 남자아이의 울부짖는 소리도 결국 한계를 맞은 아빠나 엄마 때문일 것이다.

내가 행복하면 세상이 아름다워진다

학교에 가기 좋아하는 아이가 있을까? 공부를 하기 좋아하는 아이가 있을까? 아마도 아주 극소수의 아이들만 학교에 가는 것도 좋아하고 공부를 하는 것도 좋아할 것이다.

학교에 가는 것도 싫고 공부를 하는 것도 싫은 아이가 아침부터 매를 맞거나 혼이 났다면 어떨까? 하루 종일 우울하게 보내지 않을까? 공부를 집중해서 할 수 있을까? 아마도 비효율적인 하루를 보내게 될 것이다.

직장에 출근하고 싶어서 출근하는 사람이 있을까? 일을 하고 싶어서 일을 하는 사람이 있을까? 아마도 극소수에 지나지 않을 것이다.

학교에 가는 것도 싫고, 공부도 하기 싫고, 직장에 출근하기도 싫고,

일을 하기도 싫은데, 아침부터 부부싸움을 하거나 부모님에게 혼이 난다면 하루가 어떨까? 그렇지 않아도 하기 싫었던 것들이 훨씬 더 싫어지지 않을까?

비록 학교에 가기 싫고, 공부가 하기 싫고, 직장에 출근하기 싫고, 일을 하기가 싫지만, 아침에 부부가 서로 격려하고 아껴주는 분위기라면 어떨까? 아침에 부모님에게 칭찬을 받고 사랑을 받는다면 어떨까? 하루가 행복하지 않을까?

우리는 행복을 추구해야 한다. 내가 행복한 것이 가족을 행복하게 만드는 것이다. 내가 행복한 것이 직장을 행복하게 만드는 것이고 세상을 아름답게 만드는 것이다. 내가 불행한 것이 가족을 불행하게 만드는 것이다. 내가 불행한 것이 직장을 불행하게 만들고 세상을 우울하게 만드는 것이다.

21세기 들어서 친절교육을 많이 하고 있다. 고객응대가 매출로 직결이 되기에 많은 곳에서 친절교육을 시행하는 것이다. 친절교육도 중요하지만 더 중요한 것이 있다. 친절교육보다 더 중요한 것은 직장의 분위기이다.

직장의 분위기가 좋으면 친절교육을 하지 않아도 저절로 친절하게 고객응대를 하게 될 것이다. 반대로 직장의 분위기가 나쁘면 친절교육을 아무리 많이 실시해도 불친절하게 고객응대를 하게 될 것이다.

고객들에게 친절하게 응대를 할 수 있으려면 능동적인 마음이어야 한다. 누가 시켜서가 아니라 스스로 우러나와서 고객응대를 해야 고객 감동으로 이어질 수 있는 것이다.

직원들을 능동적 인간으로 만드는 것도 직장의 분위기에 달려있고, 직원들을 수동적 인간으로 만드는 것도 직장의 분위기에 달려있다. 그리고 직장의 분위기를 좌우하는 것 중에서 가장 중요한 요소는 바로 리더의 성향이다.

리더가 밝고 활기찬 사람이라면 직장의 분위기도 밝고 활기차게 변할 것이다. 리더가 어둡고 우울한 사람이라면 직장의 분위기도 어둡고 우울하게 변할 것이다. 리더가 칭찬과 격려를 아끼지 않는 사람이라면 직원들이 능동적 인간으로 변할 것이다. 리더가 질책과 훈계를 많이 하는 사람이라면 직원들은 수동적 인간으로 변할 것이다.

직장의 분위기는 리더에게 달려 있다. 리더가 행복한 사람이라면 직원들에게 꿀을 먹이며 이끌 수 있다. 반대로 리더가 불행한 사람이라면 직원들에게 독을 먹이며 이끌게 되는 것이다.

자식교육에 있어서도 부모의 역할이 가장 중요한 요소이다. 자식교육의 최고선은 능동적 인간을 만드는 것이다. 자식이 능동적 인간이 될 수 있다면 학업성적에서도 최고의 효율을 얻을 것이다. 인간관계와 삶의 질에서도 최고가 될 것이다.

자식을 능동적 인간으로 양육을 하려면 부모가 행복한 사람이 되어야 한다. 부모가 행복하면 자식에게 꿀을 먹이며 양육할 수 있다. 그러면 자식이 모든 것을 스스로 하는 능동적 인간이 될 것이다.

우리에게는 행복할 권리가 있고 행복을 추구할 자유가 있다. 앞으로는 마음껏 행복해지기 바란다. 그대가 행복한 것이 그대의 가족이 행복한 것이고 그대의 직장이 행복한 것이며 그대가 만나는 모든 사람이 행복해지는 것이다. 그러면 그대의 행복으로 인해서 세상이 아름다움으로 물들게 될 것이다.

기쁨도 넘치고 행복도 넘치고

우리는 행복을 추구하면서 살아야 한다. 내가 행복한 것이 가족이 행복한 것이고 직장이 행복한 것이고 공동체가 행복한 것이기 때문이다. 내가 행복하면 세상이 아름다워지기 때문이다.

행복하게 살아간다는 것은 무엇일까? 행복은 어떤 모습으로 나타나는 것일까? 행복은 기쁨이 아닐까? 행복하다는 것은 기쁨이 넘치는 삶을 산다는 것이 아닐까? 행복하게 산다는 것은 기쁨이 넘치는 삶을 산다는 것이다.

기쁨이 넘치는 삶을 살려면 어떻게 해야 할까? 즐겁게 하는 것들은 채우고 우울하게 하는 것들은 줄여야 한다. 긍정적인 것들은 채우고 부정적인 것들은 줄여야 한다. 좋아하는 것들은 채우고 싫어하는 것들은 줄여야 한다.

우리에게는 행복할 권리가 있고 행복을 추구할 자유가 있다. 행복할 권리가 있고 행복을 추구할 자유가 있다는 것은 기쁨을 추구할 권리가 있다는 것이다.

기쁨을 추구하면서 산다는 것은 나의 몸과 영혼이 기쁨으로 가득하도록 채울 것은 채우고 줄일 것은 줄이면서 산다는 것이다. 그러면 누구나 기쁨으로 가득한 삶을 살게 된다는 것이다.

삶은 그리 복잡하지 않다. 어찌 보면 삶은 아주 단순한 것이다. 내가 행복을 추구하면 행복한 삶을 살 수 있고, 내가 기쁨을 추구하면 기쁨이 넘치는 삶을 살 수 있다. '대가 지불의 법칙'은 어디에나 적용이 되는 것이다. 내가 대가를 지불한 만큼 행복할 수 있고 내가 대가를 지불한 만큼 기쁨이 넘치는 삶을 살 수 있다.

지금부터는 단순하게 살아가면 좋겠다. 복잡하게 생각하지 말고 단순하게 살아가면 좋겠다. 단순하게 기쁨이 넘치는 삶을 살았으면 좋겠다.

단순하게 살아간다는 것은 그리 쉽지 않다. 우리의 실천력이나 의지력이 강하지 못하기 때문이다. 그래도 행복을 추구하고 기쁨을 추구하면서 단순하게 살아야 한다. 처음에는 쉽지 않겠지만 행복도 습관이고 기쁨도 습관이다. 행복한 습관을 만들어가고 기쁨이 넘치는 습관을 만들어가면 되는 것이다.

행복한 삶은 기쁨을 추구하면서 살아가는 것이다. 기쁨에는 두 가지 요소가 있다. 외부적인 기쁨과 내부적인 기쁨이 있다. 외부적인 기쁨은 육체적인 것이고 내부적인 기쁨은 정신적인 것이다. 육체적인 기쁨은 운동을 하거나 맛있는 것을 먹을 때처럼 몸이 만족을 느끼면 나오는 것이다. 정신적인 기쁨은 마음의 깊은 곳에서 올라오는 감정이다. 영혼의 교감이 진정으로 이루어지면 나오는 만족감이다.

외부적인 즐거움도 행복한 삶을 위해서라면 꼭 필요한 요소이다. 외부적인 즐거움에는 어떤 것들이 있을까? 외부적인 즐거움은 육체적인 활동을 할 때 얻는 것들이다. 예를 들면 운동을 하거나 맛있는 것을 먹거나 따뜻한 물로 반신욕을 하거나 좋은 옷을 입을 때인 것 같다.

행복한 삶을 위해서라면 외부적인 즐거움도 필요하지만 내부적인 기쁨은 더욱더 필요하다. 내부적인 기쁨에는 어떤 것들이 있을까? 독서를 하거나 영화를 보거나 기도를 하거나 명상을 하는 것이다. 가장 좋은 것은 마음이 통하는 사람과 대화를 하는 것이다.

영혼이 기뻐야 진짜 기쁘다

내부적인 기쁨은 어디에서 나오는 것일까? 내부적인 기쁨은 영혼에서 나오는 것이 아닐까? 영혼이 기쁨으로 충만할 때 진정한 행복을 맛볼 수 있지 않을까?

영혼이 기쁨으로 충만하려면 어떤 것이 필요할까? 영혼의 친구를 만나야 한다. 영혼이 통하는 영혼의 파트너를 만나야 한다.

그중에 그대를 만나

별처럼 수많은 사람들 그 중에 그대를 만나
꿈을 꾸듯 서로 알아보고
주는 것만으로 벅찼던 내가 또 사랑을 받고
그 모든 건 기적이었음을

나를 꽃처럼 불러주던 그대 입술에 핀 내 이름
이제 수많은 이름들 그 중에 하나 되고 오~
그대의 이유였던 나의 모든 것도 그저 그렇게

별처럼 수많은 사람들 그 중에 서로를 만나
사랑하고 다시 멀어지고
억겁의 시간이 지나도 어쩌면 또다시 만나
우리 사랑 운명이었다면
내가 너의 기적이었다면

가수 이선희 씨가 부른 「그중에 그대를 만나」라는 노래 가사의 일부
이다. 「그중에 그대를 만나」라는 노래는 결혼식에서 축가로도 많이 불
리는 노래이다. 별처럼 수많은 사람들 중에서 서로를 알아보고 사랑에

빠진다는 내용이다.

별처럼 수없이 많은 사람 중에서 서로를 알아보고 사랑에 빠진다는 것은 기적이 아닐까?

영혼의 친구를 만나는 것도 마찬가지다. 별처럼 수없이 많은 사람 중에서 영혼의 친구를 만나는 것도 기적이다. 그래서 영혼의 동반자를 만나는 것은 하늘의 축복이다. 하늘이 허락을 하셔야 영혼의 친구를 만날 수 있는 것이다.

고도원의 『꿈이 그대를 춤추게 하라』라는 책에 '영혼으로 통하는 소울메이트 한 사람을 만나기가 쉽지 않습니다. 진실되게 살아온 사람에게 주어지는 귀한 선물입니다. 다시없는 일생의 행운입니다.'라는 말이 나온다.

진정한 행복은 영혼의 친구를 만났을 때 맛볼 수 있는 것이다. 육체적인 교감이 아니라 정신적인 교감이 이루어지는 파트너를 만나는 것이다. 영혼의 친구를 만나면 정신적인 교감이 이루어지는 것이다.

스티븐 나흐마노비의 『놀이, 마르지 않는 창조의 샘』이라는 책에서 '평생에 한두 번 나타날까 말까 한 특별한 영혼의 친구가 있다. 우리가 누구인지, 어떤 사람이 될 수 있는지 깊이 이해하는 친구, 몇 마디로 우리 인생을 바꿔놓을 수 있는 친구, 스승이라고 부를 만한 친구 말이다.'라는 말도 나온다.

어떻게 살아야 할까

진정한 영혼의 친구는 평생에 한두 번 나타날까 말까 한다고 말한다. 어쩌면 평생 동안 영혼의 친구를 한 번도 못 만날 수도 있다.

그대에게는 영혼이 통하는 친구가 있는가? 영혼의 친구가 있다면 그대는 하늘의 축복을 받은 것이다. 영혼의 친구가 없다면 만나기를 바란다. 그래야 그대가 진정한 행복을 맛볼 수 있게 될 것이다.

머리가 아니라 가슴으로 선택하라

영혼의 친구를 만나야 진정한 행복감을 맛볼 수 있다. 그러나 영혼의 친구를 만나는 것은 하늘의 허락이 있어야 한다. 우리는 영혼의 친구를 만나지 못해도 행복을 누리면서 살 수 있어야 한다.

우리가 진정한 행복감을 맛보면서 살아가려면 우리는 어떤 선택을 해야 할까? 머리가 아니라 가슴으로 선택을 해야 한다. 가슴이 시키는 일을 하면서 살아야 한다는 것이다.

가슴이 시키는 일을 한다는 것은 무엇일까? 가슴이 시키는 일은 영혼이 기뻐하는 일이다. 가슴이 시키는 일은 먹고 사는 것을 목적으로 하는 것이 아니다. 가슴이 시키는 일은 나를 위한 것이 아니라 너를 위한 것이다. 가슴이 시키는 일은 이타적인 삶을 사는 것이다.

우리는 대부분 먹고 살기 위해서 일을 한다. 그리고 나의 이익을 위해서 무엇인가를 한다. 그래서 우리가 힘들게 사는 것이다. 일에서 오는 진정한 행복감을 맛보지 못하고 힘들게 사는 것이다. 어쩔 수 없어서 일을 하고, 시키는 일만을 하면서 살아가고 있다. 그래서 우리의 삶이 힘든 것이다.

지금부터는 가슴이 시키는 일을 해야 한다. 육체의 만족을 위한 것이 아니라 영혼이 기뻐하는 일을 해야 한다. 나를 위한 것이 아니고 먹고 살기 위한 것이 아니라, 일을 사랑하고 사람을 사랑하며 살아야 한다. 일을 사랑하고 사람을 사랑하는 마음이라면 우리는 얼마든지 행복감을 맛볼 수 있다.

가슴이 시키는 대로 살아야 진정한 기쁨의 삶을 살 수 있다. 가슴이 시키는 대로 일을 하면 일이 더 이상 일이 아니다. 가슴이 시키는 대로 일을 하면 일이 놀이가 되는 것이다.

가슴이 시키는 대로 너를 위해서 살아가면 의무감이 아니라 기쁨으로 행할 수 있다. 너를 위해서 하는 모든 것들을 의무감이 아니라 기쁨으로 행할 수 있는 것이다. 너를 위한 모든 것을, 마음에서 우러나오는 기쁨으로 행하면 진정한 행복감을 맛볼 수 있는 것이다.

기쁨의 최고선은 사랑이다

마음 깊은 곳에서 나오는 행복감을 맛보려면 어떻게 해야 할까? 진정한 영혼의 기쁨을 맛보려면 어떻게 해야 할까? 사랑이 답이다. 사람을 사랑하는 것이다. 사람을 사랑하면 영혼의 행복감을 맛볼 수 있다.

진실한 사랑을 실천하면 영혼의 기쁨을 맛볼 수 있다.

진실한 사랑이란 무엇일까? 우리가 마음 깊은 곳에서 나오는 행복감과 영혼의 기쁨을 맛보기 위해서는 진실한 사랑을 해야 한다.

진실한 사랑이란 무엇일까? 진실한 사랑은 길을 찾아 주는 것이다. 진실한 사랑은 어떻게 살 것인가의 길을 찾아 주는 것이다.

일반적으로 사랑의 개념은 주는 것을 말한다. 내가 가진 것을 나누어 주는 것을 말한다. 그러나 주는 것은 사랑의 매개이지 사랑의 전부는 아니다. 물론 주는 것이 사랑은 맞다. 주는 것이 사랑이 맞지만 사랑의 전부는 아니라는 것이다. 단지 사랑의 매개라는 것이다.

내가 가진 것을 나누는 것은 주는 사람의 입장에서 사랑이 맞다. 하지만 받는 사람의 입장에서는 사랑이 아닐 수도 있다.

인문학적인 관점을 갖는다는 것은 나의 관점이 아니라 너의 관점으로 세상을 보는 것이다. 인문학적인 관점은 이기적인 관점이 아니라 이타적인 관점을 갖는 것이다. 나의 관점으로 보면 주는 것이 사랑이 맞다. 하지만 너의 관점으로 보면 주는 것은 사랑이 아니라 저주일 수도 있다.

사랑을 받는다는 것은 도움을 받는 것도 포함된다. 도움을 받는 것은 좋은 일이다. 하지만 10년 동안 도움을 받는다면 말이 달라진다. 아니 평생 동안 도움을 받고 산다면 절대로 좋은 것이 아니다.

진실한 사랑이 길을 찾아준다는 것은 도움을 받은 사람이 다른 사람을 돕는 삶을 살 때까지 이끌어 주는 것이다. 내가 가진 사랑의 매개물로 처음에는 너를 돕지만 나중에는 너가 다른 사람을 도울 수 있을 때까지 길을 찾아주는 것이다.

대한민국은 세계 10위권의 경제대국이다. 하지만 40~50년 전만 해도 세계에서 가장 못사는 나라 중의 하나였다. 그러나 대한민국은 세계에서 최초로 원조받는 나라에서 원조하는 나라가 되었다.

사랑이 길을 찾아준다는 것은 대한민국처럼 되는 것이다. 대한민국도 처음에는 도움을 받았지만 길을 찾은 후에는 도움을 주는 나라가 되었다. 우리가 돕는 사람들도 마찬가지다. 처음에는 도움을 받지만 나중에는 도움을 줄 수 있는 사람이 되어야 한다.

길을 찾아주는 진짜 사랑을 실천하게 되면 마음 깊은 곳에서 기쁨이 샘솟는다. 영혼이 기뻐하며 춤을 추게 된다는 것이다. 부모에게 가장 큰 기쁨은 자식이 잘 사는 것이다. 마찬가지로 내가 길을 찾아준 사람이 잘 사는 것이 가장 큰 기쁨이 되는 것이다.

그대는 지금 행복한가? 그대가 지금 행복하다면 행복을 마음껏 누리기 바란다. 그대는 지금 행복하지 못한가? 그러면 진실한 사랑을 실천하기 바란다.

행복을 찾아서 떠나라

그대는 언제 가장 행복한가?

그대는 무엇을 할 때 가장 행복한가?

국부론의 저자인 애덤 스미스는 '인간이 불행해지는 가장 큰 이유는 자신이 언제 행복한가를 모르기 때문이다.'라고 말했다. 사람이 행복하게 살아가지 못하는 이유는 자신이 언제 행복한지를 모르기 때문이라는 것이다. 행복한 순간을 찾을 수만 있다면 누구나 행복한 삶을 살 수 있다는 것이다.

나는 전국을 다니면서 강연을 하고 있다. 전국을 다니면서 강연을 하는 나는 정말 행복한 사람이다. 다른 말로 하면 나는 팔자가 피었다. 내가 전국 방방곡곡으로 강연을 다닌다는 것은 전국 방방곡곡으로 여행을 다닌다는 것이다. 강연하러 가는 지역의 명승지에도 가고,

유명 맛집에도 들러서 맛난 음식도 먹는다. 사람들은 많은 시간과 경비를 투자하여 여행을 다니지만 나는 직업 덕분에 여행을 다니고 있다. 그것도 강사료에 교통비까지 받으면서 여행을 다니고 있는 것이다. '나는 팔자가 정말 활짝 피었다.'

전국으로 강연을 다닐 때 가장 좋은 점은 그 지역의 사람들을 만나는 것이다. 유명 여행지와 맛집에 가는 것도 좋지만 사람들을 만나는 것은 더 좋은 일이다. 나는 전국 방방곡곡에서 사람들을 만나 질문을 받거나 질문을 하는 것이 정말 좋다.

나는 전국을 다니면서 많은 질문을 한다. 가장 좋아하는 질문은 '언제 가장 행복하세요?'라고 묻는 것이다. 자신의 가장 행복한 순간을 말해 보라고 묻는 것이다. 그러면 정말 다양하고 재미있는 대답이 쏟아져 나온다. 가장 기억에 남는 대답들 중에서 몇 가지만 소개해 보겠다.

어떤 사람은 "매일 밤 잠자리에 들기 전에 샤워를 하는데, 샤워 후에 시원한 캔 맥주를 마실 때가 가장 행복하다."라는 대답을 하였다.

잠을 잔다는 것은 누구에게나 행복한 순간이다. 아무리 힘들고 어려운 하루였을지라도 잠자리에 드는 순간은 행복할 것이다. 아무리 지치고 힘든 하루였을지라도 잠을 자면 피로가 풀리는 것이다. 잠을 자는 것은 행복한 것인데 거기에 시원한 캔 맥주까지 마셨으니 얼마나 행복하겠는가?

"사무실에서 아무 생각을 안 하고 있을 때가 가장 행복한 순간이다." 라고 말해서 청중들을 웃음의 도가니에 빠지게 하신 분도 있었다.

바쁘고 분주한 일상에서 잠시 숨을 고르고 쉬는 순간이 있다면 정말 행복할 것 같다. 그래서 나는 그분의 팀장님이 누구냐고 묻고는 "앞으로 이분이 멍 때리고 있을 때는 그냥 지켜봐 주세요."라고 부탁을 했다. 멍 때리는 순간이 엄청나게 행복한 순간이라는 말을 덧붙이면서 말이다.

어떤 분은 "아무도 없이 혼자만의 시간을 보낼 때가 가장 행복하다." 라고 말했다.

그녀는 직장맘이었다. 사실 직장맘보다 더 힘든 사람도 없다. 직장에서의 업무에다가 가사와 육아까지 감당하는 직장맘들은 모두 슈퍼우먼들이다. 그녀는 직장에서도 사람을 상대해야 하고 귀가해서도 남편과 자녀들을 상대해야 하니 혼자만의 시간이 정말 그리울 것 같다. 그래서 혼자만의 시간이 가장 행복하다고 말하는 그녀의 마음이 애틋하게 다가왔다.

어떤 사람은 "골프 연습장에 가서 공을 칠 때가 가장 행복하다."라고 말했다.

그분은 학원의 선생님이셨다. 학원에서 학생들과 학부모들을 상대해야 한다. 세상에서 가장 어려운 것 중 하나가 인간관계이다. 사람을 상대하는 것은 누구에게나 어려운 것이다. 그분은 인간관계의 스트레스를 골프공을 치면서 푼다는 것이다. 골프공을 칠 때 '깡', '깡', '깡' 하고 나는 소리가 정말 좋다고 한다. 자신의 마음속에 쌓인 모든 스트레스와 함께 날아가서 속이 얼마나 후련한지 모르겠다는 것이다.

사람이 살아가는 이유와 목적은 행복하게 살기 위한 것이다. 사람이 살아가는 이유와 목적은 행복이지만, 우리는 일과 사람에 치여서 행복하게 살아가지 못하고 있다. 행복하게 살기를 원하지만 정작 행복하게 살아가는 사람은 많지 않다는 것이다. 지금부터는 행복을 추구하면서 살아야 한다. 그대의 가장 행복한 순간을 찾아서 여행을 떠나야 하는 것이다.

행복한 일탈을 시도하라

'나는 열다섯 살에 학문에 뜻을 두었고, 서른 살에 세계관을 확립하였으며, 마흔 살에는 미혹됨이 없게 되었고, 쉰 살에는 하늘의 뜻을 알게 되었으며, 예순 살에는 무슨 일이든 듣는 대로 순조롭게 이해했고, 일흔 살에는 마음 가는 대로 따라 해도 법도에 어긋나지 않았다.' 라는 말이 『논어』에 있다.

공자님은 15세에 지학(志學)하셨다. 지학은 학문에 뜻을 두셨다는 것이다. 공자님은 15세부터 공부에 자신의 모든 것을 걸어보겠다고 다짐한 것이다. 15년을 공부하시고 30세에 이립(而立)하셨다. 15세부터 15년을 공부를 하시고 30세에 홀로서기를 했다는 것이다. 공자님의 홀로

서기가 15년이나 걸렸다고 생각하실 분도 있겠지만, 30세에 홀로서기를 한다는 것은 결코 쉬운 것이 아니다. 사람이 홀로서기를 한다는 것은 정신적으로나 경제적으로 온전하게 독립을 한다는 의미이기 때문이다.

공자님은 25년을 공부하여 40세에 불혹(不惑)하셨다. 40세가 되어 어떤 유혹에도 흔들리지 않는 사람이 되었다는 것이다. 35년을 공부하시고 50세에 지천명(知天命)하셨다. 50세가 되어 하늘의 뜻을 깨달으셨다는 것이다. 누구나 50세가 된다고 지천명을 하는 것은 아니다. 공자님처럼 공부를 열심히 해야 50세에 지천명을 하는 것이다.

공자님은 45년을 공부하시고 60세에 이순(耳順)하셨다. 60세가 되니 모든 말을 순수하게 들을 수 있었다는 것이다. 사고의 폭이 넓어져서 누구하고도 대화가 통하는 사람이 되었다는 것이다. 어떤 욕이나 모함을 들어도 순수하게 받아들이셨다는 것이다. 55년을 공부하셔서 70세에 종심(從心)하셨다. 70세가 되니 마음대로 말하고 행동을 해도 예에서 벗어나지를 않았다는 것이다. 공자님은 70세에 군자의 반열에 오른 것이다.

공자님은 70세에 종심하시고 성인군자의 반열에 오르셨지만 행복한 일탈을 꿈꾸지는 않으셨을까? 아무리 훌륭한 사람이라도 육체의 옷을 벗을 때까지는 힘들고 어려운 일이 있는 것이다. 아무리 성인군자처럼 훌륭한 사람이라고 하더라도 행복한 일탈이 필요한 것이다.

그대가 꿈꾸는 행복한 일탈은 무엇인가?

우리 모두에게는 자신만의 해방구가 필요하다. 나는 스트레스를 받게 되면 영화를 보는 편이다. 술, 담배를 하지 않는 내가 최대의 사치를 부릴 수 있는 곳은 영화관이다. 영화를 보고 나오면 스트레스도 함께 빠져나가는 것 같다. 그래서 영화를 볼 때마다 마음도 차분해지고 머리도 시원해지는 느낌을 받는다.

앞서 말했듯이, 나는 전국을 다니면서 강연을 하고 있다. 때문에 강연이 없는 날은 책을 읽거나 책을 쓰면서 보낸다. 책을 읽으면서 받는 스트레스와 책을 쓰면서 받는 스트레스도 사실은 장난이 아니다. 그리고 내가 아무리 공부를 많이 했어도 인간관계는 여전히 어렵다. 나의 내공이 깊어질수록 내공이 깊은 사람들을 만나는 것 같다. 그래서 인간관계는 여전히 어려운 것 같다.

나는 사람 공부를 시작한 지 23년이 되었다. 그래서 요즘은 화가 잘 나지 않는다. 화가 나지 않으니 스트레스를 받을 일도 별로 없는 것 같다.

화가 나는 이유는 무엇일까? 화가 나는 이유는 이해가 되지 않기 때문이다. 이해가 되지 않는다는 것은 사고의 폭이 작다는 것이다. 23년 동안의 사람 공부로 나의 사고는 조금은 넓어진 것 같다. 그래서 요즘은 화가 나지 않는다. 사람들이 거의 이해가 되기 때문이다. 그러나 내가 화가 나지 않는다고 해서 스트레스를 전혀 받지 않는 것은 아니다.

스트레스가 아주 조금씩 천천히 쌓여가는 것 같다.

책을 잃거나 책을 쓰면서 받는 스트레스와 인간관계의 스트레스가 적게 보여도 한계치가 올 때가 있다. 그럴 때면 집중도 안 되고 마음도 답답해진다. 그럴 때마다 나는 영화를 본다. 그리고 영화를 보고 나오면 스트레스도 함께 빠져나와서 마음이 한결 가벼워진다.

그대의 행복한 일탈은 무엇인가?
그대는 행복한 일탈을 꿈꾸고 있는가?

그대가 행복한 삶을 살아가기 위해서는 반드시 행복한 일탈을 꿈꾸어야 한다. 다른 사람에게 피해가 가지 않고 경제적으로나 시간적으로 너무 큰 무리만 가지 않는다면 얼마든지 행복한 일탈을 꿈꾸어도 된다.

그대의 행복이 가장 중요하기 때문이다. 그대는 세상에서 가장 소중한 존재이기 때문이다. 그대가 행복한 것이 가족과 공동체와 대한민국의 행복이기 때문이다.

행복을 추구해 가는 구체적인 방법들

행복을 추구하는 가장 쉽고 가장 좋은 방법은 혼자만의 시간을 갖는 것이다. 아무도 나를 알아볼 수 없는 곳으로 가서 조용히 혼자만의 시간을 갖는 것이다. 혼자만의 시간을 갖는 장소는 너무 멀지 않았으면 좋겠다. 너무 멀면 자주 갈 수도 없고 시간과 비용도 많이 들기 때문이다.

가족들이나 친구들과 함께 여행을 떠나는 것도 좋을 것 같다. 사실 여행을 떠나면 성숙해져서 돌아온다고 한다. '집 떠나면 개고생이다.'라는 말이 있는 것처럼, 여행을 떠나기 전의 설렘과 기쁨은 잠깐이고 집을 떠나는 순간부터는 고생이 시작되는 것이다.

최근에 지인께서 중학교 2학년인 아들과 함께 스페인으로 2주 동안 여행을 다녀왔다. 그녀는 여행에서 돌아온 후에 많이 성숙해진 것 같다고 한다. 세상에서 가장 무섭다는 중학교 2학년인 아들과 말 설고 물 설은 스페인에 다녀왔으니 고생은 가히 짐작이 가고도 남는다. 그래서 얼마나 힘들었냐고 살짝 운만 띄웠더니 고생담이 줄줄이다.

여행을 떠나면 아무리 힘들고 어려워도 남는 것도 많고 스트레스도 풀리는 것 같다. 행복한 일탈을 꿈꾸는 것은 여행만큼 좋은 것도 없는 것 같다.

운동을 해보는 것도 좋을 것 같다. 좋아했던 운동이나 해보고 싶었던 운동을 하는 것도 아주 좋은 해방구가 될 것 같다. 운동을 하면 땀을 흘리게 된다. 땀을 통해서 빠져나오는 독소들은 건강을 위한 필수 요소이다.

사우나에 가서 흘리는 땀과 운동을 해서 흘리는 땀의 질은 완전히 다르다고 한다. 사우나에서 흘린 땀은 그냥 물이 흐르는 것이고 운동을 해서 흘린 땀은 몸의 독소를 포함하는 것이라서 완전히 다르다는 것이다.

산책을 하거나 등산을 하는 것도 좋을 것 같다. 산책을 하거나 등산을 하는 것의 가장 유익한 장점은 사색을 많이 하게 된다는 것이다. 활동을 하지 않고 생각을 하는 것과 활동을 하면서 생각을 하는 것은 차이가 많다. 아무래도 활동을 하게 되면 두뇌에 자극을 많이 주게 되니 좋은 생각들을 많이 하게 된다.

2014년에 스탠포드대학의 연구진들은 176명을 대상으로 창의력을 측정하는 퀴즈를 내고 앉아 있을 때와 걸을 때의 성적을 비교했다. 결과는 걸을 때의 창의력이 60% 이상 향상이 되는 것으로 나타났다. 러닝머신에서 걷든지 실외를 걷든지에 상관없이 결과는 같았다고 한다. 연구진은 유산소 운동이 도파민과 노르에피네프린 등의 뇌를 활성화시키는 호르몬의 분비를 촉진시켜서 스트레스를 줄이고 두뇌 활동을 활발하게 만든 것이라고 한다.

최근에 나는 천안과 아산을 경계로 하고 있는 광덕산에 매주 일요일마다 등산을 하고 있다. 내가 광덕산에 오르는 이유는 광덕한 사람이 되기 위해서이다. 나는 '일두독론국민독서운동'으로 대한민국을 초일류 국가로 만들겠다는 비전이 있다. 대한민국을 이끄는 사람이 되려면 대한민국에서 가장 덕이 많은 사람이 되어야 하지 않을까? 그래서 광덕산에 매주 오르고 있는 것이다.

나는 광덕산에 오르면서 많은 생각을 하고 있다. 거의 매주 오르기 때문에 좋은 생각들을 많이 하고 있다. '어떻게 살아야 할까!'를 집필하는 과정에서도 좋은 영감들을 많이 받고 있다.

행복한 일탈의 최고선은 마음이 맞는 사람과 대화를 하는 것이다. 술을 마시는 사람은 생맥주를 한잔해도 좋다. 술을 마시지 못하는 사람은 분위기 좋은 찻집에서 커피를 한잔 해도 좋다. 생맥주나 커피는 대화에서 윤활유 역할을 하기 때문이다.

사람을 만나서 대화를 할 때 가장 유의해야 할 것은 마음이 맞는 사람과 함께 해야 한다는 것이다. 대화가 통하거나 조언을 들려주거나 칭찬과 격려를 해주는 사람을 만나야 한다. 반대로 대화가 안 통해서 논쟁이 되거나 비난이나 질책을 하는 사람을 만나면 스트레스가 풀리는 것이 아니라 오히려 쌓일 수 있다.

사람을 만난다는 것은 정말 좋은 것이다. 특히 대화가 통하거나 위로가 되는 대화는 영약이 되는 것이다. 사람의 말에는 힘이 있어서 사람을 살릴 수도 있고 사람을 죽일 수도 있다. 좋은 사람을 만나서 대화를 하게 되면 스트레스도 해결되고 문제도 해결되고 건강도 좋아진다.

어떻게 살아야 할까

행복을 주는 삶이 최고지

세상에서 가장 소중한 것은 무엇일까?

세상에서 가장 소중한 것은 사람이다. 사람이 가장 귀하고 가치 있는 존재이다. 사람보다 더 귀하고 가치가 있는 것은 아무것도 없다.

그대는 어떠한가?
사람을 가장 귀하게 여기는가?
사람을 가장 가치 있게 여기는가?

사람을 돈보다 귀하게 여기는가?
사람을 권력보다 귀하게 여기는가?
사람을 명예보다 귀하게 여기는가?

우리는 사람을 가장 귀하고 가치 있게 여겨야 한다. 돈보다, 권력보다 사람을 더 귀하게 여겨야 한다. 그게 사람이 마땅히 지켜야할 본분이다.

사람이 가장 소중한 존재이지만 가장 어려운 존재이기도 하다. 인간관계가 가장 어려운 것 중의 하나가 되었다는 것이다.

인간관계가 어려워진 이유는 무엇일까?

인간관계가 어려운 이유는 사람을 쉽게 생각하기 때문이다. 사람을 소중하게 생각하지 않고 쉽게 생각하기 때문이다. 사람을 귀하게 여기지 않고 쉽게 생각하기 때문이다. 사람을 가장 가치 있는 존재로 여기지 않고 쉽게 생각하기 때문이다.

사람이 가장 귀하고 가장 소중한 존재라면 인간관계도 가장 귀하고 가장 소중하게 여겨야 한다. 그러나 우리는 인간관계를 중요하게 생각하지 않는다. 인간관계를 너무 쉽게 생각한다. 만나도 그만이고 헤어져도 그만이라고 생각한다.

한 사람을 만나는 것은 우주를 만나는 것보다 더 크고 중요한 것이다. 하지만 우리는 우주보다도 소중한 한 사람을 너무도 쉽게 생각하고 있다.

사람이 사람을 어떻게 미워할 수가 있는가? 사람이 사람을 어떻게

어떻게 살아야 할까

싫어할 수가 있는가? 사람이 사람에게 어떻게 욕을 할 수가 있는가? 사람이 사람에게 어떻게 나쁘게 대할 수 있는가? 사람이 사람에게 어떻게 폭력을 행사할 수가 있는가?

사람의 본성을 잃어버렸기 때문이다. 사람의 천성을 잃어버렸기 때문이다. 사람다움을 잃어버렸기 때문이다. 사랑하는 마음을 잃어버렸기 때문이다. 너를 위하는 마음을 잃어버렸기 때문이다.

부부가 서로의 원수가 되어가고 있다. 죽고 못 살만큼 사랑해서 결혼한 부부가 원수가 되어가고 있다. 천륜으로 연결된 부모자식이 원수가 되어가고 있다. 피는 물보다 진하다는 형제가 원수가 되어가고 있다.

간이라도 빼줄 것 같았던 친구가 원수가 되어가고 있다. 칭찬과 격려를 아끼지 않던 직장 동료가 원수가 되어가고 있다. 영원히 함께 하자던 공동체의 구성원이 원수가 되어가고 있다.

모든 것이 너를 위하는 마음을 잃어버렸기 때문이다. 너를 위하는 마음을 잃어버리고 나를 위하는 마음으로 변했기 때문이다. '사랑이 어떻게 변하니!'라고 말을 하지만, 우리는 변해도 너무 많이 변해 버렸다.

'사람이 어떻게 변하니!'
사람은 변하면 안 되는 소중한 존재이다.

영원한 사랑을 약속했던 부부가, 너만을 위해서 살겠다던 부부가 나를 위한 사람으로 변한 것이다. 자식은 눈에 넣어도 아프지 않다던 부모님이, 허벅지 살이라도 베어서 효도하던 자식이 나를 위한 사람으로 변한 것이다. 콩 한쪽이라도 나누자던 형제가 나를 위한 사람으로 변한 것이다. 친구가, 직장동료가, 공동체의 구성원이 나를 위한 사람으로 변한 것이다.

어쩌다 대한민국이 이 지경이 되었을까?

지금부터 너를 위하는 사람으로 변해가야 한다. 사람의 나라를 회복해가야 한다. 사람다운 사람을 회복해가야 한다. 홍익인간의 거룩한 이념을 회복해가야 한다.

너를 위하는 것이 축복을 불러온다

무너진 인간관계를 회복하는 비결은 너를 위하는 사람이 되는 것이다. 인간관계가 무너진 것은 나를 위하기 때문이다. 너를 위하지 않고 나를 위하기 때문에 인간관계가 무너진 것이다.

무너진 인간관계를 회복하기 위해서는, 너를 위하는 마음을 회복해야 한다. 너를 즐겁게 해주고 너를 행복하게 해주는 마음을 회복해야 한다.

부부가 서로 너를 위하는 마음을 회복해가야 한다. 부부가 어떻게 하면 너를 위하는 마음을 회복할 수 있을까?

남편은 아내와 대화를 많이 하면 좋겠다. 아내는 남편과 대화하기를 원하지만 남편은 아내와 대화하기를 원하지 않는다. 이것은 남편이 잘못된 것은 아니다. 남자들의 성향이 원래 그런 것이다. 아내들은 남편의 무뚝뚝함을 인정해주고 남편은 자신이 무뚝뚝하다는 것을 받아들이고 아내와 다정하게 대화를 나누기 위해서 노력을 하면 좋을 것 같다.

70세가 넘은 노부부가 찻집에서 나란히 앉아서 차를 마시는 모습을 보면 참 아름답다는 생각이 든다. 70대 노부부가 손을 잡고 산책을 하는 모습을 보면 많이 부럽다는 생각이 든다.

어떤 부부가 나이 들어가면서 아름다운 관계를 유지할 수 있을까? 바로 대화를 많이 하는 부부이다. 부부가 대화를 많이 하면 서로의 차이를 줄여갈 수 있다. 반대로 대화가 부족하면 서로의 차이가 깊어질 것이다. 그래서 대화를 많이 하는 부부는 아름답게 나이가 들어가는 것이고, 대화를 하지 않는 부부는 추하게 나이가 들어가는 것이다.

대화가 부족하여 결국 이혼하게 된 노부부의 슬픈 이야기가 있다. 무뚝뚝한 남편 때문에 평생을 소통의 부재 속에서 살아온 할머니는 결국 이혼을 신청하였다. 법정에서 황혼이혼을 결정하고 나오는 길. 마지막으로 식사를 함께 하기로 하였다. 노부부는 치킨집으로 가서 마지막 식사를 하게 되었다.

할아버지는 자신이 좋아하는 닭다리를 뜯어서 할머니에게 주었다. 그러자 할머니는 눈물을 뚝뚝 흘리면서 말했다. "당신은 나랑 40년을 넘게 살면서도 아직도 내가 무엇을 좋아하는지도 몰라요?"라고 말하면서 슬프게 울었다.

할아버지는 당황한 목소리로 "사실은 나는 닭다리를 좋아하지만 당신이 닭다리를 좋아한다고 생각해서 당신에게 양보를 한 것이야!"라고 말했다.

소통의 부재에서 오는 너무 안타까운 이야기이다. 할아버지는 닭다리를 좋아했고 할머니는 날개를 좋아했다. 하지만 소통의 부재로 할아버지는 자신이 좋아하는 닭다리를 양보하는 마음으로 할머니에게 주었다. 하지만 할머니는 닭다리를 싫어했던 것이다.

헤겔이라는 철학자는 '합리적인 것은 진실하며, 진실한 것은 합리적이다.'라고 말했다. 헤겔의 변증법은 정반합이라는 명제이다. 주관적 관념론과 객관적 관념론의 차이를 대화를 통하여 합의를 도출해 내자는 절대적 관념론을 주장했다. 헤겔은 진실은 합의점을 도출해가는 것이라고 말한다.

부부도 마찬가지이다. 대화를 통해서 서로의 차이를 좁혀가는 것이다. 대화를 통해서 합의점을 찾아가는 것이다. 그러면 건강한 부부가 될 수 있다.

남편들은 아내들과 대화를 시도해야 한다. 그래서 서로의 차이를 인정하고 받아들이는 단계로 발전해야 한다. 남편이 아내를 위하는 최고의 방법은 대화를 하는 것이다. 그러면 행복한 부부가 될 것이고 아름답게 나이 들어갈 것이다.

아내들은 남편들을 혼내지 말았으면 좋겠다. 내가 강연을 다니면서 "남편을 혼내지 마세요."라고 말하면 "혼날 짓을 안 해야지요."라고 대답해서 웃음의 도가니에 빠지게 하기도 한다. "나는 혼내지는 않고 말만 해요."라고 대답을 하기도 한다. 아내들은 남편을 혼내지 않고 말을 한다고 생각한다. 그러나 받아들이는 남편은 그것을 혼내는 것으로 받아들인다.

남자들은 혼나는 것을 죽기보다도 싫어한다. 이것이 남자들의 성향이다. 남자들은 인정받는 것을 좋아한다. 특히 아내에게 인정받는 것을 정말 좋아한다. 아내가 남편을 인정해 준다면 세상을 다 얻은 기분일 것이다.

여자들은 말하는 것을 좋아하기에 남편에게 말을 하는 것이지만 남편은 혼내는 소리로 받아들인다. 따라서 아내들은 남편을 바꾸기 위해서 칭찬하고 격려하는 말을 많이 했으면 좋겠다. 혼을 내서 남편을 바꿀 수 있는 사람은 아무도 없다. 오히려 칭찬을 해야 남편을 바꿀 수 있다.

부부문제로 상담을 한 적이 있다. 부부의 문제는 남편이 변하지 않는다는 것이다. 아내는 이렇게 말했다. "내가 남편이라면 이렇게 할 거예요.", "내가 남편이라면 그렇게 하지는 않을 거예요."라고 말이다.

나는 이렇게 답변을 해 주었다. "남편은 여자가 아니잖아요.", "남편은 사모님이 아니잖아요."라고 말이다.

남자와 여자는 다르다. 그러나 우리는 그 차이를 인정하지 않는다. 그래서 남자는 여자를 남자로 만들려고 하고, 여자는 남자를 여자로 만들려고 한다. 그러나 우리는 절대로 남자를 여자로 만들 수 없고 여자를 남자로 만들 수도 없다. 우리는 답이 없는 싸움을 하고 있는 것이다.

아내들은 남편을 바꾸려고 하지 말아야 한다. 특히 혼내지 말아야 한다. 그것이 남편을 위하는 최고의 방법이다. 아내들이 남편들을 바꾸려고 하지 않고 남편을 칭찬하면 행복한 부부가 될 것이다.

부모자식 관계에서도 너를 위하는 마음이 필요하다. 부모가 자식을 위하는 것은 자유를 허락하는 것이다. 부모는 자식의 삶에 깊이 관여하기를 원한다. 그래서 자식들의 일거수일투족을 알려고 하고 통제하려고 한다. 그러나 자식은 이것을 엄청난 구속과 속박으로 받아들인다. 따라서 부모는 자식에게 자유를 허락해야 한다.

자식에게 자유를 허락한다고 해서 방임을 하라는 것은 아니다. 자식에게 자유를 허락하라고 하면 방임을 하라는 것이냐고 반문하는 부모들도 있다. 자유를 허락하는 것이 곧 방임인 것은 아니다. 부모들은 자식의 모든 것을 책임지고 양육해야 한다.

자식에게 자유를 허락하기는 하되 방향 제시는 해야 한다. 부모가 원하는 것이 있을 때는 자식에게 전달을 해야 한다는 것이다. 부모가 자식에게 원하는 것이 있을 때는 어떻게 해야 할까? 자식에게 자유를 허락하는 관점이라면 쉽지 않을 것 같다.

부모가 원하는 것을 자식에게 전달할 때 중요한 것은 한 번만 말하는 것이다. 두 번 말하면 잔소리가 되기 때문이다. 그러나 우리는 마음이 급하다. 부모의 말을 듣고 자식이 즉각 실행하기를 원한다. 그래서 자식에게 반복해서 말하는 것이다.

부모님의 말을 자식이 듣지 않는 것은 아니다. 다만 소화하는 시간이 필요한 것이나. 우리가 음식을 먹어도 바로 소화가 되는 것은 아니다. 소화되는 시간이 필요하다. 자식도 부모의 말을 바로 소화할 수 없다. 소화하는 시간이 필요한 것이다. 따라서 앞으로는 한 번만 말하고 기다려주기 바란다. 그러면 많은 문제가 해결이 될 것이다.

부모가 자식을 위하는 가장 좋은 방법은 자유를 허락하는 것이다. 자유를 허락하고 기다려주는 것이다. 그러면 행복한 가족이 될 것이고 자식이 자유롭고 창의적인 인재로 자라게 될 것이다.

자식이 부모님을 위하는 것은 부모님의 말에 말대답을 하지 않는 것이다. 부모님의 말이 이해가 되지 않아도 말대답을 하지 말았으면 좋겠다. 자식이 말대답을 하는 것은 반문을 하는 것이지만 부모에게는 반항하는 것으로 들리기 때문이다.

자식이 반문을 하게 되면 부모는 반항을 하는 것이라고 생각해서 잔소리를 많이 하게 된다. 부모님의 잔소리 듣는 것을 좋아하는 자식은 없을 것이다. 따라서 부모님의 말이 이해가 잘 안 되어도 말대답을 하지 말고 차분하게 생각해야 한다. 생각을 하다보면 처음에는 이해가 되지 않았던 부모님의 말이 이해가 될 것이다. 그러면 부모님과 좋은 관계를 유지할 수 있다.

자식이 부모님을 위하는 가장 좋은 것은 부모님에게 말대답을 하지 않는 것이다. 그러면 부모님과의 관계가 아주 좋아지고 너그러운 부모님이 되어 행복한 가정이 될 것이다.

'가화만사성'이라는 말이 있다. 가족이 화목하면 만사가 잘 된다는 것이다. 부부가 서로 사랑하고 서로를 위해서 살고 부모자식이 서로 이해하고 존중해 준다면 만사가 잘 될 것이다.

부부가 끊임없이 싸우고 부모자식이 끊임없이 반목한다면 어떻게 되겠는가? 될 일도 안 될 것이다. 따라서 부부가 서로 사랑하고 서로를 위하는 삶을 살고, 부모자식이 서로 믿어주고 서로를 위하는 삶을 사는 것은 '가화만사성'을 이루는 최고의 비결이다.

부부가 서로 너를 위하고 너의 행복을 위한다면 최고의 가족이 될 것이다. 부모자식이 서로 너를 위하고 너의 행복을 위한다면 행복한 가족이 될 것이다. 그러면 자연스럽게 '가화만사성'을 이루게 될 것이다.

행복을 주는 삶을 살자

사람이 살아가는 이유는 행복에 있다. 내가 살아가는 이유가 행복에 있다면 너가 살아가는 이유도 역시 행복에 있다. 따라서 우리는 행복을 주는 삶을 살아야 한다. 내가 행복을 위해서 사는 것처럼 너도 행복하게 살아야 하는 것이다.

행복을 주는 삶을 산다는 것은 무엇일까? 행복을 주는 삶을 사는 것은 너를 즐겁게 해주는 것이다. 행복이라는 말은 조금은 막연하다. 그래서 행복을 구체화하는 것은 기쁨이고 즐거움이다. 내가 행복하게 사는 것은 기쁨이고 너를 행복하게 해주는 것은 즐거움을 주는 것이다.

지금부터는 행복을 주기 위해서 살아가야 한다. 남편은 아내를 즐겁게 해주기 위해서 노력하고 아내는 남편을 즐겁게 해주기 위해서 노력하자. 부모는 자식을 즐겁게 해주기 위해서 노력하고 자식도 부모님을 즐겁게 해주기 위해서 노력하자.

부부가 서로를 즐겁게 해주기 위해서 노력하고 부모자식이 서로를 즐겁게 해주기 위해서 노력하듯이, 내가 만나는 모든 사람을 즐겁게 해주기 위해서 노력하면 된다.

부부가 서로를 위하듯이 내가 만나는 모든 사람을 위한다면 어떤 세상이 올까? 부모자식이 서로를 위하듯이 내가 만나는 모든 사람을 위한다면 어떤 세상이 될까? 그대가 꿈꾸는 세상이 될 것이다.

행복을 주는 삶이 최고의 삶이다. 내가 행복을 추구하면서 살아가는 것이 가장 좋은 것이다. 하지만 내가 만나는 모든 사람들에게 행복을 주는 삶을 사는 것은 더욱 더 좋은 것이다. 행복을 주는 삶은 홍익인간의 이념을 실천하는 것이고 사람다움의 길을 걷는 것이다. 따라서 지금부터는 만나는 모든 사람에게 행복을 주는 삶을 살기 바란다.

어떻게 살아야 할까

PART 2

당당하게 살아야 한다!

자신 있게 당당하게 맞서라

그대는 어떤 세상을 꿈꾸는가?

그대는 어떤 세상을 바라는가?

사람은 누구나 자신이 꿈꾸는 세상이 이루어지기를 기대한다. 그리고 누구나 자신 앞에는 천국 같은 세상이 펼쳐질 것이라고 기대한다. 자신 앞에 펼쳐지는 세상이 호의적이기를 바란다. 자신 앞에 펼쳐지는 세상이 모두 밝고 환하기를 바란다.

우리가 바라는 세상과 현실의 세상은 어떤가? 비슷한가? 아니면 많은 차이가 있는가?

세상은 그리 만만하지가 않다. 세상은 너무 각박하다. 약육강식의 세계는 동물의 세계만이 아니다. 사람이 사는 세상도 동물이 사는 세상과 비슷한 세상이다.

21세기의 세상은 어떤 세상일까? 21세기의 세상은 무섭도록 냉혹하다. 힘없고 약한 사람들에게 너무도 냉혹한 세상이다.

서울 지하철 2호선 구의역에서 2016년 5월 28일에 스크린도어 수리와 관련된 사망 사고가 발생했다. 구의역 내선순환 승강장에서 스크린도어를 혼자 수리하던 외주 업체 직원 김모 군이 출발하던 전동열차에 치어 사망한 사고이다.

지하철 안전 수칙에 따르면 2인 1조로 스크린도어 수리 작업이 진행되어야 한다. 하지만 김모 군은 사고 당시 혼자 작업하고 있었던 것으로 알려졌다. 구의역 사건으로 인권에 대한 논란이 많이 일어났다. 개인 과실의 문제가 아니라 열악한 작업 환경과 관리 소홀이 근본적인 문제로 지적되었다. 경찰도 관리와 감독을 부실하게 했던 서울메트로의 책임이 크다고 보고 있다.

구의역에서 숨진 김모 군은 비정규직 수리공이었다. 월급을 144만 원밖에 못 받았지만 컵라면도 못 먹을 정도의 중노동에 시달렸다고 한다.

2017년 11월 9일, 제주시의 용암해수산업단지에 있는 음료회사에서 제주에서 현장실습을 받던 이모 군의 목이 제품 적재기의 벨트에 끼는 사고가 발생했다. 이모 군은 치료를 받던 중에 2017년 11월 19일에 숨을 거두었다.

서귀포 시내에 있는 특성화고등학교의 학생인 이모 군은 2017년 7월 말에 해당 업체로 현장실습을 나갔다. 학교와 업체는 현장실습 표준협약서를 작성했다. 하지만 업체는 별도로 이모 군과 근로계약을 체결하고 일반직원들처럼 업무를 하게 했다고 한다. 산업체 현장실습을 모니터링하고 점검해야 할 취업지원관은 제주에 한 명도 없었다고 한다. 이모 군의 사고는 구조가 만든 인재라는 지적이 많다.

구의역의 김모 군은 19세였고 제주의 이모 군은 18세였다. 18세와 19세의 꽃다운 청년들이 너무도 어처구니없게 세상을 떠난 것이다. 힘없고 약한 사람들에게 너무도 냉혹한 세상에 의해서 피어 보지도 못하고 지게 된 것이다.

우리의 인생길에 꽃길만 펼쳐지는 것은 아니다. 때로는 온기를 전혀 느낄 수 없을 만큼 냉혹한 가시밭길이 우리네 인생길이고 우리네 세상이다.

세상이 힘없고 약한 사람들에게 잔인하다고 숨죽이면서 살아야 하는가? 강자들의 세상에서 약자들은 기 한 번 못 펴고 살아야 하는가? 절대로 그러면 안 된다. 우리는 자신감을 가지고 당당하게 맞서야 한다. 아무리 세상이 냉혹해도 우리는 강하고 당당하게 도전을 해야 한다.

흔들리지 않고 피는 꽃이 어디 있으랴
이 세상 그 어떤 아름다운 꽃들도
다 흔들리며 피었나니
흔들리면서 줄기를 곧게 세웠나니
흔들리지 않고 가는 사랑이 어디 있으랴

- 도종환, 「흔들리며 피는 꽃」 중에서

세상은 바위처럼 단단하고 우리는 계란처럼 약하다. 그래도 세상이라는 바위에 나라는 계란을 끊임없이 던져야 하지 않을까? 나라는 계란을 끊임없이 던지다 보면 바위에 많은 흔적들을 남길 수 있지 않을까? 그리고 바위에 흔적들이 쌓이면 언젠가는 바위가 깨지는 날도 오게 되지 않을까?

계란이 스스로 깨고 나오면 병아리가 되지만 누군가 대신 깨주면 프라이가 된다고 한다. 그대는 프라이가 될 것인가? 아니면 병아리가 될 것인가? 세상이라는 거대한 바위 앞에 나라는 계란을 끊임없이 던지는 것도 스스로 계란을 깨고 나오는 과정일 것이다.

당당하려면 도전정신이 필요하다

세상에는 0.1%의 창의적인 사람이 있고 0.9%의 창의적이지는 못하지만 창의적인 사람들을 지지하는 사람이 있다. 그리고 99%의 창의적이지도 못하고 창의적인 사람들을 지지하지도 않는 사람이 있다고 한다.

0.1%의 창의적인 사람들이 새로운 것을 내놓으면 0.9%의 사람들이 동조를 하고 함께 추진을 한다. 그래서 1%의 사람들이 세상을 진일보 시켜놓는다고 한다. 그러면 관망하던 99%의 사람들은 세상이 좋아졌다고 말하면서 진일보된 세상을 마음껏 누린다고 한다.

그대는 어느 쪽에 서 있는가? 그대는 1%에 서 있는가? 아니면 99%에 서 있는가? 1%에 서 있다면 더 노력할 것이고 99%에 서 있다면 1%가 되기 위한 노력을 경주해야 할 것이다.

우리가 당당하게 살아가려면 1% 안에 드는 삶을 살아야 한다. 내가 가진 것이 아무것도 없어도 당당하게 살아가려는 도전정신이 필요하다. 현재는 아무도 나를 알아주지 않아도 1%의 삶을 살아가고 있다면 당당할 수 있다.

꿈 멘토로 활동하고 있는 김수영 씨는 불우한 가정환경에서 자랐다. 그녀는 중학생 시절을 음주와 흡연 그리고 가출을 일삼는 비행 청소년으로 보냈다. 실업계 고등학교에 입학을 한 뒤 대학에 가겠다는 꿈을 갖게 되면서 그녀의 삶이 변하기 시작했다. 그러나 대학에 가고 싶다는 그녀의 꿈은 '네 분수를 알아라.'라는 비웃음을 받는 꿈이었다. 그래도 그녀는 포기하지 않았다. 그녀에게는 불타는 도전정신이 있었기 때문이다.

그녀는 '도전 골든벨'에 출연하여 실업고 출신으로는 최초로 골든벨을 울리게 된다. 그리고 누구나 가고 싶어 하는 연세대에 입학을 하게 된다. 연세대를 졸업하고 외국계 은행에 취직을 하였으나 암 선고를 받게 된다. 암 선고를 받고 나서 꿈의 길을 걷기 시작한다. 언제 죽을지도 모르니 하고 싶은 일을 마음껏 해야겠다고 생각했다. 그녀는 퇴사를 하고 꿈의 길을 걷기 시작한다. 그녀는 73개의 꿈 리스트를 작성하고 70여 개국에서 이미 46개의 꿈을 이루었다. 현재는 그녀의 꿈 리스트가 83개로 늘어났고 꿈을 이루기 위한 위대한 도전을 이어가고 있다.

김수영 씨의 인생역정은 한 편의 드라마가 되었다. 그녀가 모든 것을 극복하고 꿈 멘토의 삶을 살게 된 것은 불굴의 도전정신에서 나온 것이다. 그녀는 불타는 도전정신으로 뜨거운 삶을 살았다. 그리고 자신감으로 똘똘 뭉친 당당한 여자가 되어 가고 있다.

우리에게 필요한 것도 김수영 씨와 같은 불타는 도전정신이다. 어떤 상황과 환경에서도 그녀와 같은 불굴의 도전정신이 있다면 당당하고 자신감 넘치는 삶을 살 수 있을 것이다.

당당하려면 목표의식이 분명해야 한다

목표의식은 무엇일까? 목표의식은 '내가 왜 사는가?'와 밀접하게 연관이 된다. 우리가 당당하게 살아가지 못하는 이유는 '내가 왜 사는가?'에 대한 답을 찾지 못해서이다. 지금부터는 '내가 왜 사는가?'의 답을 찾아야 한다. 그래야 당당하고 자신감이 넘치게 살아갈 수 있다. '내가 왜 사는가?'는 인생철학이다. 인생철학이 확고해야 당당하고 자신감 있는 삶을 살 수 있다.

학생이라면 '내가 왜 공부해야 하는가?'에 대한 답을 찾아야 한다. 학생들이 당당하지 못하고 자신감이 없는 것은 공부를 해야 하는 목표의식을 상실했기 때문이다. 자녀들에게 공부하라고 강요를 하기 전에 왜 공부를 해야 하는지에 대한 목표의식을 찾아주어야 한다. 대부분의 학생들이 목표의식이 없기에 공부를 하는 것이 힘든 것이다.

선생님이라면 '내가 왜 가르쳐야 하는가?'에 대한 답을 찾아야 한다. '교육의 질은 교사의 질을 넘지 못한다.'라는 말이 있다. 선생님들이 목표의식을 잃어버렸기에 대한민국의 교육에 문제가 많은 것이다. 지금부터는 선생님들이 '왜 가르쳐야 하는가?'에 대한 확실한 답을 찾아가야 한다. 선생님들이 목표의식을 찾으면 대한민국 교육의 미래는 밝을 것이다.

부모라면 '내가 왜 자녀교육을 하는가?'에 대한 답을 찾아야 한다. 부모가 목표의식이 없기 때문에 자식을 공부하는 기계로 만들고 있다. 이는 어디까지나 좋은 대학에 들어가기 위한 방편이며 좋은 회사에 취직하기 위한 방편일 뿐이다. 그래서 자식이 공부기계가 되었고 일하는 기계가 되어가는 것이다. 물론 자식이 좋은 대학도 가고 좋은 회사에도 가야 한다. 그러나 더 중요한 것은 인성이고 사람다움이다. 부모가 교육철학을 재정립하면 당당하고 자신감이 넘치는 자식으로 양육하게 될 것이다.

직장인이라면 '내가 왜 일하는가?'에 대한 답을 찾아야 한다. 직장인들이 매너리즘에 빠지는 이유는 목표의식을 상실했기 때문이다. '왜 일하는가?'의 목표의식의 부재로 인하여 당당하게 살아가지 못하는 것이다. 일을 하고 싶어서 일을 하는 사람이 얼마나 될까? 일하고 싶어서 일을 하는 사람은 소수일 것이다. 하기 싫은 일을 목표의식도 없이 하고 있으니 직장생활이 지옥이 되는 것이다. 직장인들이 목표의식을 찾으면 행복하고 당당한 직장인이 될 것이다.

기업인은 '왜 사업을 하는가?'에 대한 답을 찾아야 한다. 기업인이 목표의식이 없으면 사업의 목적이 오직 돈에 맞춰지게 된다. 사업의 목적이 돈에 맞춰지면 직원들을 돈 버는 기계로 여기게 될 것이다. 그러면 사업장이 지옥이 되는 것이다. 기업인이 목표의식을 갖게 되면 사업장이 천국이 될 것이다. 기업인이 목표의식이 확고하면 당당하고 자신감 있게 경영하게 될 것이다.

정치인이라면 '내가 왜 정치를 하는가?'에 대한 답을 찾아야 한다. 대한민국 정치가 국민에게 신뢰를 주지 못한지가 오래되었다. 정치인이 국민에게 신뢰를 주지 못하는 가장 큰 이유는 정치철학의 부재이다. '내가 왜 정치를 하는가?'에 대한 정치철학을 상실했기 때문이다. 정치인이 목적의식을 회복하면 국민에게 희망을 주게 될 것이다. 그러면 국민은 미래에 대한 걱정이 없이 현실을 즐기면서 행복하게 살게 될 것이다.

어떻게 살아야 할까

종교인이라면 '내가 왜 종교 지도자가 되었는가?'에 대한 답을 찾아야 한다. 종교인이 목표의식이 없기 때문에 종교가 걱정거리가 된 것이다. 종교인은 사람들을 위로하고 격려하는 사람이 되어야 한다. 하지만 대한민국의 종교인을 국민이 걱정을 하고 위로를 하고 있는 실정이다. 종교인의 목표의식의 부재가 가져온 커다란 아픔인 것이다.

당당하고 자신감이 넘치는 삶을 살기 위해서는 반드시 인생철학과 목표의식을 회복해야 한다. 인생철학과 목표의식이 확고한 사람은 현실의 어려움에 굴하지 않는다. 현실의 어려움을 극복하고 당당하고 자신감이 넘치는 미래가 있는 사람이 될 수 있다.

쫄면 불고 울면 바보다

쫄지 마라! 쫄지 마라! 쫄지 마라!

내가 마음이 약해질 때마다 외치는 주문이다. 나는 초 긍정마인드를 가진 사람이다. 하지만 내가 아무리 초 긍정마인드로 무장을 하고 있어도 가끔은 마음이 약해지기도 한다. 나는 마음이 약해질 때마다 스스로에게 주문을 건다.

쫄지 마라! 쫄지 마라! 쫄지 마라!

미래가 확실한 사람이 있을까? 미래가 확실한 사람은 아무도 없다. 어느 누구도 미래에 대하여 확신을 가질 수 없는 것이다. 만약 미래에 대해 확신을 가지고 있는 사람이 있다면 그는 아마도 사람이 아닐 것이다.

누구에게나 미래는 불투명하다. 불투명한 미래 때문에 우리가 당당함을 잃어버리고 살아가고 있는 것이다. 그러나 미래가 불투명하다고 항상 전전긍긍하면서 살아야만 할까? 항상 걱정과 염려를 한가득 안고 살아가야만 할까?

쫄면 붙고 울면 바보다. 절대로 쫄지도 말고 울지도 말아야 한다. 어떤 상황과 환경에서도 당당함을 잃지 말고 살아야 한다.

오래 전 미용실에서 있었던 일이다. 30대 주부로 보이는 여자 분이 울고 있었다. 사연을 알아보니 그녀가 원하는 대로 파마가 나오지 않았고 환불을 요구하자 안 된다며 거절당했단다. 그녀는 30분 넘도록 울고 있었다.

울고 있는 그녀를 보면서 많은 생각이 들었다. 운다고 해결이 되지 않을 것이다. 울지 말고 당당하게 대처를 했어야 한다. 먼저 미용실 내규를 보여 달라고 요구를 했어야 한다. 그리고 정확한 규정을 알아보고 피해보상을 받을 수 있는지 없는지를 먼저 알아 봤어야 했다.

피해보상 규정에 의해 보상을 받을 수 있는 상황이라면 담당직원이 아니라 미용실에서 가장 높은 사람을 찾았어야 했다. 가장 높은 사람에게 면담을 요청하고 당당하게 보상을 요구하면 되었다. 만약 피해보상 규정에 의해서 보상을 받을 수 없는 상황이라면 쿨하게 인정하면 되는 것이다.

우리가 당당하게 살아가려면 되는 것은 되고 안 되는 것은 안 된다는 것을 받아들여야 한다. 되는 것은 당당하게 요구하고 안 되는 것은 쿨하게 포기할 수도 있어야 한다. 가능한 일에 자신감이 없어서 쩔쩔매는 것도 문제가 있는 것이고 불가능한 일에 집착을 하는 것도 문제가 있는 것이다. 당당하게 요구하되 쿨하게 포기하는 것도 당당한 삶을 살아갈 수 있는 필수요소이다.

쫄면 안 된다. 쫄면 불어터진다. 불어터진 면은 먹을 수 없다. 그러니 절대로 쫄면 안 된다. 아무리 절체절명의 상황에서도 절대로 쫄면 안 된다. 우리도 쫄면 불어터진 면발처럼 된다. 그러면 아무짝에도 쓸모가 없게 된다.

울지도 마라. 울면 바보취급을 받는다. 물론 눈물이 치료제 역할을 하기도 한다. 그러나 눈물이 치료제의 역할을 하는 것은 혼자 조용히 눈물을 흘릴 때이다. 사람들 앞에서는 절대로 울면 안 된다. 울면 바보취급을 받기 때문이다. 아무리 머리가 노래지고 아무리 힘든 순간에도 절대로 울면 안 된다. 당당하게 고개를 들고 정면 돌파를 해야 한다.

메이저리그의 최고 명문구단인 뉴욕양키스 야구단에서 오랫동안 주장을 맡았던 데릭 지터라는 야구선수가 있었다. 그는 몸에 맞는 볼을 맞고도 절대로 아픈 척을 하지 않았다고 한다. 상대방에게 약한 모습을 보이기 싫었기 때문이다.

메이저리그의 투수들은 대부분 시속 150㎞ 이상의 빠른 공을 던진다. 150㎞ 이상의 빠른 공에 맞으면 뼈가 부러지기도 하고 근육이 파열되기도 한다. 그럼에도 불구하고 데릭 지터는 한 번도 아픈 척을 하지 않았다.

메이저리그에서 최고 몸값을 자랑하는 뉴욕양키스 야구단을 이끄는 주장은 아무나 하는 것이 아니다. 데릭 지터의 강하고 당당한 정신력이 오랫동안 뉴욕양키스의 주장을 하게 만든 원동력인 것이다.

사람은 정신이 중요하다. 정신이 강하고 당당하면 절대로 무너지지 않는다. '호랑이 굴에 잡혀가도 정신만 차리면 산다.'라는 말처럼 어떤 상황과 환경에서도 정신을 차리면 이겨낼 수 있는 것이다. 지금부터는 쫄면 붙고 울면 바보가 된다는 생각으로 정신을 강하게 해야 한다.

당당하려면 김구 선생님처럼

대한민국의 독립 운동사를 대표하는 인물은 김구 선생님이시다. 김구 선생님은 국민들에게 가장 존경받는 위인 중 한 사람이다. 김구 선생님은 임시정부의 수반으로 대한민국을 대표하는 사람이었다. 지금으로 말하면 대통령과 같은 위치에 있었던 사람이다. 평생을 자신의 안위가 아니라 대한민국의 독립을 위해서 모든 것을 바쳤던 위대한 인물이다.

김구 선생님은 청년 시절에 황해도 안악 바닷가에 있는 치하포객주

란 곳에서 일본인을 살해하였다. 조선인으로 변장을 하고 칼을 품에 감추고 있는 일본인을 명성황후의 시해범이라고 생각하고 살해한 것이다.

> "나는 사사로운 이익을 위해서 일본인을 죽인 것이 아니다.
> 조선의 수치를 씻기 위해 일본인을 죽인 것이다.
> 국모의 원수를 갚기 위해 방방곡곡에서 일어난 의병을 떠올려 보라.
> 나는 옳은 일을 했고 죄가 없으니
> 달아나지 않고 내 집에서 기다리고 있었다."

김구 선생님은 사형선고를 받고 감옥에 수감이 되었다. 그러나 김구 선생님은 감옥에서도 당당한 모습을 잃지 않았다. 1890년대의 감옥에서 수감자들은 사람이 아닌 짐승 취급을 받았다. 수감번호 413번의 김구 선생님은 첫날부터 간수인 이영달에게 살이 터지고 뼈가 으스러져라 폭행을 당했다. 간수가 아닌 다른 죄수들에게도 수없이 많은 구타를 당했다. 당시 감옥에는 인권은 없고 오직 폭력만 있었을 뿐이다.

김구 선생님은 감옥에서 깨달음을 얻게 된다. "투견처럼 살지 말자. 사람이 사람을 무는 법은 없는 것이다. 사람대접을 해주자. 나를 폭행하는 사람을 개로 취급하면 나도 개 취급을 받을 뿐이다." 김구 선생님은 이런 생각을 하고 자신을 폭행하는 사람들을 사람으로 귀하게 여기게 된다. 사람을 사랑하는 마음으로 김구 선생님은 모든 억압과 폭행에도 당당하게 감옥 생활을 이어갈 수 있었던 것이다.

김구 선생님은 사형집행일이 되어 사형장에 끌려가는 신세가 되었다. 김구 선생님은 사형장에서도 당당함을 잃지 않았다. "조선인이 나라를 위해 전쟁터에서 적군을 죽인 것이다. 그게 어떻게 죄가 되겠는가?"라고 말하면서 당당하고 담대하게 죽음을 받아들였다. 대한민국을 사랑하고 사람을 사랑하는 마음이 하늘에 닿아서일까? 사형집행이 시작되기 직전에 고종의 어보가 날아들어 구사일생으로 목숨을 구하게 된다.

김구 선생님은 사형이 집행되는 절체절명의 상황에서도 당당하게 서 있었다. 일본인들에게 두려워하는 모습과 부끄러운 모습을 보일 수는 없었던 것이다. 우리도 마찬가지다. 어떤 상황과 환경에서도 쫄면 불고 울면 바보가 된다는 생각으로 담대하게 이겨내야 한다. 비바람이 몰아치고 눈보라가 몰아쳐도 한결같은 모습으로 굳건하게 서 있는 푸른 소나무처럼 당당하게 나의 자리를 지켜야 한다.

당당하게 독배를 마신 소크라테스

소크라테스는 아테네의 청년들을 타락시키고 신성을 모독했다는 이유로 고소를 당했다. 500명의 배심원들 앞에서 재판을 받았고 결국 독배를 마시라는 사형선고를 받았다.

소크라테스가 독배를 마시고 세상을 떠날 때의 나이가 70세였다.

감옥에 감금이 된 소크라테스를 위해서 그의 친구들은 간수를 매수하였다. 그리고 탈옥을 해야 한다고 간절하게 소크라테스를 설득하였다. 그러나 소크라테스는 '악법도 법이다.'라는 유명한 말을 남기면서 거절하였다.

독배를 마시고 죽는 자신을 위해서 슬퍼하는 친구들을 오히려 위로하였다. "지금이야말로 죽음을 선택할 적당한 시기이며, 언제 죽더라도 사람은 땅에 묻히기 마련이다."라고 말하면서 담대하게 죽음을 선택한다.

소크라테스는 독배를 가지고 오는 간수에게 물었다. "자네는 이런 일에 익숙하니 내가 어떻게 하는 것이 좋은지를 말해주게."라고 말한다. 간수는 "독을 마신 다음 다리가 무거워질 때까지 걷다가 옆으로 누우세요. 그럼 독이 잘 퍼지게 됩니다."

죽음을 두려워하지 않는 사람이 있을까? 죽음 앞에서 자유로운 사람이 있을까? 아마도 죽음 앞에 자유로운 사람은 아무도 없을 것이다. 죽음을 두려워하지 않을 사람도 아무도 없을 것이다. 그러나 소크라테스는 죽음 앞에서도 당당했다. 오히려 자신의 죽음을 슬퍼하는 친구들과 아내를 위로하기까지 했다.

우리도 마음의 힘을 길러야 한다. 죽음 앞에서도 당당했던 소크라테스처럼 우리도 어떤 상황과 환경에서도 흔들리지 않고 당당한 사람이 되어야 한다.

어떻게 살아야 할까

절대로 쫄면 안 되고 울어서도 안 된다. 소크라테스처럼 당당하게 살아가야 한다. 때로는 삶이 그대를 속이고 그대를 무너뜨리려고 하여도 절대로 쫄지도 말고 울지도 말고 당당한 모습으로 서 있어야 한다.

김구 선생님은 지옥 같은 감옥 생활에서도 사람을 사랑하는 마음으로 자신의 본분을 지켰고 사형이 집행되는 순간에도 의연하게 자신을 지켰다. 김구 선생님의 당당하고 자신감이 넘치는 모습이 대한민국 역사에서 가장 위대한 독립운동가로 기억되게 만든 힘의 원천이다.

소크라테스는 탈옥을 할 수도 있었지만 명예로운 죽음을 선택했다. 자신의 죽음을 슬퍼해주는 친구와 아내를 오히려 위로하였다. 죽음 앞에서도 굴하지 않고 당당하게 서 있던 소크라테스는 세계 역사상 가장 위대한 철학자로 남게 된 것이다.

우리가 지금은 비록 내세울 것이 하나도 없고 보잘 것이 없다고 해도 당당하고 자신감 있는 모습으로 살아가야 한다. 세상이 우리를 아무리 힘들게 하고 세상이 우리를 무너뜨리려고 하여도 우리는 당당한 모습으로 굳건하게 서 있자. 그래서 우리의 삶도 먼 훗날에 아름답게 기억되도록 살아가자.

당당하려면 힘부터 길러라

세상에서 가장 중요한 것은 무엇일까?

세상에서 가장 중요한 것은 마음이다. 내가 어떤 마음으로 살아가느냐가 나의 인생을 완전히 달라지게 만들기 때문이다.

누구나 성공하고 싶어 한다. 성공하고 싶어 하지 않는 사람은 아무도 없다. 성공은 어디에서 나오는 것일까? 성공은 마음에서 나온다. 성공하려는 간절한 마음이 성공적인 삶으로 이끄는 것이다.

누구나 행복해지고 싶어 한다. 행복하게 살고 싶지 않은 사람은 없다. 행복은 어디에서 나오는 것일까? 행복도 마음에서 나온다. 행복한 삶을 살겠다는 간절한 마음이 선행되어야 행복할 수 있는 것이다.

어떻게 살아야 할까

누구나 건강하고 싶어 한다. '돈을 잃으면 조금 잃는 것이요, 명예를 잃으면 많이 잃는 것이요, 건강을 잃으면 전부를 잃는 것이다.'라는 말처럼 건강은 모든 것이다. 건강은 어디에서 나오는 것일까? 건강도 마음에서 나온다. 건강하게 살겠다는 간절한 마음이 없이는 절대로 건강할 수 없는 것이다.

마음이 가장 중요하다. 우리의 마음이 가장 중요하지만 우리의 마음은 한없이 약하다. 그래서 파스칼이라는 철학자는 '인간은 생각하는 갈대다.'라고 말한 것이다. 인간을 생각하는 갈대라고 표현을 한 것은 사람의 마음이 그만큼 약하다는 것이다.

갈대는 어떤가? 갈대는 아주 작은 바람에도 쉽게 흔들린다. 우리의 마음도 마찬가지이다. 우리의 마음도 갈대처럼 아주 작은 일에도 너무 쉽게 흔들린다. 그래서 우리의 삶이 힘든 것이다. 우리의 삶이 힘든 것은 마음이 너무 약하기 때문이다.

인간의 능력은 거의 무한대라고 한다. 인간의 능력은 한계가 없지만 우리의 마음이 약해서 원하는 것을 얻지 못하는 것이다. 우리가 마음이 약해서 지속하지 못하기에 원하는 것을 얻지 못하는 것이다.

우리가 성공하고 싶어도 지속하지 못하기에 성공하지 못하는 것이다. 우리가 행복하게 살고 싶어도 지속하지 못하기에 행복하게 살지 못하는 것이다. 우리가 건강하게 살고 싶지만 지속하지 못하기에 건강하게 살지 못하는 것이다.

우리가 지속할 수 있는 마음의 힘만 있다면 우리는 모든 것을 할 수 있다. 우리가 계획하고 목표로 하는 모든 것들을 다 해낼 수 있다.

어떤 사람이 당당하게 살아갈까? 당당하고 자신감 있게 살아가려면 어떤 사람이 되어야 할까? 마음이 강한 사람이다. 마음이 강한 사람이 되어야 한다. 그래야 당당하고 자신감 있게 살아갈 수 있다. 지금부터는 마음의 힘을 길러야 한다. 마음의 힘이 강하면 모든 것을 할 수 있다.

마음이 강한 사람이 되려면 어떻게 해야 할까? 힘을 길러야 한다. 어떤 힘을 길러야 할까? 세상에는 3대 힘이 있다. 3대 힘은 돈과 권력과 지식이다. 돈이 많으면 당당하고 자신감이 넘친다. 권력이 많아도 당당하고 자신감이 넘친다. 지식이 많아도 당당하고 자신감이 넘치는 것이다.

돈은 생명이다

마음의 힘을 기르기 위해서는 돈을 많이 벌어야 한다. 그러나 돈은 그리 쉽게 우리에게 오지 않는다. 돈이 오지 않는 이유는 우리의 태도 때문이다. 부자가 되려면 돈에 대한 개념부터 재정립을 해야 한다.

돈은 무엇일까? 돈은 생명이다. 돈이 없으면 나를 지킬 수가 없다. 돈이 없으면 가족도 지킬 수가 없다. 돈이 없으면 기업도 지킬 수가 없다. 돈이 없으면 나라도 지킬 수가 없다. 그래서 돈은 모든 것을 지켜주는 생명이다.

돈이 생명이라면 돈은 정말 소중한 것이다. 그러나 우리는 돈을 소중하다고 생각하지 않는다. 오히려 돈을 더럽다고 생각을 한다. 그러나 돈은 절대로 더러운 것이 아니다. 돈이 더러운 것이 아니라 돈을 더럽게 쓰는 사람이 더러운 것일 뿐이다.

앞으로는 돈에 대한 관념을 바꾸어야 한다. 돈에 대한 개념을 완전히 새롭게 해야 한다. 돈을 소중하게 생각해야 돈이 나에게 오는 것이다. 돈을 더럽다고 생각하면 돈은 나에게 오고 싶지 않을 것이다.

'물아일체'라는 말이 있다. '물아일체'라는 말은 만물과 내가 하나라는 말이다. 우주만물이 나와 하나라는 것이다. 삼라만상이 나와 하나라는 말이다. 세상 모든 것이 나와 하나라는 것이다.

돈은 살아있는 유기체다. 만물이 나와 하나라면 만물에게도 생명이 있는 것이다. 따라서 돈도 살아있는 것이다. 돈이 살아있다면 돈은 어떤 사람에게 가고 싶겠는가? 돈을 사랑해 주는 사람에게 가고 싶을까? 아니면 돈을 더럽다고 생각하는 사람에게 가고 싶을까?

부자가 되고 싶다면 돈을 사랑해야 한다. 마음의 힘을 기르고 싶다면 돈을 사랑해야 한다. 그러면 부자가 될 수 있다. 그러면 마음의 힘을 강하게 만들 수 있다.

돈을 사랑하라고 하니 돈에 집착하는 사람도 있다. 사랑과 집착은 비슷한 것 같다. 하지만 사랑과 집착은 완전히 다른 말이다. 사랑하는 것은 서로 사랑하는 것이고 집착하는 것은 일방적인 사랑이다. 집착은 스토커와 같은 사랑이다. 돈을 사랑하되 집착은 금물이다.

돈은 사람의 마음을 강하게 해주는 3대 힘 중 하나이다. 그래서 마음의 힘을 기르고 싶다면 앞으로는 돈을 사랑해야 한다. 돈을 사랑하고 돈을 아껴주고 돈을 위해 주어야 한다. 한마디로 말하면 돈과 연애를 해야 한다. 그러면 부자가 될 수 있고 마음의 힘도 기를 수 있다.

돈을 싫어하는 사람이 있을까? 사실 돈을 싫어하는 사람은 아무도 없다. 만약 돈을 싫어하는 사람이 있다면 그건 아마도 가식일 것이다. 속마음으로는 돈을 좋아하지만 돈을 싫어한다고 표현했을 것이다.

지금부터는 가식적인 마음을 버리고 진심으로 돈을 사랑해야 한다. 지금부터는 다른 사람의 시선을 의식하지 말고 진심으로 돈을 아껴야 한다. 그러면 그대는 부자가 될 것이다. 그러면 그대는 마음이 강해질 것이다.

권력은 어른이 되는 자리다

마음의 힘을 기르기 위해서 우리는 권력자가 되어야 한다. 내가 올라갈 수 있는 최고의 자리로 올라가야 한다. 그러면 누구보다도 마음의 힘이 강한 사람이 되어 나를 지키면서 살 수 있는 것이다.

어떻게 살아야 할까

권력은 무엇일까? 권력은 어른이 되는 것이다. 권력을 갖는다는 것은 어른이 된다는 것이다. 권력자가 된다는 것은 어른이 되는 것이다. 우리에게 이런 마음이 없기에 권력자가 되어서 무너지는 것이다.

권력은 어른이 되는 자리임에도 불구하고 어린아이처럼 권력을 휘두르기만 하는 사람들이 있다. 어린아이처럼 싸우려고만 하는 사람들도 있다. 그러나 지금부터는 권력의 개념을 재정립해야 한다. 우리가 권력자가 되려면 권력의 속성을 바르게 알아야 한다.

권력자가 어른이 되는 자리라는 것은, 본을 보이는 어른이 되어야 한다는 것이다. 본을 보인다는 것은 삶으로 보여주는 것이다.

공자님은 "나는 앞으로 말을 하지 않을 것이다."라고 했다. 그러자 제자들이 "선생님께서 말씀을 하지 않으시면 우리를 어떻게 가르치시겠습니까?"라고 질문을 하자 공자님께서 "하늘이 무슨 말을 하더냐?"라고 대답하셨다.

공자님께서 말을 하지 않는다고 한 것은 본을 보이겠다는 것이다. 말이 아니라 행동으로 가르치시겠다는 것이다.

어른이 된다는 것은 바로 이런 어른이 되는 것이다. 어른이 되어 나보다 직급이 낮거나 나이가 어린 사람들에게 본을 보이는 것이다.

서산 대사께서는 '눈 덮인 들판을 걸어갈 때 함부로 걷지 마라. 오늘

내가 걸어간 발자국은 뒷사람의 이정표가 되리니.'라고 하셨다. 리더가 되다는 것은 이런 삶을 사는 것이다. 나를 따르는 사람들의 발자국이 되는 것이 진정한 리더의 삶인 것이다.

어른이 된다는 것은 지는 자리에 앉는다는 것이다. 어른이 된다는 것은 져주면서 살겠다는 것이다. 권력자가 된다는 것은 군림하는 자리가 아니다. 권력을 휘두르는 자리가 아니다. 권력자가 된다는 것은 타인을 위로하고 격려하고 용기를 주는 자리이다. 권력자가 되는 것은 공동체를 위해서 지는 자리이다.

우리 아들이 아주 어렸을 적에, 아들과 달리기 시합을 하면 항상 내가 졌다. 내가 아들에게 달리기 시합에서 지는 것이 정말 달리기를 못해서였을까? 절대로 아니다. 나는 체육과 출신으로 육상선수생활도 했을 만큼 아주 빠른 사람이다. 그러나 나는 아들과의 달리기 시합에서 한 번도 이겨보지 못했다.

내가 아들과의 달리기 시합에서 한 번도 이기지 못한 것은 져주었기 때문이다. 아들을 너무너무 사랑하기에 져주었던 것이다. 져주는 것도 요령 있게 져주었다. 그냥 쉽게 져주면 안 된다. 그냥 져주면 아들이 싫어한다. 아주 아슬아슬하게 져주어야 아들이 좋아한다.

권력자가 된다는 것은, 어른이 되는 자리에 앉는다는 것은 바로 이런 사람이 된다는 것이다. 권력자가 된다는 것은 본을 보이는 어른이 되는 것이고 져주면서 살아가는 어른이 되는 것이다.

마음의 힘을 기르기 위해선 권력자가 되어야 한다. 나의 한계를 넘어서 최고의 자리까지 올라가야 한다. 그리고 어른이 되어야 한다. 권력을 휘두르거나 누리는 권력자가 아니라 본을 보이고 져주는 어른이 되어야 한다. 그러면 세상이 평화롭고 아름다워질 것이다.

지식은 아는 것이다

마음의 힘을 기르기 위해서 우리는 지식을 쌓아야 한다. 지식을 쌓으면 누구나 마음의 힘이 강해져서 나를 지킬 수가 있다.

지식이란 무엇일까? 지식은 아는 것이다. 지식을 많이 쌓는다는 것은 아는 것이 많아진다는 것이다. 우리는 아는 것이 많아질수록 마음의 힘이 강해진다. 그래서 베이컨이라는 철학자는 '아는 것이 힘이다.'라고 말한 것이다.

지식은 아는 것이다. 그러면 진짜 아는 것은 무엇일까? 진짜 아는 것은 사람을 아는 것이다. 우리가 공부를 해야 하는 진짜 이유는 사람을 알기 위해서이다. 그래서 공자님은 '지(知)는 사람을 아는 것이다.'라고 말을 한 것이다.

우리가 사람을 알게 되면 어떤 힘을 갖게 되는 것일까? 우리가 사람을 알게 되면 진정한 성공도 맛볼 수 있고 진정한 행복도 맛볼 수 있다.

세상에서 가장 어려운 것 중 하나는 사람과의 관계이다. 사람과의 관계에서 오는 문제는 23년 동안 사람을 공부한 지금도 쉽지 않다. 그러나 사람을 알고 지혜롭게 대처할 수 있는 지금은 인간관계에서 오는 많은 갈등과 문제점들이 해결이 되어가고 있다. 그래서 인간관계가 좋아지면 누구나 행복감을 맛보면서 살아갈 수 있는 것이다.

사람을 공부하고 사람을 알게 되면 우리는 성공을 맛볼 수 있다. 우리가 하는 모든 것은 사람하고 관련이 있다. 정치인이 되고 싶어도 사람을 알아야 한다. 정치인이 사람의 마음을 읽어내지 못하면 좋은 정치인이 될 수 없다. 그리고 유권자의 마음을 얻지 못하면 밀려날 수밖에 없다.

직장에서도 우리는 사람을 상대해야 한다. 상사의 마음을 읽어내지 못하면 직장생활도 어렵고 승진도 어렵다. 부하직원의 마음을 읽어내지 못하면 일의 효율이 떨어지게 된다. 부하직원들이 수동적으로 변하게 되기 때문이다. 그러면 인간관계도 어렵고 승진도 어렵다.

사업을 하고 싶다면 반드시 사람을 알아야 한다. 고객의 마음을 읽어내지 못하면 고객의 필요를 파악하지 못한다. 그러면 물건을 팔 수 없게 되고 사업이 어려워지는 것이다. 그러면 사업에서 성공하기 어렵게 된다.

성공을 맛보려면 반드시 사람을 알아야 한다. 사람을 알고 사람을 이해할 수 있으면 누구나 성공적인 인생을 살 수 있게 된다.

지식은 아는 것이다. 그래서 지식을 쌓으면 누구나 마음의 힘이 강해진다. 진짜 지식은 사람을 아는 것이다. 그리고 사람을 알고 사람을 이해하게 되면 최고의 행복도 맛보고 성공을 맛보면서 살 수 있게 되는 것이다.

돈, 권력, 지식 중에서 제일은 지식이다

세상에는 돈, 권력, 지식이라는 3대 힘이 있다. 그러면 3대 힘 중에서 어떤 힘이 가장 중요할까? 그리고 가장 먼저 길러야 하는 힘은 무엇일까? 지식의 힘이 가장 중요하고 가장 먼저 길러가야 하는 힘이다.

돈이나 권력은 내가 얻으려고 한다고 해서 얻을 수 있는 것이 아니다. 돈이나 권력은 추구하면 할수록 추해지게 되어 있다. 그래서 우리는 돈과 권력이 자연스럽게 따라오게 만들어야 한다.

지식은 돈과 권력과는 다르다. 지식은 우리가 마음만 먹으면 얼마든지 얻을 수 있는 것이다. 그리고 지식은 추구하면 할수록 아름다워지는 것이다. 따라서 우리는 지식을 가장 중요하게 생각하고 가장 먼저 추구해야 한다.

지식을 추구하여 많은 지식이 쌓이면 마음의 힘이 강해진다. 그리고 마음의 힘이 강해지면 돈과 권력은 자연스럽게 따라오게 되어 있다. 그러면 돈과 권력과 지식을 가진 사람이 될 수 있다. 그러면 누구나 마음의 힘이 강해져서 당당하고 자신감이 넘치는 삶을 살 수 있다.

큰마음으로 걸어가라

누구나 당당하게 살고 싶어 한다. 하지만 당당하게 살아가는 것은 쉽지 않다. 당당하게 살고 싶지만 당당하게 살아가지 못하는 것이다. 당당하지 못하고 오히려 소심하게 살아간다. 우리가 당당하게 살아가지 못하고 소심하게 살아가는 이유는 무엇일까?

우리의 마음이 작기 때문이다.

우리의 마음이 너무 작기에 소심하게 살아가는 것이다. 마음이 너무 작기에 위축되어서 살아가는 것이다. 우리에게 필요한 것은 우리의 소심함을 뛰어넘을 수 있는 큰마음이다. 당당하게 걸어갈 수 있는 큰마음이 필요한 것이다.

큰마음으로 당당하게 살아가려면 무엇이 필요할까? 우리의 마음을

어떻게 살아야 할까

크고 강하게 만들어줄 수 있는 특별한 것이 필요하다. 우리의 마음을 크고 강하게 만들어줄 수 있는 특별한 것은 위대한 꿈과 위대한 결심과 위대한 독서이다.

꿈이 있는 사람은 당당하다

큰마음으로 걸어가려면 꿈이 필요하다. 우리의 작고 소심한 마음을 큰마음으로 바꿀 수 있는 꿈이 필요하다.

꿈은 목표이다. 꿈은 어디로 가는지를 알려주는 이정표와 내비게이션의 역할을 한다. 그래서 꿈이 있는 사람은 방황을 멈추게 되는 것이다. 꿈이 있는 사람은 불굴의 의지로 모든 것을 극복하게 되는 것이다.

누구에게나 인생길은 불투명하다. 인생길의 정답을 아는 사람은 아무도 없다. 우리는 정답이 없는 인생길을 걷기에 소심하게 살아가는 것이다. 우리가 너무 위축이 되어서 힘들고 어렵게 길을 걷는 것이다.

인생길이 아무리 불투명하고 불확실해도 꿈이라는 목적지가 있으면 누구나 당당하게 걸어갈 수 있다. 내비게이션이 길을 안내하는 것처럼 꿈이 우리에게 길을 안내해 줄 것이다. 그러면 누구나 당당하게 걸어갈 수 있다.

꿈은 할 수만 있으면 큰 꿈을 꾸어야 한다. 큰 꿈을 꾸어야 큰마음을 갖게 되기 때문이다. 큰 꿈이 큰마음을 갖게 하고 큰마음이 당당하게 살아갈 수 있는 원동력이기 때문이다.

소프트뱅크의 손정의 회장은 "나는 허풍쟁이다. 하지만 오르고 싶은 산을 정하는 것만으로도 인생의 반은 결정된다."라고 말했다.

손정의 회장은 일본 규슈의 한인촌에서 태어나 '조센징'이라며 차별과 멸시를 받던 제일교포 3세 소년이었다. 그의 집은 번지수도 알 수 없는 판잣집이었다. 너무 가난한 집에서 태어나 가족의 도움을 받을 수 없었고 '조센징'으로 태어나 조국의 도움도 받을 수 없었다.

손정의 회장은 대학교 3학년이던 19살에 자신의 50년 인생계획을 세우게 된다. 19살의 나이에는 감히 상상도 할 수 없는 것이었지만 너무나 명확하게 인생계획을 세웠던 것이다.

50년 인생계획

20대에 이름을 알린다.

30대에 사업자금은 모은다.

40대에 사업에 승부를 건다.

50대에 사업모델을 완성한다.

60대에 사업을 물려준다.

어떻게 살아야 할까

손정의 회장의 인생계획은 황당하게 생각될 만큼 크고 원대한 것이다. 하지만 엄청난 꿈을 가진 것과는 달리 그에게는 단 1엔의 돈도 없었다. 그래서 그에게 붙여진 별명은 '허풍쟁이'였다. 하지만 40여 년이 지난 지금, 자산규모 17조 원을 가진 세계 최고의 IT투자기업인 소프트뱅크의 회장이 되었다.

손정의 회장의 꿈은 일반인이라면 상상할 수도 없는 크고 원대한 꿈이었다. 하지만 그 큰 꿈이 큰 걸음으로 인도하여 소프트뱅크라는 세계 최고의 IT기업을 세우게 된 원동력이 된 것이다.

누구나 할 수만 있다면 큰 꿈을 갖아야 한다. 그러면 큰 꿈이 큰 걸음으로 인도할 것이다. 큰 걸음을 걷다보면 위대한 삶을 살게 될 것이다.

물론 처음부터 큰 꿈을 갖는다는 것은 무리일 수도 있다. 그래서 처음에는 작고 소박한 꿈부터 가져도 된다. 그러나 꿈은 유기체이기에 점점 자라게 되어 있다. 작은 눈덩이가 굴러 내려가면서 점점 커지다가 나중에는 산사태를 일으킬 만큼 커진다. 우리의 꿈도 눈덩이처럼 커지게 되어 있다. 처음에는 작고 소박한 꿈으로 시작해도 결국에는 세상을 바꿀 수 있는 위대한 꿈으로 자라게 된다. 따라서 처음에는 작고 소박한 꿈부터 갖기 위해 노력을 해보는 것도 좋은 방법이다.

처음에는 작고 소박한 꿈을 갖지만 한계는 정하지 말아야 한다. 우리가 한계를 정하는 순간 우리의 꿈도 우리의 능력도 멈추기 때문이다. 따라서 우리가 무엇을 하든지 항상 가능성은 열어두어야 한다. 우리의 가능성은 무한대로 커질 수 있기 때문이다.

나에게는 꿈이 있다. 물론 나는 지금도 누군가에게는 꿈인 삶을 살고 있다. 나는 현재 책을 3권 출간한 작가이다. 그리고 전국을 다니면서 꿈과 독서와 인문학과 사람에 대한 강연을 하고 있다. 누군가에게는 로망이나 마찬가지인 삶을 살고 있는 것이다. 그러나 나에게는 원대한 꿈이 아직 남아 있다.

나는 23년 동안 사람 공부를 해왔다. 앞으로 10년 동안 공부를 더해서 60세가 되었을 때 도올 선생님을 뛰어넘는 것이 나의 꿈이다. 물론 나는 도올 선생님처럼 많은 공부를 할 수 없을지도 모른다. 그러나 도올 선생님보다 인지도에서는 앞설 수 있다. 지금처럼 열심히 공부하고 수련하여 60살에는 반드시 도올 선생님을 뛰어넘을 것이다.

나는 지금보다 20년을 더 공부하면 70살이 된다. 70살에는 김수환 추기경과 법정 스님을 뛰어넘는 사람이 되는 것이 나의 꿈이다. 김수환 추기경과 법정 스님은 국민적인 사랑과 존경을 받았던 큰 어른들이셨다. 나도 대한민국을 사랑하고 국민들을 사랑하는 마음으로 열심히 살아간다면 70살에는 국민들의 사랑과 존경을 받을 수 있지 않을까?

나에게는 큰 꿈이 있다. 그 큰 꿈이 나를 지켜준다. 내가 사심을 품거나 소욕을 품지 못하도록 지켜주는 것이 나의 꿈이다. 내가 한눈을 팔지 않고 열심히 공부할 수 있도록 나를 지켜주는 것이 나의 꿈이다.

어떻게 살아야 할까

어떤 상황과 환경에서도 당당하게 나의 길을 갈 수 있도록 나를 지켜
주는 것이 나의 꿈이다.

위대한 결심을 하면 당당하다

어떤 사람이 위대한 삶을 살게 될까? 위대한 삶은 위대한 사람이 되
겠다고 간절하게 마음을 먹은 사람이 살 수 있다.

세상에서 가장 중요한 것은 마음이라고 말했다. 우리가 간절한 마음
을 가져야 성공도 할 수 있고 행복한 삶도 살 수 있고 건강한 사람도
될 수 있다. 어느 날 갑자기 성공할 수도 없고 행복할 수도 없고 건강
한 사람도 될 수 없다. 간절하게 마음먹고 지속적으로 꾸준히 노력하
는 사람만 가능한 것이다.

위대한 사람도 마찬가지다. 위대한 사람이 되겠다고 간절하게 마음
먹은 사람이 위대한 사람이 될 수 있다. 위대한 사람도 어느 날 갑자기
될 수 있는 것은 아니다. 간절하게 위대한 결심을 하고 위대한 대가를
지불한 후에 위대한 사람이 될 수 있는 것이다.

프랑스의 샤를 드골 대통령은 '위대한 사람은 위대한 사람이 되기로
결심한 사람만 될 수 있다.'라고 말했다. 위대한 사람은 우연히 되는 것
이 아니라는 것이다. 위대한 결심을 하고 위대한 노력을 한 후에 되는
것이다.

위대한 결심은 위대한 사람이 되겠다는 마음의 다짐이다. 불투명한 인생길에서 내가 무슨 일을 하고 어떤 사람이 될 것인지는 모를 수도 있다. 하지만 나도 한 번 위대한 사람이 되겠다는 결심은 누구나 할 수 있는 것이다.

위대한 결심을 하는 방법은 '나는 위대한 사람이다.'라는 말을 쓰고 말하고 상상하는 것이다. 매일 아침에 10번씩 쓰고, 100씩 말해보고, 10분 이상을 상상해 보자는 것이다.

나는 13년 동안 위대한 결심을 하고 있다. 위대한 결심을 하는 동안 평범했던 나의 마음이 점점 커지고 있다. 마음이 커지고 커져서 지금은 위대한 사람이 되어 위대한 삶을 살아가고 있다.

나도 처음에는 위대한 결심을 하면서 반신반의 하였다. 그러나 1년을 넘게 위대한 결심을 하는 동안 나의 의식은 점진적으로 위대한 사람으로 변하게 되었다. 13년을 지속한 지금은 완벽하게 위대한 삶을 살고 있다.

나와 함께 위대한 결심을 쓰기 시작하여 2년 넘게 지속한 단체가 있다. 그분들에게 위대한 결심이 삶에 어떤 영향을 미치느냐고 질문을 했다. 대다수가 힘들고 어려운 인생길에서 활력소의 역할을 해준다고 말한다. 하루하루의 삶에서 일에 치이고 사람에 치이다보면 때로는 낙심하고 절망할 때도 많이 있지만 '나는 위대한 사람이다.'라는 의식이 이길 수 있는 힘을 준다는 것이다.

어떻게 살아야 할까

나는 확신하고 있다. 아직은 2년 밖에 안 되었지만 위대한 결심을 지속하게 되면 그분들의 의식도 위대한 사람으로 완벽하게 변하게 되는 날이 올 것이라고 말이다. 그러면 그들도 위대한 삶을 살게 될 것이다.

위대한 독서를 하면 당당하다

당당하게 살아가려면 큰마음이 필요하다. 위대한 꿈은 우리의 마음을 크게 만들어 준다. 위대한 결심도 우리의 마음을 크게 만들어 준다. 그러면 위대한 꿈과 위대한 결심으로 커진 마음을 어떻게 해야 할까?

마음을 가득하게 채워야 한다.

마음이 작은 사람도 문제가 있지만 마음만 큰 사람도 문제가 있다. 마음이 작은 사람은 소심하게 살아가는 것이 문제지만 마음만 큰 사람은 허풍쟁이가 되는 것이 문제이다. '빈 깡통이 요란하다.'라는 말이 있다. 마음만 크고 속이 비어 있으면 빈 깡통이 요란한 것처럼 허풍쟁이가 될 수 있다. 따라서 위대한 꿈과 위대한 결심으로 커진 마음을 반드시 채워야 한다.

우리의 마음은 무엇으로 채울 수 있을까? 위대한 독서로 채울 수 있다. 위대한 꿈으로 마음을 크게 만들었다면 위대한 독서로 채워야 한다. 위대한 결심으로 마음을 크게 만들었다면 위대한 독서로 채워야 한다.

독서는 무엇일까? '독서는 마음의 양식이다.'라는 말이 있다. 우리는 육체를 위하여 음식을 먹는다. 마음을 위해서는 무엇을 먹어야 할까? 마음을 위해서는 독서를 해야 한다. 우리가 음식을 먹으면 몸이 강해지듯이 우리가 독서를 하면 마음이 강해진다.

천안 독서모임에서 함께 했던 그녀가 있다. 그녀가 처음 독서모임에 참석했을 때, 그녀는 산후우울증으로 많은 어려움을 겪고 있었다. 그녀는 너무 힘들고 어려운 상태에서 독서모임에 참석을 했다.

그녀는 결혼을 하고 10년 가까운 세월동안 아이가 생기지 않았다. 그녀는 아이를 갖기 위하여 엄청난 노력을 했다. 그 과정에서 너무 많은 어려움을 겪었다고 한다. 그런 우여곡절 끝에 아이를 갖게 되었지만 출산 후에는 아이가 쳐다보기도 싫을 만큼 정이 가지 않았다고 한다. 산후우울증은 아이를 갖기 위해서 많은 어려움을 겪었던 산모들에게서 나타나는 일반적인 현상이다.

그녀는 산후우울증으로 많이 힘들고 어려운 상태에서 독서모임에 참석했다. 처음에 독서 나눔을 할 때마다 눈물을 보이지 않은 적이 없을 만큼 마음이 약해져 있었다. 하지만 그녀는 독서로 산후우울증을 극복을 하겠다는 결심을 하고 1일 1권의 독서에 도전하게 되었다. 그렇게 1년 가까이 1일 1권의 독서를 지속한 결과 그녀의 마음은 엄청나게 강해졌다. 물론 산후우울증도 깨끗하게 고쳐졌다. 그리고 딸도 너무나 사랑스럽게 느껴진다고 한다.

어떻게 살아야 할까

그녀는 현재 사업을 하고 있다. 그녀의 사업장에서 함께 일하는 사람이 전해준 이야기가 있다. 그녀는 너무나 똑 부러지고 똑 소리 나게 사업장을 경영하고 있다고 한다. 1일 1권의 독서가 산후우울증을 극복하게 만든 것뿐만 아니라 성공적으로 사업장을 경영하는, 당당하고 자신감이 넘치는 커리어우먼으로 만들어준 것이다. 1일 1권의 독서로 마음을 채웠던 그녀는 울보에서 당당한 사장님으로 성장하게 된 것이다.

당당하고 자신감이 넘치게 살아가려면 큰마음으로 걸어가야 한다. 위대한 꿈과 위대한 결심으로 마음을 키우고 위대한 독서로 마음을 채우면 누구나 당당하게 살아갈 수 있다. 지금부터는 그대가 도전할 차례이다.

PART 3

섹시하게 살아야 한다!

매력이 있어야 섹시한 사람이지

섹시한 사람은 어떤 사람일까?

섹시한 사람은 남자다운 사람이다.
섹시한 사람은 여자다운 사람이다.

남자는 남자로 보여야 하고 여자는 여자로 보여야 한다. 남자가 남자로 보여야 남자지, 남자가 남자로 보이지 않으면 남자가 아니다. 여자가 여자로 보여야 여자지, 여자가 여자로 보이지 않으면 여자가 아니다.

물론 남자가 남자로 보이지 않아도 생물학적으로는 남자가 맞다. 여자가 여자로 보이지 않아도 생물학적으로는 여자가 맞다. 하지만 심리학적으로는 남자가 아니고 여자가 아니다.

남자가 남자로 보이지 않고 여자가 여자로 보이지 않는다. 남자가 아빠가 되었고 남자가 아저씨가 되었기 때문이다. 남자가 야성을 잃었고 고개 숙인 남자가 되었기 때문이다. 여자가 엄마가 되었고 여자가 아줌마가 되었기 때문이다. 여자가 여성미를 잃었고 여자가 남성화되었기 때문이다.

10년차 이상 된 부부들이 자조적인 목소리로 말한다.

'우린 형제야!'
'우린 가족이야!'
'가족끼리 왜이래!'
'형제끼리 왜이래!'

논어에는 '군군신신부부자자'라는 말이 있다. 임금은 임금답고 신하는 신하답고 부모는 부모답고 자식은 자식다워야 한다는 말이다. 자신의 본분에 맞게 말하고 행동해야 한다는 의미이다.

남자는 남자답고 여자는 여자다워야 하지 않을까? 남자가 남자답지 못하고 여자가 여자답지 못하다면 문제가 있는 것이다. 따라서 남자는 남자다움을 회복해 가야 하고 여자는 여자다움을 회복해 가야 한다.

21세기 들어 남자가 남자로 보이지 않고 여자가 여자로 보이지를 않는다. 남자가 남자로 보이지 않고 여자가 여자로 보이지 않는 이유는 사회현상과도 밀접하게 연관이 되어 있다. 21세기는 유니섹스모드의 시대가 되었다. 중성화시대가 되었다는 것이다.

21세기가 되면서 남녀의 구분이 점점 없어져 가고 있다. 남녀를 구분하지 않고 남녀공용의 시대가 된 것이다. 중성화시대가 되어 남자는 여성화 되어가고 여자는 남성화되어가고 있다.

남녀의 차이가 점진적으로 줄어들어가는 시대라고 해서 남자가 남자로 보이지 않고 여자가 여자로 보이지 않는 것은 결코 좋은 것이 아니다. 남자는 남자답게 보일 때가 가장 멋지기 때문이다. 남자가 남자답게 보일 때가 가장 야성미가 넘치기 때문이다. 여자는 여자로 보일 때가 가장 아름답게 보이기 때문이다. 여자가 여자로 보여야 가장 매력적으로 보이기 때문이다.

남자가 남자로 보이고 여자가 여자로 보인다는 것은 섹시미가 있는 사람으로 보인다는 것이 아닐까? 남자가 남자로 보이지 않고 여자가 여자로 보이지 않는 것은 섹시미가 없다는 것이 아닐까?

섹시한 사람은 어떤 사람일까? 섹시한 사람은 매력이 있는 사람이다. 섹시하다는 것은 시선을 끈다는 것이다. 시선을 끈다는 것은 매력이 있다는 것이다. 그래서 섹시한 사람은 매력이 있는 사람인 것이다.

매력적인 사람은 끌림이 있는 사람이다. 매력적인 사람은 사람을 끌어당기는 힘이 있는 사람이기 때문이다.

매력의 사전적인 의미는 '사람의 마음을 사로잡아 이끄는 힘'이다. 매력이 있다는 것은 외모에서부터 개인취향에 이르기까지 모든 것으로 사람을 끌어당기는 힘을 가지고 있다는 것이다. 시각적인 것과 정신적인 것을 포함한 모든 것으로 사람을 끌어당기는 힘이 있다는 것이다.

노벨 경제학상을 받은 대니얼 카너먼(Daniel Kahnemam) 교수는 "성공을 위한 가장 중요한 조건은 지능이나 학벌, 운이 아니라 바로 매력이다."라고 말했다. 대니얼 카너먼 교수는 우리가 성공적인 삶을 살기 위해서는 매력적인 사람이 되어야 한다고 말하고 있는 것이다.

그리움을 주는 사람

매력적인 사람은 어떤 힘을 가진 사람일까? 매력적인 사람은 그리움을 주는 사람이다. 그리움은 다시 보고 싶다는 것이다. 매력적인 사람은 다시 보고 싶을 만큼이나 그리움을 주는 사람인 것이다.

그리움을 준다는 것은 여운을 남긴다는 것이다. 그리움을 주는 사람은 여운이 남는 사람이다. 여운에는 두 가지가 있다. 좋은 여운과 싫은 여운이 있다. 여운이 남는 사람 중에는 좋은 여운을 남긴 사람이 있고 반대로 싫은 여운을 남긴 사람도 있다. 그리움을 준다는 것은 이 중에서 좋은 여운을 남긴 사람을 말하는 것이다.

좋은 여운을 남긴 사람은 감동을 주는 사람이다. 마음에 울림이 남는 감동을 주는 사람이 좋은 여운을 남긴 그리운 사람이다.

어떻게 살아야 할까

그리움을 주는 매력적인 사람이 되려면 감동을 주는 사람이 되어야 한다. 내가 만나는 모든 사람들에게 마음의 울림을 주는 감동을 남기는 사람이 되어야 그리움을 주는 매력적인 사람이 되는 것이다.

다재다능한 능력이 있는 사람

매력적인 사람이 되려면 다재다능한 능력을 가진 사람이 되어야 한다. 매력적인 사람이 된다는 것은 다시 찾고 싶은 사람이 되는 것이다. 다재다능한 능력을 갖고 있으면 다시 찾고 싶은 매력적인 사람이 되는 것이다.

SBS 방송국에서 방영한 K-POP STAR라는 프로가 있었다. 박진영 씨와 양현석 씨와 유희열 씨가 멘토가 되어 아마추어 가수를 프로 가수로 만들어가는 과정을 소개하는 오디션 프로그램이다.

멘토로 출연을 했던 박진영 씨와 양현석 씨와 유희열 씨에게 연령대에 상관없이 많은 사람들이 열광을 하였다. 3명의 멘토들에게 많은 사람들이 열광을 했던 이유는 무엇일까? 멘토들의 외모 때문이었을까? 아니면 멘토들의 능력 때문이었을까? 물론 멘토들의 능력 때문이었다.

3명의 멘토들은 그리 잘생긴 얼굴이 아니다. 그러나 3명의 멘토들이 지닌 능력이 탁월하기에 잘생긴 얼굴이 아니지만 잘생겨보이는 것이다. 그래서 많은 사람들에게 매력을 주었고 많은 사람들이 열광을 한 것이다.

매력적인 사람이 되려면 다시 찾고 싶어지는 다재다능한 능력을 길러야 한다. 다재다능한 능력을 갖춘 사람이 되면 많은 사람들에게 끌림이 있는 매력적인 사람이 될 수 있는 것이다.

자연미가 살아있는 사람

매력적인 사람이 되려면 자연미가 살아있는 사람이 되어야 한다. 자연미가 살아있다는 것은 자연스러운 감각을 가진 사람이라는 것이다.

사람들이 아름다움을 추구하는 것은 무죄이다. 특히 여자들이 고가의 옷이나 화장품이나 장식물에 투자를 하는 것은 무죄이다. 여자들이 자신의 몸을 아름답게 만들어가고 싶은 욕구는 여자들의 본성이기 때문이다. 여자들이 자신의 몸을 아름답게 치장을 하는 것은 지극히 자연스러운 현상이기 때문이다.

사람이 아름다움을 추구하는 것은 아주 좋은 일이지만 넘치거나 부족하면 안 된다. 아름다움을 추구하는 것도 넘치거나 부족하면 자연미가 떨어지기 때문이다. 넘치거나 부족하면 자연스럽지 못하고 무엇인가 어색함이 느껴지기 때문이다.

매력이 있다는 것은 자연스럽다는 것이다. 억지로 꾸민 것 같지 않은 자연스러운 아름다움이 있다는 것이다.

자연스러운 매력을 가진 사람이 되려면 자신에게 맞는 최적의 것을 찾을 수 있는 감각이 있어야 한다. 옷을 입어도 자신에게 맞는 옷을 고를 수 있는 감각이 있어야 한다. 화장을 해도 자신에게 맞는 색조를 찾는 감각이 있어야 한다. 자신에게 맞지 않는 옷을 입거나 화장을 하게 되면 자연스럽지 못하기 때문이다.

요즘은 중학생들도 거의 화장을 한다. 중학생들이 화장을 하면 많이 어색하다. 중학생들의 화장이 어색한 이유는 자신에게 맞지 않는 것을 하기 때문이다. 자신에게 맞지 않는 것에서 자연미를 찾을 수는 없다.

자연스럽지 못한 옷이나 화장은 오히려 거부감을 갖게 한다. 그래서 매력이 있는 사람이 되려면 자신에게 맞는 옷을 고르는 감각과 자신에게 맞는 색조를 찾는 감각을 길러야 한다.

심플하게, 섹시하게 살아가라

인생길에 정답이 있을까?

인생길에 정답은 없다. 아무리 많은 공부를 한 사람에게도 인생길에 정답은 없다. 아무리 많은 깨달음을 얻은 사람에게도 인생길에 정답은 없다.

인생길에 정답이 없으니 막살아도 되지 않을까? 어차피 정답이 없는 인생인데 적당히 살아도 되지 않을까? 아니다. 정답이 없다고 해서 막살거나 적당히 살면 안 된다. 인생길에 정답은 없지만 답을 찾아가는 삶을 살아가야 한다.

인생길에는 정답이 없기 때문에 '어떻게 살 것인가?'의 질문은 우리가 평생 동안 풀어 가야할 숙제이다. 어쩌면 우리의 인생길은 평생 동안 '어떻게 살 것인가?'에 대한 답을 찾아가는 과정인지도 모른다.

어떻게 살아야 할까? 어떻게 살아야 매력적인 사람이 될 수 있을까? 지금부터 매력적인 사람이 되기 위한 답을 찾아가야 한다.

어떻게 살아야 할까?

심플하고 섹시하게 살아가야 한다. 심플하고 섹시하게 살아갈 때 매력적인 사람이 되는 것이다. 매력적인 사람이 되는 길은 심플하게 살아가기 위해 노력하고 섹시하게 살아가기 위해 노력할 때에 가능한 것이다.

심플하게 살아가라

심플하게 살아간다는 것은 무엇을 의미할까? 심플하게 살아간다는 것은 단순하게 살아간다는 것이다. 심플하게 살아간다는 것은 복잡하지 않게 살아가는 것이다. 복잡하지 않고 단순하게 살아가는 삶이 매력적으로 살아가는 것이다.

매력적인 삶은 단순한 삶에 있다. 매력적인 삶은 복잡한 삶에 있지 않다. 매력적인 삶은 정리가 되어있는 삶이다. 매력적인 삶은 정신없는 삶이 아니다. 매력적인 삶은 복잡하게 꼬여있지 않는 삶이다. 매력적인 삶은 정신없거나 복잡하지 않고 단순하게 살아가는 것이다.

단순함과 복잡함의 차이는 무엇일까? 단순함은 신적인 언어이고 복잡함은 동물적인 언어이다. 단순함은 정신적인 것을 추구하는 삶이고 복잡함은 육체적인 것을 추구하는 삶이다.

신들의 삶은 어떨까? 신들은 단순한 삶을 살아간다. 신들은 육체는 없고 정신만을 갖고 있는 존재이다. 신들은 정신적인 존재이기에 단순한 삶을 살아가는 것이다.

신들은 계산을 하지 않는다. 신들에게는 육체가 없기 때문에 계산을 하지 않는다. 신들은 육체가 없기 때문에 음식을 먹지도 않고 옷을 입지도 않고 잠을 자지도 않는다. 신들은 먹지도 입지도 자지도 않기 때문에 계산할 필요가 없는 것이다. 신들은 계산을 하지 않기 때문에 단순하게 살아가는 것이다.

인간들의 삶은 어떨까? 인간은 복잡한 삶을 살아간다. 인간은 정신과 육체를 동시에 가지고 있다. 인간은 정신과 육체를 동시에 갖고 있기 때문에 복잡한 삶을 살아가는 것이다.

인간은 계산을 많이 한다. 인간은 육체가 있기에 계산을 하게 되는 것이다. 인간들은 육체가 있기에 음식을 먹고 옷을 입고 잠을 자야한다. 인간들은 먹고 입고 자야하기에 계산이 필요한 것이다. 인간들은 계산을 하기에 복잡하게 살아가는 것이다.

어떻게 살아야 할까? 심플하게 살아가야 한다. 매력적인 사람이 되기 위해서는 정신이 없거나 복잡하지 않고 단순하게 살아가야 한다.

어떻게 하면 단순하게 살아갈 수 있을까? 신의 속성을 회복하면 된다. 신의 속성을 회복하면 단순하게 살아갈 수 있는 것이다.

인간은 신의 속성과 동물의 속성을 동시에 가지고 있다. 신의 속성은 정신적인 것이고 동물의 속성은 육체적인 것이다. 신의 속성이 강한 사람은 정신적인 것을 추구하는 사람이고 동물의 속성이 강한 사람은 육체적인 것을 추구하는 사람이다.

단순하게 살아가려면 신의 속성을 회복해야 한다. 동물의 속성인 육체적인 것보다는 신의 속성인 정신적인 것을 더 많이 추구하면서 살아가면 되는 것이다. 그러면 신의 속성을 회복하여 심플하게 살아갈 수 있게 되는 것이다.

신의 속성을 회복하기 위하여 육체적인 것보다는 정신적인 것을 더 많이 추구하면서 산다는 것은 무엇일까? 삶의 모든 이유와 목표가 먹고 사는 것에만 있지 않고 가치 있고 의미 있는 것들도 추구하는 것을 말한다.

육체적인 것을 위하여 산다는 것은 삶의 이유가 먹고 사는 것에만 초점이 맞춰져 있는 것을 말한다. 정신적인 것을 위하여 산다는 것은 삶의 이유가 가치 있고 의미 있는 일에 초점이 맞춰져 있는 것을 말한다.

맹자에 '무항산무항심'이라는 말이 있다. '항산이 없으면 항심도 없다.'라는 말이다. '생활의 안정 없이는 마음의 안정도 없다.'라는 말이다. 우리의 삶에서 먹고 사는 것은 정말 중요한 것이다. 먹고 사는 것이 해결이 안 되면 정신도 황폐해질 수밖에 없기 때문이다.

가장 이상적인 삶은 정신적인 것과 육체적인 것이 적절하게 균형과 조화를 이루는 것이다. 정신적인 것만을 추구하면서 산다는 것은 종교인들이나 소수의 사람들만이 가능한 것이다. 일반인들에게는 정신적인 것과 육체적인 것의 균형과 조화가 필요하다.

정신적인 것을 위하여 살라는 것은, 너무 육체적인 것만을 위하여 살지 말고 정신과 육체의 적절한 균형과 조화를 이루면서 살라는 것이다. 생계를 위하여 경제활동에 전력을 다하는 가운데서도 정신적인 것도 추구하면서 살아가자는 것이다. 그러면 심플하게 살아가는 매력적인 사람이 될 수 있다는 것이다.

신의 속성을 회복하고 매력적인 사람이 되기 위해서는 정신적인 것도 추구하면서 살아야 하지만 삶을 단순화시키는 것도 필요하다. 삶을 단순화시켜간다는 것은 삶을 정신없게 만들거나 복잡하게 만드는 불필요한 것들을 줄여나가는 것이다.

최근에 한 여자 분을 만났다. 그분은 사십대 후반이었는데 이십대부터 정신과 치료를 받고 있다고 한다. 원인을 찾기 위해서 질문을 던졌더니 부모님이 많이 싸우셨는데, 아무래도 가정불화가 원인이 된 것 같았다.

그녀와 대화를 하던 도중에 그녀의 핸드폰에서 깜짝 놀랄만한 일을 발견했었다. 그녀의 핸드폰에 깔려있는 밴드의 어플이 백 개도 넘는 것 같아 보였기 때문이다. 그녀가 그 모든 밴드를 다 보기나 하는지 궁금했다.

그녀가 백 개가 넘는 밴드에 가입을 한 것은 무엇 때문일까? 무엇이 그녀로 하여금 백 개가 넘은 밴드에 가입을 하도록 했을까? 그것은 아마도 외로움과 소외감이었을 것이다. 정신과 치료를 받을 만큼 정신이 황폐한 그녀를 누가 상대해줄 것인가? 그래서 백 개가 넘는 밴드에 가입하여 외로움과 소외감을 이겨내고 있었을지도 모른다.

우리의 삶도 마찬가지다. 우리도 조금씩은 불안장애를 가지고 있다. 무엇인가를 소유하지 않으면 불안해지는 것이다. 그래서 삶을 단순화시키지 못하고 많은 것을 움켜쥐고서 정신없고 복잡하게 살아가는 것이다.

지금부터는 매력적인 사람이 되기 위해 삶의 다이어트를 해야 한다. 삶에서 불필요한 요소들을 제거해 보는 것이다. 그리고 심플하고 단순하게 살아가는 것이다. 그러면 신의 속성을 회복한 매력적인 사람이 될 것이다.

섹시하게 살아가라

섹시하게 살아간다는 것은 무엇일까? 섹시하게 살아간다는 것은 아름다움을 추구하면서 살아가는 것이다. 섹시하게 살아간다는 것은 더 나은 삶을 추구하면서 살아가는 것이다.

아름다움을 추구하면서 살아간다는 것은 어떤 의미일까? 솜씨, 맵시, 맘씨를 추구하며 살아가는 것이 아름다운 삶을 추구하면서 살아가는 것이 아닐까? 솜씨, 맵시, 맘씨는 여자의 3덕이라고 한다. 아름다운 여자는 3덕을 잘 가꾸면서 사는 여자라는 것이다.

여자는 솜씨가 있어야 한다. 솜씨가 좋다는 것은 손재주가 있거나 지혜가 있다는 것이다. 솜씨가 좋다는 것은 어떤 것을 잘 만들거나 어떤 일을 잘 해결해나간다는 것이다.

여자의 대표적인 솜씨는 음식솜씨이다. 음식솜씨가 좋은 아내를 만나는 것은 하늘의 축복이다. 아내의 음식솜씨가 좋으면 남편은 평생 동안 식사에 대한 기대감을 갖고 살아갈 것이다. 아내의 음식솜씨가 좋지 않으면 남편은 평생 동안 식사에 대한 기대감을 버리고 살아갈 것이다.

여자는 대표적인 솜씨인 음식솜씨를 길러가야 한다. 더 나은 음식솜씨를 길러가기 위하여 열심히 노력을 해야 한다. 더 나은 음식솜씨를 갖게 되면 가족 모두가 행복하고 가정이 천국이 되기 때문이다.

여자가 음식솜씨를 기르는 것은 그리 어려운 일도 아니다. 여자는 매일 삼시세끼 음식준비를 한다. 일하는 직장 맘들도 하루에 한 번은 음식준비를 한다. 평생 동안 음식을 만들고 평생 동안 음식에 대한 공부를 한다면 누구나 더 나은 음식솜씨를 갖게 될 것이다.

여자들은 더 나은 맵시를 갖기 위해서도 노력을 해야 한다. 맵시는 옷맵시, 머리맵시, 글맵시, 말맵시 등이 있다. 여자는 옷 하나를 입어도 정갈하게 입고 머리 하나를 꾸며도 단정하게 하고 글을 써도 아름답게 쓰고 말을 해도 예쁘게 해야 한다.

맵시는 교양미이고 세련미이다. 여자가 맵시를 길러간다는 것은 교양미를 길러가는 것이고 세련미를 길러가는 것이다. 그래서 맵시가 고우면 자태가 곱다고 하는 것이다. 맵시가 있는 여자는 가만히 서 있어도 아름답게 보이는 것이고 섹시하게 보이고 매력적으로 보이는 것이다.

여자의 3덕 중에서 가장 중요한 것은 맘씨이다. 솜씨와 맵시도 중요하지만 가장 중요한 것은 맘씨이다. 솜씨와 맵시가 조금 부족해도 맘씨가 좋으면 얼마든지 보완이 가능하기 때문이다. 그러나 솜씨와 맵시가 아무리 좋아도 맘씨가 나쁘면 모든 것이 나빠지기 때문이다.

아름다운 맘씨는 어떻게 하면 갖게 될까? 나의 마음을 아름다운 것으로 가득하게 채워야 한다. 좋은 것은 보고 들으려고 노력하고 나쁜 것은 보지 않고 듣지 않으려고 노력해야 한다. 꾸준히 노력하다보면 아름다운 맘씨를 갖게 될 것이다.

 동서고금을 막론하고 사람은 아름다움과 더 나은 삶을 추구하면서
살아야 한다는 것을 말해주는 것이다. 여기서는 아름다움에 대하여
여자를 강조했지만 남자들도 아름다움과 더 나은 삶을 추구하는 것
은 당연한 것이다.

 아름다운 삶과 더 나은 삶을 추구하면서 섹시하게 살아가려면 관점
을 바꾸려는 노력을 해야 한다. 모든 것에서 더 아름다운 것과 더 나
은 것을 찾으려는 노력을 하면서 살아가야 하는 것이다.

 플라톤은 이데아 사상을 주장했다. 이데아는 '최고선을 추구하라.'
라는 것이다. 플라톤의 이데아 사상은 최고선을 찾아가야 한다는 것
이다. 우리가 하는 모든 것에서 가장 좋은 것, 즉 최고선을 찾아가야
한다는 것이다. 섹시하게 살아간다는 것은 이데아 사상을 실천하면서
살아가는 것이다. 섹시하게 살아간다는 것은 우리의 삶에서 최고선을
추구하면서 살아가는 것이다.

　어떻게 살아야 할까

뇌만 섹시한 사람 & 뇌도 섹시한 사람

　나는 과거에는 조금 놀았다. 사실 조금 논 것은 아니고 많이 놀았던 것 같다. 공부는 거의 하지 않고 살았다. 어쩌면 제대로 공부를 해본 적이 한 번도 없었던 것도 같다.

　나의 삶은 공부를 하기 전과 공부를 시작한 후의 삶으로 나눌 수 있다. 공부를 하기 전의 삶과 공부를 시작한 후의 삶이 완전히 다르기 때문이다. 그만큼 내 삶의 변화는 '경천동지' 했다고 할 만큼이나 완전히 다른 삶으로 바꿔놓았다.

　나는 눈뜬장님으로 살았다. 공부를 하기 전의 나의 삶은 눈뜬장님의 삶이었다. 눈뜬장님이라는 것은 눈을 뜨고는 있지만 실제로는 보지 못하는 사람을 말한다. 사물을 보기는 보지만 제대로 인식하지 못하는 사람을 말하는 것이다.

내가 눈뜬장님의 삶을 살았다는 것은 눈을 뜨고 살긴 살았지만 본질은 제대로 보지 못하고 살았다는 것이다. 나는 보이는 대로만 보고 살았고 보고 싶은 것만 보고 살았다.

나중에 보니 눈뜬장님의 삶을 사는 것은 나만 그런 것이 아니었다. 많은 사람들이 눈뜬장님의 삶을 살고 있었다. 눈뜬장님의 삶을 살고 있지만 눈뜬장님의 삶을 살고 있는지도 모르면서 살아가고 있는 사람이 많다는 것을 알게 되었다.

눈을 뜬다는 것은 어떤 의미가 있을까? 눈을 뜬다는 것은 영혼의 눈이 떠지는 것이다. 눈을 뜬다는 것은 정신의 눈이 떠지는 것이다. 눈을 뜬다는 것은 마음의 눈이 떠지는 것이다. 그래서 눈이 떠지면 인생의 본질을 보게 되는 것이다.

눈을 뜨게 되면 가장 먼저 보게 되는 것은 무엇일까? 눈을 뜨고 가장 먼저 보게 되는 것은 자기 자신이다. 눈을 뜨고 가장 먼저 보는 것은 자기 자신과의 조우라는 것이다. 자신의 실체를 보게 되는 것이다. 자신의 본모습을 보게 되는 것이다.

위대한 정오가 인생을 바꾼다

눈을 뜨고 자기 자신을 보게 되면 인생이 바뀐다. 그래서 니체라는 철학자는 자기 자신과의 만남을 '위대한 정오'라고 표현을 했다. 사람은 누구나 위대한 정오를 맞이하면 위대한 변화를 하게 된다는 것이다.

정오는 하루 중에서 그림자가 가장 짧게 나타나는 시간이다. 인생에서 위대한 정오를 맞이한다는 것은 인생의 그림자가 가장 짧은 시간이다. 인생에서 그림자가 가장 짧게 나타난다는 것은 인생의 길고 어두운 터널을 빠져 나오는 것과도 같다는 것이다. 자신의 인생에서 가장 밝은 시간을 만나게 되는 것이다.

위대한 정오는 개인뿐만 아니라 가족과 기업과 국가에도 적용이 되는 것이다. 위대한 정오를 맞이하는 개인과 가족과 기업과 국가는 혁명적인 변화와 성장을 갖게 된다는 것이다.

나도 위대한 정오를 맞이한 적이 있었다. 인생의 위대한 정오를 맞이하고 삶의 혁명적인 변화와 성장을 경험한 적이 있다. 내 인생의 위대한 정오는 내 인생을 전반기와 후반기로 나누어주는 터닝포인트가 되었다.

나는 전북 김제의 시골마을에서 가난한 농부의 아들로 태어났다. 우리 아버지는 술 먹고 노래를 하시는 분이셨다. 거의 매일 밤마다 술주정을 하셨다. 그래서 나는 울분이 가득한 삶을 살았다. 세상에 대한 원망과 분노와 증오로 가득한 삶을 살았다. 나는 불우한 유년시절을 극복하지 못하고 많은 방황을 하면서 살았던 것이다.

나는 29살에 위대한 정오를 맞이했다. 29살에 위대한 정오를 맞이하고 내 인생은 완전히 다른 인생이 되었다.

29살에 위대한 정오를 맞이하고 눈을 뜨게 되었다. 눈을 뜨고 가장 먼저 본 것은 나 자신이었다. 29살에 만난 나는 술 먹고 노래를 하는 사람이었다. 그래서 나는 얼마나 울었는지 모른다. 분하고 억울해서 엉엉 울었다.

29살에 위대한 정오를 맞이한 나는 얼마나 분하고 억울했는지 모른다. 얼마나 많이 분하고 억울했던지 세상이 끝난 것처럼 울부짖었다. 내가 가장 싫어하는 사람이 아버지처럼 술 먹고 노래하는 사람이었다. 그런데 29살에 만난 나는 술 먹고 노래하는 사람이었다. 그래서 그렇게 분하고 억울했었던 것이다.

분하고 억울해서 울고 울다가 문득 이런 생각이 떠올랐다. 누가 나에게 해준 말인지는 잘 기억이 나지는 않지만 세상에는 3가지 부류의 사람이 있다는 것이다. '첫째는 꼭 필요한 사람이고, 둘째는 있으나 마나한 사람이고, 셋째는 있어서는 안 되는 사람'이 있다는 것이다.

그때의 나는 3번이었다. 세상에 있어서는 안 되는 사람이었던 것이다. 그래서 나는 결심을 했다. 위대한 정오를 맞이하고 위대한 결심을 했다. 3번이 아니라 1번이 되기로 결심을 했다. 있어서는 안 되는 사람이 아니라 세상에 꼭 필요한 사람이 되겠다는 결심을 했다. 그리고 23년을 일심으로 1번이 되기 위하여 열심히 공부를 하게 된 것이다.

뇌가 섹시한 사람이 되자

공부를 시작하고 눈을 뜨게 되면서 나는 달라지기 시작했다. 공부가 어느 정도 정점에 오르면서 뇌가 섹시한 남자가 되었다고나 할까? 공부를 시작하고부터는 생각하는 모든 것이 달라지기 시작했다.

'생각이 바뀌면 말이 바뀌고, 말이 바뀌면 행동이 바뀌고, 행동이 바뀌면 습관이 바뀌고, 습관이 바뀌면 운명이 바뀐다.'라는 말이 있다.

공부를 하고 나서 생각이 완전히 바뀌었다. 생각이 바뀌었다는 것은 눈을 제대로 뜨게 되었다는 것이다. 더 이상 눈뜬장님으로서의 삶이 아니라 세상을 제대로 보는 사람으로 변한 것이다. 더 이상 보고 싶은 것만 보고 보이는 대로만 보는 사람이 아니라 본질을 보는 사람이 된 것이다.

물론 눈을 뜨는 것은 결코 쉽게 되는 것은 아니다. 눈을 뜨는 것이 쉽다면 누가 눈뜬장님의 삶을 살겠는가? 눈을 뜨는 것이 쉽지 않기에 세상을 제대로 보면서 살고 싶지만 눈뜬장님으로 사는 것이다.

눈을 뜨려면 임계점에 도달을 해야 한다. 임계점에 도달을 해야 눈뜬장님의 삶에서 벗어나 삶의 본질을 보는 삶을 살 수 있다. 자신의 한계를 극복할 수 있을 만큼의 학문이 쌓이면 누구나 임계점을 맞을 수 있는 것이다.

임계점은 물질이 변하는 지점을 말한다. 어떤 물질에 일정 이상의 힘이 가해지면 물질이 변한다. 물질의 변화를 일으키는 작용점을 임계점이라고 말하는 것이다. 물의 임계점은 100도이다. 물은 100도가 되면 끓게 된다. 물이 끓어 기체로 바뀌려면 온도가 100도가 되어야 한다.

사람이 눈을 뜨게 되는 것이 결코 쉽게 되지는 않지만 임계점을 맞게 되면 누구나 눈을 뜰 수 있다. 사람마다 조금씩 차이가 있겠지만 멈추거나 포기하지만 않으면 누구에게나 임계점이 오는 것이다. 그리고 임계를 맞으면 눈을 뜨게 되고 삶의 혁명적인 변화와 성장을 맞게 되는 것이다.

생각의 변화를 가져오는 임계점을 맞게 되면 누구나 뇌가 섹시한 사람이 될 수 있다. 그리고 뇌가 섹시한 사람이 외모가 섹시한 사람보다 훨씬 더 매력적인 사람이다.

뇌도 섹시한 사람이 되자

뇌가 섹시해지고 눈을 뜨게 되면 자신의 내면만을 보게 되는 것은 아니다. 자신의 외모도 보게 되는 눈을 갖게 되는 것이다. 어쩌면 눈을 뜬다는 것은 자신을 사랑하게 되는 것일지도 모른다.

눈을 뜨게 된 사람은 자신의 모든 것을 보게 된다. 그러면 말하는 것에서부터 손짓하나에 이르기까지 모든 것이 변하게 된다. 헤어스타일에서부터 옷 입는 스타일까지 모든 것이 변하게 된다는 것이다.

나는 10년 가까운 세월 동안 독서모임을 진행하고 있다. 10년 가까이 독서모임을 진행하면서 뇌가 섹시해진 사람들을 많이 보았다. 그리고 뇌가 섹시해진 사람들이 외모도 섹시해져가는 것을 많이 보았다.

눈을 뜨면 과거의 나와 어제의 나와 익숙한 나와의 완전한 결별이 이루어진다. 과거에 말하던 모든 것과 행동하던 모든 것들과의 결별을 하게 된다. 과거에 하던 헤어스타일에서부터 옷 입는 스타일까지 과거의 나와의 완전한 결별이 이루어지는 것이다.

사람들은 나를 보고 많이 놀란다. 볼 때마다 변해있는 나의 모습을 보고 많이 놀라는 것이다. 뇌가 섹시한 남자가 된 것을 보고도 놀라지만 외모가 섹시한 남자가 된 것을 보고도 놀라는 경우가 많다.

사람은 잘 변하지 않는다. 사람들은 정말 쉽게 변하지 않는다. 10년 전에 만났던 사람을 다시 만나보라. 5년 전에 만났던 사람을 다시 만나보라. 1년 전에 만났던 사람을 다시 만나보라. 아마도 큰 차이를 발견하기 어려울 것이다. 10년 전이나 오늘이나 5년 전이나 오늘이나 1년 전이나 오늘이나 비슷할 것이다.

사람은 잘 변하지 않는다. 하지만 나는 폭발적인 변화와 성장을 경험하고 있다. 내가 폭발적인 변화와 성장을 경험하고 있는 것은 생각이 변했기 때문이다. 그리고 생각의 변화가 외모의 변화를 가져왔기 때문이다.

사실 나는 나의 생각과 외모에 항상 불만이 많다. 어떻게 하면 조금 더 멋진 생각을 하면서 살 수 있을까? 어떻게 하면 조금 더 멋진 외모를 가꿀 수 있을까? 나는 항상 고민을 한다. 그렇다고 고민에 함몰되는 것은 아니다. 나의 성장을 위한 사색이다. 내가 하는 고민들은 긍정적인 고민들이고 희망적인 고민들이다.

나의 헤어스타일은 점점 멋지게 변하고 있다. 나의 얼굴형은 약간 네모난 얼굴형이다. 얼굴이 작은 편이라서 사람들은 별로 느끼지 못하지만 나 스스로는 나를 너무나 잘 알고 있다. 그래서 헤어스타일을 최대한 얼굴이 길어보이도록 머리를 손질하고 있다.

옷을 입는 것도 마찬가지이다. 대중 앞에 서야 하는 작가이자 강사로써 조금이라도 더 멋지게 보이기 위해서 신경을 많이 쓰는 편이다. 물론 아직은 수입이 많지 않아서 경제적인 제약이 많이 있지만 경제가 허락하는 한도 내에서 최대한 멋지게 입으려고 노력하고 있는 것이다.

그러다 보니 자연스럽게 다이어트도 하게 되었다. 다이어트를 해보니 정말 좋다. 물론 많은 사람들은 나에게 다이어트를 할 것이 뭐가 있냐고 말한다. 그러나 다들 자신의 몸에 대해서 공감하시겠지만 조금은 말라 보이는 나에게도 감추어둔 살이 많이 있다.

나는 다이어트를 시작하고 5개월 동안 7kg 감량하여 70kg에서 63kg가 되었다. 물론 다이어트를 더 할 수도 있지만 나의 키가 173㎝이니 이상적인 체형을 유지하기 위하여 몸무게를 63kg에 맞춘 것이다.

다이어트를 해보니 우선 몸이 너무 가볍다. 물론 다이어트를 하고 나서 처음에는 몸에 힘도 없고 빈혈기도 있고 배도 많이 고프고 조금 무섭기도 하였다. '이러다가 큰일 나는 것 아니야?' 하는 생각도 들었다. 그러나 3개월 정도 지나고 적응이 되자 몸 상태가 아주 가벼워졌다.

나는 우리 아파트 피트니스에서 매일 3㎞씩 달린다. 7kg이 감량이 되고 나서 운동을 해보면 운동 중에도 무리가 거의 없고 운동 후에도 무리가 거의 없다. 다이어트를 하기 전에는 운동을 할 때도 무리가 있었고 운동 후에도 무리가 왔다. 무릎에도 많은 무리가 갔고 몸도 많이 피곤해지곤 했다. 하지만 지금은 그런 무리가 거의 없다.

다이어트를 하고 나서 일상생활도 정말 가볍게 보내고 있다. 생각해보면 7kg이면 소고기로 10근이 넘는다. 10근이 넘는 몸무게를 줄였으니 몸이 얼마나 가볍게 되었는지를 상상해보기 바란다.

다이어트를 해보니 만성피로증후군이 사라졌다. 나는 건강 체질이었다. 그러나 공부를 시작하고 40일 금식을 2번 하였다. 그 후에 나는 건강을 잃었다. 물론 40일 금식을 한다고 모두 다 건강을 잃는 것은 아니다. 나는 젊음을 너무 과신했다. 그래서 40일 금식 후에 몸 관리를 철저하게 했어야 하는데 관리를 잘하지 못했다. 그래서 그 후로 만성피로증후군에 시달리게 되었다.

나는 잠을 깊게 자는 편이 아니라서 아침에 일어나는 것이 얼마나 힘들었는지 모른다. 아침마다 천근만근인 몸을 일으켜야 했다. 그러나 다이어트를 한 후에 만성피로증후군이 사라졌다. 몸이 얼마나 가벼운지 모른다. 아침마다 몸이 무거워서 일어나지 못하는 경우가 거의 사라졌다.

다이어트를 해보니 얼굴이 작아졌다. 나는 원래도 얼굴이 작은 편이지만 얼굴 살이 빠지니 더 작아졌다. 일상에서도 차이가 나지만 사진을 찍어보면 확실히 차이가 난다.

다이어트를 해보니 몸매가 좋아졌다. 남자가 무슨 몸매를 관리하느냐고 말하는 사람도 많이 있겠지만 사실 남자의 몸매도 중요하다. 우선 뱃살이 많이 빠져서 거울을 보면 보기가 참 좋다. 사실은 아직도 뱃살이 많이 남아있지만 그래도 참 보기가 좋다.

다이어트를 해보니 밥을 한두 끼 많이 먹는다고 살이 찌는 것이 아니다. 그리고 밥을 한두 끼 조금 먹는다고 살이 빠지는 것도 아니다. 다이어트는 꾸준하게 관리를 해야 한다. 다이어트는 꾸준히 관리해야 성공할 수 있는 것이다.

나는 다이어트를 할 때 처음부터 욕심내지 않았다. 멀게 보고 천천히 진행을 하였다. 나의 다이어트 비결은 우선 식사량에 있다. 나는 철저하게 식사량을 관리했는데 특별한 방법은 아니다. 평소에 먹던 양에서 3분의 1을 줄였다.

어떻게 살아야 할까

몸무게가 63㎏가 된 후로는 64㎏가 되면 식사량을 조금 줄이고 62㎏가 되면 식사량을 조금 늘리는 방법으로 관리를 하고 있다.

나의 다이어트의 두 번째 비결은 꾸준히 운동을 하는 것이다. 운동은 매일 3㎞를 달리는 것이 전부다. 여기서 중요한 것은 꾸준히 해야 한다는 것이다. 나의 다이어트의 비결은 소식과 운동에 있는 것이다.

어떤 사람은 이렇게 말한다. '살을 빼고 싶으면 빼고 살을 찌고 싶으면 찔 수 있어서 너무너무 좋겠다'고 말이다. 그러나 나도 과거에는 그런 사람이 아니었다. 하지만 생각이 바뀌니 실천력이 생긴 것일 뿐이다.

다이어트에 성공하려면 목표의식이 확실해야 한다. 왜 다이어트를 하는지에 대한 확실한 목표가 필요하다. 나는 대중 강연가다. 앞으로도 대중 앞에 많이 서야 한다. 대중들에게 조금이라도 더 멋진 모습으로 서고 싶은 마음이 간절한 것이다.

오래 전 김주하 아나운서를 직접 본 적이 있다. 김주하 아나운서가 방송에서는 전혀 말라보이지 않았는데 실물을 보니 엄청나게 말라있는 모습을 보고 충격을 받은 적은 있다. 그리고 몇 번 방송출연을 해보니 다이어트가 절대적으로 필요하다는 것을 절감하게 되었다. 그 목표의식이 다이어트의 성공을 가져온 것이라고 생각한다.

다이어트에 성공하려면 정신의 힘이 강해져야 한다. 정신이 육체를 지배하는 사람과 육체가 정신을 지배하는 사람이 있다. 정신이 육체를 지배하게 되면 다이어트에 성공할 수 있다. 그리고 정신이 강해지려면 많은 지식이 필요하다. 나의 마음과 정신과 영혼을 풍요롭게 해주는 지식이 필요하다. 나의 마음과 정신과 영혼에 양식이 되는 지식이 필요하다.

뇌가 섹시해지면 외모도 섹시해진다. 눈이 떠지면 나의 모든 것을 사랑하게 되기 때문이다. 뇌만 섹시한 사람도 아름답지만 뇌도 섹시한 사람은 더 아름답다. 생각의 변화를 가져오는 임계점이 맞을 때까지 열심히 공부하여 뇌가 섹시한 사람이 되어 뇌도 섹시한 사람으로 성장해 갔으면 좋겠다.

사람이라면 사람답게 살아야지

'남자의 적은 남자고 여자의 적은 여자다.'라는 말이 있다. 남자가 남자답게 살아가기 못하는 것의 원인은 남자에게 있고, 여자가 여자답게 살아가지 못하는 것의 원인은 여자에게 있다는 말이다. 남자가 남자로서의 예우와 존중을 받지 못하는 것의 원인은 남자에게 있고, 여자가 여자로서의 예우와 존중을 받지 못하는 것의 원인은 여자에게 있다는 것이다.

남자가 남자답게 살아야 남자지, 남자가 남자답게 살지 못하면 남자가 아닌 것이다. 여자가 여자답게 살아야 여자지, 여자가 여자답게 살지 못하면 여자가 아닌 것이다. 그리고 남자가 남자답게 살지 못하도록 방해를 하는 것은 결국 남자가 원인이고, 여자가 여자답게 살지 못하도록 방해를 하는 것도 결국 여자가 원인이라는 것이다.

내가 '어떻게 살아야 할까!'를 기획한 이유는 한 번뿐인 내 인생, 풍요롭고 아름답게 살아가자고 말하기 위함이다. 내가 '어떻게 살아야 할까!'를 집필하는 이유는 대한민국에 풍요롭고 아름다운 삶을 사는 사람이 많아졌으면 하는 순수한 바람에서이다. '어떻게 살아야 할까!'는 풍요롭고 아름다운 삶을 살고 싶은 사람들을 위한 책이다.

나는 23년 동안 골방에서 열심히 공부했다. 과거에 내가 바르게 살지 못해서, 풍요롭고 아름다운 삶을 살아가는 사람이 되는 것이 공부의 목표가 되었다.

내가 '어떻게 살아야 할까!'를 기획하고 지인들에게 기획의도를 밝히면서 의견을 물어본 적이 있다. 그런데 지인들의 피드백을 들으면서 많은 당혹감을 감출 수가 없었다. 내가 풍요롭고 아름다운 삶을 살기 위하여 사람의 변화와 성장에 초점을 맞춘 책을 기획하고 있다고 분명히 설명을 했음에도 사람의 변화와 성장보다는 권리에 대해서만 강조를 하는 경우가 많았기 때문이다.

물론 사람의 권리신장 문제는 아주 중요한 문제이다. 그리고 대한민국에서는 아직도 인간의 존엄성과 권리가 신장이 되어야 하는 부분도 많이 있다. 하지만 사람다운 사람이 되기 위해서는 변화와 성장도 권리의 신장 못지않게 중요한 것이다. 따라서 변화와 성장에도 관심을 기울이고 권리의 신장에도 관심을 기울여야 할 것이다.

권리와 의무는 둘 다 소중하다

권리와 의무는 둘 다 소중한 것이다. 권리와 의무는 적절하게 조화를 이루어야 한다. 권리와 의무가 한 쪽으로 기울게 된다면 문제가 발생하게 되어있다. 구성원들이 의무는 소홀히 한 채 권리만을 주장한다면 공동체에 많은 문제가 일어나게 된다.

물론 자신의 권리는 하나도 주장하지 못하고 너무 의무만을 이행하는 것도 문제가 된다. 그래서 권리와 의무는 적절하게 조화를 이루어가야 하는 것이다. 권리도 중요하지만 의무도 아주 중요한 것이라는 것을 강조하고 싶다.

권리와 의무는 둘 다 소중한 것이다. 권리만을 중요하게 여기거나 의무만을 중요하게 여기면 안 된다. 건강한 공동체를 위하여서 권리와 의무는 둘 다 중요하게 생각을 해야 한다. 권리와 의무가 어느 한 쪽으로 기울게 되면 공동체에는 반드시 문제가 생기게 되어 있기 때문이다.

권리도 중요하지만 의무 또한 상당히 중요하다. 그리고 권리를 주장하기 이전에 의무를 먼저 시행하는 것은 당연한 것이다. 그러나 대한민국의 곳곳에서 의무는 소홀히 한 채 권리만을 주장하는 경우가 많은 것 같아서 매우 안타깝게 바라보고 있다.

대한민국의 많은 곳에서 집단이기주의나 지역이기주의가 나타나고 있다. 매우 안타까운 일이지만, 이러한 현상은 의무는 소홀히 한 채 권리만을 주장하기에 나타나는 현상이다.

권리와 의무를 강조하는 연설문 중에서는 미국 35대 케네디 대통령의 취임사가 가장 잘 알려져 있다. 다음은 케네디 대통령의 취임사 중에서 일부를 발췌한 것이다.

'친애하는 미국 국민 여러분,

국가가 여러분을 위해 무엇을 할 수 있는지를 묻지 말고,

여러분이 국가를 위해 무엇을 할 것인지를 먼저 물어 주십시오.

친애하는 세계의 시민 여러분,

미국이 여러분을 위하여 무엇을 할 것인지를 묻지 말고,

우리가 다 같이 인류의 자유를 위해 무엇을 할 수 있는지를 물어 주십시오.

여러분이 미국의 국민이든 또는 세계의 시민이든,

내가 오늘 여러분들께 말한 것을 다 함께 이룩합시다.

우리의 양심과 노력은 그것의 달성을 보장할 것이며,

역사는 우리의 행동에 대한 최종 판단을 내려줄 것입니다.

하나님의 축복과 도움을 기원하면서,

그러나 하나님은 스스로 돕는 자만을 돕는다는 사실을 명심하면서,

우리 다 함께 우리가 사랑하는 나라를 이끌어 나가는 데 앞장섭시다.'

케네디 대통령은 국가가 국민을 위해서 무엇을 해줄 것인가를 묻지 말고 나는 국가를 위해서 무엇을 할 것인가를 먼저 생각하자고 말하고 있다. 권리를 주장하기 이전에 의무에 대해서 먼저 생각해 보자는 것이다.

어떻게 살아야 할까

21세기가 도래하면서 의무를 이행하는 것보다는 권리를 주장하는 경향이 너무 강해지는 것 같다. 권리도 중요하지만 의무도 많이 중요하기에 안타까운 사회 현상으로 지켜보고 있다.

대한민국에서 권리가 충분히 보장되는 사회적인 분위기가 형성이 되었으면 좋겠다. 그래서 사람들이 자신들이 가지고 있는 재능을 마음껏 발휘하면서 살아가면 좋겠다. 아직도 많은 곳에서 차별을 받는 사람들을 보면 많이 안타깝다. 더 이상 차별받는 사람들이 없는 대한민국이 되었으면 좋겠다. 그러나 권리가 보장되는 것도 중요하지만 의무를 다하는 것도 아주 중요한 문제이다. 권리를 주장하기 이전에 의무에 대해서도 깊이 생각해 보았으면 좋겠다.

사람이 사람답게 산다는 것은 사람으로서의 권리를 누리는 것도 당연히 포함이 되겠지만 사람으로서의 의무를 다하는 것도 포함이 되는 것이다. 어쩌면 사람이 사람답게 산다는 것은 사람으로서의 권리를 누리는 것보다 사람으로서의 의무를 다할 때 가장 이상적으로 이루어지는 것일지도 모른다.

남자는 언제 가장 남자답게 보일까? 남자가 남자로서의 의무를 다하고 있을 때가 가장 남자답게 보이는 것이 아닐까? 남자가 남자답게 산다는 것도 남자가 남자로서의 의무를 다할 때일 것이다. 남자가 남자답게 산다는 것은 남자가 남자로서의 의무를 다하고 있을 때이듯이, 여자가 여자답게 산다는 것은 여자로서의 의무를 다할 때이고, 그럴 때 훨씬 더 여자다울 수 있는 것이다.

여자가 여자답게 사는 것을 포기하고 여자로서의 의무를 다하지 않으면 세상이 어떻게 될까? 여자가 여자로서의 의무를 다하지 않으면 엄청난 혼란이 야기될 것이다. 아마도 지구의 역사가 끝날지도 모른다. 지구에 사는 모든 여자들이 여자로서의 의무를 포기하는 총파업을 실시한다면 아마도 지구는 종말을 맞을지도 모른다.

여자가 여자답게 사는 것이 싫다고 해서 여자답게 사는 것을 포기한다는 것은, 여자가 임신과 출산이 싫다고 해서 남자에게 임신과 출산을 하라는 것과도 같은 이치이다. 임신은 여자가 할 수 있는 것이지 남자가 할 수 있는 것이 아니다.

조물주가 남자와 여자를 다르게 만든 것이다. 남자가 할 수 있는 일이 있고 여자가 할 수 있는 일이 따로 있는 것이다. 임신과 출산은 여자만이 할 수 있는 권리이자 특권이라는 것이다. 그러나 많은 여자들이 임신과 출산을 권리이자 특권으로 여기기보다는 의무라고 여기고 있는 것 같다.

만약 여자가 임신과 출산을 포기하게 되면 세상은 어떻게 될까? 현재의 과학기술 수준으로는 지구에 종말이 오는 것을 막을 수 없다. 물론 과학이 발달을 하게 되면 여자의 몸을 통해서가 아닌 다른 것을 통해서 임신과 출산이 이루어질 수도 있다. 하지만 현재의 과학기술로는 불가능한 일이다. 안타까운 일이지만 과학기술이 발달이 되기 전까지는 여자들이 임신과 출산을 감당해야만 하는 것이다.

여자가 여자답게 산다는 것은 가사에 있어서도 여자가 감당해야 할 일을 즐겁게 감당하는 것을 포함하고 있는 것이다. 물론 21세기에 들어와서는 결혼을 하게 되면 가사를 분담하는 것은 당연한 것이 되었다. 따라서 여자가 홀로 독박가사를 감당하는 것은 시대에 맞지 않는 것이다. 그러나 시대가 아무리 바뀌었어도 여자가 해야 할 일은 여자가 감당을 해야 하고 남자가 해야 할 일은 남자가 해야 하는 것이다.

가사에서 여자가 감당해야 할 가장 큰 것은 음식을 만드는 것이다. 물론 남자가 음식을 만드는 것을 더 좋아하고 더 잘한다면 말이 달라질 수는 있다. 그러나 일반적인 경우에는 여자가 감당을 해야 하는 것이다.

예를 들어 가사에 있어서 역할분담을 하게 되면 여자가 음식을 만들고 남자가 설거지를 하면 어떨까? 아무래도 설거지를 하는 것은 남녀의 차이가 별로 없지만 음식을 만드는 것은 여자가 남자보다는 잘하기 때문이다.

여자들에게 음식을 즐겁게 만들라고 하면 반발이 심하다. '피할 수 없으면 즐기자'라는 말처럼 어차피 매일 음식을 만드는 거니 이왕이면 음식을 즐겁게 만들면 좋지 않겠냐고 말하면 반발을 하는 것이다. 참으로 안타까운 현실이라고 할 수밖에 없다.

PART 4

뜨겁게 살아야 한다!

불타는 열정이 필요하다

그대는 어떤 삶을 원하고 있는가?

나는 전국을 다니면서 강연을 하고 있다. 나는 청중들에게 이런 질문을 자주 한다. '어떤 삶을 원하세요?', '어떤 사람이 되고 싶으세요?' 그러면 대부분 두 가지 대답으로 요약이 된다. 첫 번째는 성공이고 두 번째는 행복이다.

우리는 성공적인 삶과 행복한 삶을 원한다. 그러나 성공적인 삶과 행복한 삶을 원하지만 성공적인 삶과 행복한 삶을 사는 사람은 아주 소수이다. 마음으로는 간절하게 원하지만 현실로는 어렵다는 것이다.

성공적인 삶과 행복한 삶을 원하지만 그렇게 살지 못하는 이유는 무엇일까? 다양한 의견이 있을 수 있겠지만 여기에서는 열정을 다루고 싶다.

사람들이 성공적인 삶과 행복한 삶을 살지 못하는 이유는 열정이 부족하기 때문이다. 다른 말로 하면 뜨겁게 불타오르는 삶을 살지 못하기에 성공도 행복도 맛보지 못하는 것이다.

물은 100도에서 끓는다. 물은 99도까지는 절대로 끓지 않는다. 우리의 삶도 100도까지 끓어올라야 한다. 그러나 많은 사람들이 100도가 되기 전에 멈추거나 포기해버린다. 95도, 96도, 97도, 98도, 99도에서 멈추고 마는 것이다. 지금부터는 100도의 물처럼 펄펄 끓어오르는 삶을 살아야 한다.

나는 뜨거운 사람이 좋다. 나는 열정적인 사람이 좋다. 나는 뜨겁게 불타오르는 사람이 좋다. 나는 뜨겁게 불타올라서 열정의 화신으로 살아가는 사람이 좋다.

과거에는 과묵하고 점잖은 남자가 이상적인 남성상이었고 차분하고 얌전한 요조숙녀가 이상적인 여성상이었다. 그러나 이제는 시대가 완전히 바뀌었다. 21세기가 간절하게 원하는 사람은 100도의 물처럼 뜨겁게 끓어오르는 사람이다.

21세기가 간절히 원하는 남자는 뜨거운 남자이고 21세기가 간절히 원하는 여자도 뜨거운 여자이다. 21세기가 간절하게 원하는 학생은 뜨거운 학생이고 21세기가 간절하게 원하는 선생님도 뜨거운 선생님이다. 21세기가 간절하게 원하는 직장인은 뜨거운 직장인이고 21세기가 간절하게 원하는 경영자도 뜨거운 경영자인 것이다. 21세기가 간절하게 원하는 사람은 뜨거운 사람이라는 것이다.

어떻게 살 것인가? 흐물흐물하게 살 것인가? 아니면 뜨겁게 불타오를 것인가? 흐지부지하게 살 것인가? 아니면 불타오르는 열정으로 살 것인가?

스티브 잡스는 2005년에 스탠포드대학에서 졸업식 축사를 했다. 15분 정도의 연설은 스탠포드대학의 졸업생들만이 아니라 세계인들에게도 많은 감동을 선사하였다.

스티브 잡스의 연설은 "오늘이 내 인생의 마지막 날이라면 지금 하려고 하는 일을 계속할 것인가?"라는 것이 핵심주제이다. 사람은 누구나 세상을 떠나는 날이 온다. 스티브 잡스는 한 번 왔다가는 인생을 어떻게 살 것인가에 대해서 말하고 있는 것이다.

'내일 죽어도 오늘은 자신의 일을 계속할 것인가?'라는 말은 내가 하는 일이 죽어도 여한이 없는 일이어야 한다는 것이다. 내일 죽더라도 오늘은 나의 일을 즐겁고 행복하게 할 수 있어야 한다는 것이다. 자신의 일에서 진정한 자부심을 느낄 수 있어야 한다는 것이다.

스티브 잡스는 자신의 일에서 자부심을 갖기 위해서는 "Stay hungry. Stay foolish." 해야 한다고 말했다. 자신의 일이 죽어도 여한이 없는 일이 되게 하려면 간절함이 필요하다는 것이다. 자신의 일에서 최고선을 찾기 위해서 간절하게 노력해야 한다는 것이다.

자신의 일에서 최고선을 찾으려면 간절함도 필요하지만 우직함도 필요하다. 우직하게 묵묵히 자신의 길을 갈 수 있어야 한다는 것이다. 그러면 누구나 자신의 일을 하다가 죽더라도 여한이 없는 일로 만들게 될 것이다.

간절함과 우직함은 열정이 아닐까? 간절하고 우직하게 자신의 길을 가는 것은 불타는 열정이다. 간절함과 우직함이라면 자신의 삶이 뜨겁게 불타오르지 않을까? 우리에게 필요한 것이 이런 뜨거움이다.

어차피 한 번 왔다가는 인생길이지만 내가 왔다간 흔적은 멋지게 남겨야 하지 않을까? 한 번 왔다가는 인생이라지만 그저 그런 삶을 살아서야 되겠는가? 어차피 한 번 왔다가는 인생이라면 위대한 흔적을 남겨야 하지 않을까?

우리에게는 불타는 열정이 필요하다. 나의 삶을 멋지게 만들기 위해서는 불타는 열정이 필요한 것이다. 내가 살다간 삶의 흔적을 멋지게 남기기 위해서는 꺼지지 않는 불타는 열정이 필요한 것이다.

열정은 사랑의 산물이다

불타는 열정을 갖기 위해서는 무엇이 필요할까? 불타는 열정을 갖기

어떻게 살아야 할까

위해서는 사랑이 필요하다. 열정은 사랑의 산물이기 때문이다. 어떤 일을 사랑하든지 어떤 사람을 사랑하든지 사랑하게 되면 집중력을 발휘하게 된다.

사랑을 한다는 것은 많은 애정과 관심을 갖는 것이다. 많은 애정과 관심을 갖게 되면 집중력을 발휘하게 된다. 사랑에서 나오는 집중력이 강하면 강할수록 우리의 열정은 더 뜨겁게 불타오르게 되는 것이다.

남자가 여자를 사랑하면 할수록 남자는 여자에게 집중을 한다. 남자가 여자에게 집중하면 할수록 뜨겁게 사랑하게 되는 것이다. 여자도 남자를 사랑하면 할수록 남자에게 뜨겁게 집중을 하게 된다. 여자도 남자에게 집중하면 할수록 뜨겁게 사랑하게 되기 때문이다.

남녀가 연애를 할 때는 사랑이 불타오르다가 결혼을 한 후에 사랑이 식는다. 결혼을 한 후에 사랑이 식는 것은 집중력이 떨어졌기 때문이다. 집중력이 떨어졌기에 사랑이 식어가는 것이다.

자신의 일을 사랑하면 할수록 자신의 일에 열정을 불태우게 된다. 누구나 입사 초기에는 회사와 일을 위하여 거의 목숨을 걸고 일을 한다. 입사 초기에는 누구나 회사와 일을 뜨겁게 사랑하기 때문이다.

입사 초기에는 회사와 일을 뜨겁게 사랑하지만 3년 정도가 지나기 시작하면서 열정이 식기 시작한다. 뜨겁던 열정이 식은 것은 회사와 일에 대한 애정이 떨어졌기 때문이다.

돋보기로 종이를 태우는 실험을 해본 적이 있다. 돋보기로 가장 집중력 있게 빛을 모으면 결국 종이에 불이 붙는다. 그러나 일반 유리로는 아무리 불을 붙이려고 해봐도 절대로 불이 붙지 않는다.

일반 유리는 크기가 아무리 커도 절대로 불이 붙지 않는다. 불이 붙으려면 빛을 모을 수 있는 기능이 있어야 하지만 일반 유리에는 빛을 모으는 기능이 없기 때문이다. 일반 유리에는 빛을 모으는 기능이 없기에 아무리 불을 붙이려고 해도 절대로 불이 붙지 않는 것이다.

돋보기에서 빛을 모으는 기능이 사랑이다. 불이 붙을 만큼의 뜨거운 집중력은 사랑에서 나오는 것이다. 돋보기에는 특별한 기능이 숨어 있어서 빛을 모을 수 있다. 일반 유리에는 특별한 기능이 없어서 빛을 모을 수가 없는 것이다. 사람에게도 뜨거운 열정을 불러일으키는 특별한 기능이 필요하다. 뜨거운 열정을 불러일으키는 특별한 기능은 사랑이다.

사랑이라는 특별한 기능이 없으면 뜨겁게 불타오르는 열정적인 삶을 살 수 없다. 아무리 많은 재능을 가지고 있어도 일에 대한 사랑이 없으면 열정적으로 일을 할 수가 없다. 아무리 많은 사람을 만나도 사랑을 느끼는 사람을 만나지 못하면 열정적으로 사랑할 수가 없다.

무엇을 사랑해야 하는가?

우리의 삶이 뜨겁게 불타오르기 위해서는 사랑하는 삶을 살아야 한다. 사랑이 없으면 어떤 사람도 뜨겁게 사랑할 수 없고 어떤 일도 뜨겁게 사랑할 수 없기 때문이다. 그러면 우리의 삶이 뜨겁게 불타오르기 위해서는 우리는 무엇을 사랑해야 할까? 무엇을 사랑해야 뜨겁게 불타오르는 삶을 살 수 있을까?

우리의 삶이 뜨겁게 불타오르기 위해서는 사람을 사랑해야 한다. 사람을 사랑하는 사람은 삶 자체가 뜨겁게 불타오르는 삶이기 때문이다. 사람을 사랑한다는 것은 남녀 간의 사랑이 아니다. 휴머니즘에 입각한 사랑을 말하는 것이다.

우리가 하는 모든 것들은 사람과의 관계에서 나온다. 따라서 사람을 사랑하는 사람은 모든 삶이 뜨거운 삶이 되는 것이다. 휴머니즘에 입각하여 사람을 사랑하는 사람은 뜨거운 삶을 살 수 있다.

나눔의 삶을 실천하는 것은 잠깐이라면 누구나 할 수 있다. 그러나 오랜 시간 동안 꾸준히 실천하는 것은 어렵다. 사람을 사랑하는 특별한 사람들만 실천을 할 수 있다.

나는 10년 가까운 세월동안 거의 무보수로 독서모임과 봉사활동을 진행하고 있다. 사람들은 내가 10년이 가까운 세월 동안 지치지 않고 꾸준히 나눔의 활동을 실천하는 것을 보고 많이 놀란다.

"무엇이 오랜 세월 동안 나눔의 삶을 실천하도록 만들었습니까?", "무엇이 지치지도 않고 포기하지도 않는 열정을 불러일으켰습니까?"라고 질문을 한다. 그러면 나는 한결같이 "그것은 사랑입니다.", "그것은 휴머니즘에 입각한 사랑입니다."라고 대답을 한다. 사람을 사랑하는 휴머니즘에 입각한 사랑이 10년 가까운 세월동안 지치지도 포기하지도 않는 뜨거운 열정을 불러일으킨 것이다.

사람을 사랑하는 것은 가까운 사람부터 사랑하는 것이다. 사랑은 멀리 있는 사람부터 사랑하는 것이 아니다. 멀리 있는 사람은 사랑하고 싶어도 할 수가 없다. 그러나 가까이에 있는 사람은 사랑하려고 마음만 먹으면 얼마든지 사랑할 수가 있는 것이다.

사랑은 멀리 있는 사람이 아니라 가까이에 있는 사람부터 사랑하는 것이다. 그래서 첫째, 나를 사랑해야 한다. 나를 사랑하게 되면 뜨겁게 공부를 하게 된다. 그리고 뜨겁게 운동을 하게 되고 뜨겁게 일도 하게 된다.

뜨겁게 공부를 하게 되는 것은 나의 영혼과 정신과 마음을 풍성하게 만들기 위한 것이다. 뜨겁게 운동을 하게 되는 것은 나의 몸을 아름답게 만들기 위한 것이다. 뜨겁게 일을 하게 되는 것은 내가 살아있음을 느끼기 위한 것이다.

둘째로 나의 가족을 사랑해야 한다. 가장 먼저는 남편을 사랑하고 아내를 사랑해야 한다. 사랑의 유효기간이 3년이라고 한다. 3년이 넘으면 남편이 정말로 남의 편이 되고, 아내는 뭐든지 안 해가 된다고 한다. 그러나 지금부터는 남편을 사랑하고 아내를 사랑하기 위해서 노력

어떻게 살아야 할까

을 해야 한다.

부부의 사랑이 회복되면 자녀들을 사랑해야 한다. 부부는 사랑하려고 노력을 해도 어렵지만 자녀들은 사랑하지 말라고 해도 사랑한다. 그러나 문제는 나만의 방식으로 자녀들을 사랑하는 것이다. 사랑을 한다는 것은 상대방을 인정하는 것이고 상대방에게 자유를 허락하는 것이다. 지금부터는 남편과 아내와 자녀들을 인정하고 자유를 허락해야 한다.

셋째로 내가 만나는 사람들을 사랑해야 한다. 사랑은 가까운 사람부터 사랑해야 한다고 말했다. 나와 가족부터 사랑을 하고 그 다음으로는 내가 만나는 사람들을 사랑해야 한다. 멀리 있는 사람이 아니라 내가 만나는 사람부터 사랑하는 것이다.

사랑의 최고의 표현은 상대방을 즐겁게 해주는 것이다. 따라서 내가 만나는 사람들을 즐겁게 해주기 위해서 노력하는 삶을 사는 것이 사랑의 최고선이다. 나를 즐겁게 만드는 것을 찾아야 한다. 가족을 즐겁게 만드는 것을 찾아야 한다. 내가 만나는 사람들을 즐겁게 만드는 것을 찾아야 한다.

열정은 세상을 밝게 만드는 활력소

21세기에 들어서면서 우울증을 앓고 있는 사람들이 많아지고 있다. 특히 소아우울증이 급속도록 증가하고 있다. 우울증의 특효약은 무엇일까? 우울증의 특효약은 열정이다. 그래서 열정은 세상을 밝게 만드는 원동력이다.

삶이 우울하다는 것은 열정이 사라졌다는 것이다. 열정은 삶의 활력소다. 삶의 활력소인 열정이 사라졌기에 우울해지는 것이다. 열정이 사라진 것은 삶의 이유를 잃어버렸기 때문이다. '나는 어디로 가야 하는가?', '나는 무엇을 해야 하는가?' 이런 질문들이 사라졌기에 우울하게 된 것이다.

지금부터는 열정을 회복해가야 한다. 지금부터는 열정을 회복할 수 있는 방법을 찾아야 한다. 지금부터는 열정으로 뜨겁게 불타오르는 삶을 살 수 있는 방법을 찾아야 한다.

우리는 뜨겁게 불타오르는 삶을 살아야 한다. 그것이 나를 밝게 만들고 내 가족을 밝게 만들기 때문이다. 그것이 내가 만나는 모든 사람을 밝게 만들고 세상을 밝게 만드는 것이기 때문이다.

어떻게 살아야 할까

포기하면 지는 거다

'부러우면 지는 거다.'라는 말이 있다. 다른 사람의 장점이나 다른 사람이 가진 것을 부러워하면 지는 거라는 말이다. 그러나 부러우면 진짜 지는 걸까?

아니다, 우리는 부러워해야 한다.
부러워해도 엄청나게 부러워해야 한다.

부러운 것이 부러운 것으로 끝나면 물론 진짜로 지는 거다. 그러나 부러운 것이 부러운 것으로 끝나지 않으면 이기는 것이다. 다른 사람의 장점이나 가진 것을 부러워하고 나서 부러운 것들을 성취하려고 노력하면 이기는 것이다.

어떤 사람의 장점이 부러우면 나도 그것을 갖기 위해서 노력을 하면 된다. 어떤 사람이 가진 것이 부러우면 나도 그것을 갖기 위해서 노력을 하면 된다. 그러면 부러우면 지는 것이 절대로 아니다. 그러면 부러우면 무조건 이기는 것이다.

부러워하면 지는 것이 아니라 포기하면 지는 것이다.

우리가 못해서 못하는 것이 아니라 우리가 안 해서 못하는 것이다. 우리가 못해서 못하는 것이 아니라 우리가 포기해서 못하는 것이다. 우리가 어떤 일이든지 도전을 하고 포기하지만 않는다면, 우리는 무엇이든지 할 수 있는 위대한 사람들이다.

사람은 누구나 무한대의 잠재력을 가지고 있다. 사람은 누구나 천재적인 능력을 가지고 있다. 사람은 누구나 엄청난 힘을 가지고 있다. 따라서 사람은 무엇이든지 할 수 있는 엄청난 존재이다. 사람은 누구나 마음만 먹으면 모든 것을 할 수 있는 엄청난 존재이다.

우리가 포기만 하지 않으면 무엇이든지 할 수 있다. 하지만 포기하는 것은 너무 쉽고 포기하지 않는 것은 너무 어렵다. 어쩌면 우리에게 포기가 가장 쉬운 것이고 가장 큰 적이다.

우리에게는 호환마마보다 무서운 작심삼일 병이 있다. 어느 누구도 피할 수도 없고 피해갈 수 없는 가장 무서운 것이 작심삼일 병이다.

우리에게는 작심삼일 병이라는 어쩔 수 없는 본성이 있다. 작심삼일

어떻게 살아야 할까

이라는 어쩔 수 없는 본성으로 인해 포기가 일상이 되고 있는 것이다. 작심삼일 병을 극복하고 꾸준히 실천할 수만 있다면 우리는 모든 것을 할 수 있다. 그렇다면 어떻게 해야 작심삼일 병을 극복할 수 있을까? 지금부터 작심삼일 병을 극복할 수 있는 방안을 찾아보자.

포기하지 않으려면 목표의식이 필요하다

작심삼일 병을 극복하는 첫 번째 방법은 목표의식을 갖는 것이다. 목표의식이 있는 사람은 절대로 포기하지 않기 때문이다. 목표의식이 있는 사람은 계속해서 도전하기 때문이다. 목표의식이 있는 사람은 멈추지 않고 실천할 수 있기 때문이다.

사실 인생길에 정답은 없다. 우리의 인생에는 변수가 너무나 많기 때문이다. 인생길에 정답이 없는데 목표의식마저 없다면 인생이 어떻게 될까? 인생길에 정답이 없는데 어디로 가는지도 모른다면 인생이 어떻게 될까? 너무 걱정스럽고 고통스러운 인생길이 되지 않을까?

목표의식을 갖는다는 것은 가야할 길이 있다는 것이다. 목표의식이 있다는 것은 어디로 가야하는지를 안다는 것이다. 그래서 아무리 인생길에 정답이 없어도 목표의식이 있으면 괜찮은 것이다.

우울증을 겪거나 방황을 하는 사람들은 대부분 목표의식이 없다. 어디로 가야하는지를 모르니 우울증이 찾아오는 것이다. 삶의 방향을 모르니 방황이 찾아오는 것이다.

목표의식이 있는 사람에게도 작심삼일 병은 얼마든지 찾아올 수도 있다. 그러나 가야할 길이 있으니 작심삼일 병이 찾아와도 작심삼일 병을 극복하고 다시 길을 간다. 그래서 목표의식을 갖고 가야할 길을 찾은 사람은 작심삼일 병에서 자유로운 사람이 된다.

나는 체육과 출신이다. 나는 공부하고는 정말 담을 쌓고 살았던 사람이다. 그러다가 위대한 정오를 맞이하고 새로운 사람이 되겠다는 결심을 하게 되었다. 새로운 사람이 되겠다는 결심을 하고 서울로 상경하여 공부를 시작하였다.

굳은 결심을 하고 고향땅과 고향사람들을 등지고 서울로 상경하여 공부를 시작하였다. 하지만 공부는 결코 쉬운 것이 아니었다. 공부가 나에게 얼마나 많은 패배감과 좌절감을 맛보게 했는지 모른다.

나는 사람을 좋아하는 사람이었다. 나는 사람들과 어울려서 함께 웃고 함께 우는 것을 정말 좋아하는 사람이었다. 그래서 학창시절부터 나의 생일날에는 수십 명의 친구들이 찾아와서 생일파티를 해주곤 했다. 수십 명의 친구들이 나의 생일파티에 왔다는 것은, 내가 친구들의 생일파티에 수십 번을 갔다는 것이다. 나는 사람들과 함께 하는 것을 정말 좋아하는 사람이었다.

사람을 좋아하는 사람이 골방에 틀어박혀서 공부만 한다는 것은 쉽지 않은 싸움이었다. 처음에는 공부하는 것보다 앉아있는 것이 더 힘들었다. 엄청나게 활동적이었던 내가 공부를 하겠다고 앉아있다는 것

어떻게 살아야 할까

자체가 나에게는 엄청난 고문이었다. 나중에 공부를 하다 보니 '공부는 머리로 하는 것이 아니라 엉덩이로 하는 것이다.'라는 말을 실감하게 되기도 하였다.

처음에는 앉아 있는 것이 힘들어서 30분을 공부하면 2시간을 돌아다녔다. 30분 정도 공부를 하면 도저히 좀이 쑤셔서 앉아있을 수가 없었기 때문이다. 그래서 30분 정도 공부를 한 후에는 2시간 정도를 돌아다닌 것이다. 그러나 놀라운 것은 30분을 공부한 후에 2시간을 돌아다녔지만 다시 와서 30분을 공부했다는 것이다. 새로운 사람이 되겠다는 목표의식이 나를 다시 책상 앞으로 이끌어준 것이다.

처음에는 30분을 못 앉아 있었지만 새로운 사람이 되겠다는 목표의식 덕분에 30분이 1시간이 되고, 1시간이 2시간이 되고, 2시간이 3시간이 되었다. 그렇게 점점 시간이 늘더니 결국은 하루에 3~4시간만 자고 18시간씩 공부하는 사람이 되었다.

새로운 사람이 되겠다는 목표의식이 작심 30분을 극복하고 작심 18시간으로 발전하게 된 것이다. 새로운 사람이 되겠다는 목표의식이 체육과 출신을 작가로 만들었고 인문학 강사로 만든 것이다.

포기하지 않으려면 작심삼일을 작심삼일 하라

작심삼일 병을 극복할 수 있는 두 번째 방법은 작심삼일을 작심삼일 하는 것이다. 작심삼일을 작심삼일 한다는 것은, 작심삼일을 반복하고

반복하고 또 반복한다는 것이다.

우리가 아무리 강하게 작심을 한다고 해도 꾸준하게 지속하는 것은 힘들다. 우리에게는 망각이라는 신의 선물이 있기 때문이다. 망각이라는 신의 선물 때문에 아무리 강하게 작심을 해도 망각하게 되는 것이다. 망각은 지극히 자연스러운 현상이다.

작심삼일을 작심삼일 한다는 것은, 작심한 것을 잊었다가 다시 생각이 나면 다시 작심을 하는 것이다. 망각이라는 신의 선물이 찾아와도 내가 작심을 했던 것이 언젠가는 기억이 난다. 그러면 그때 멈추거나 포기하지 말고 다시 작심을 하는 것이다. 그러면 누구나 꾸준히 실천할 수가 있다.

작심삼일을 작심삼일 하다보면 처음에는 망각이라는 신의 선물 때문에 자주 중단이 된다. 하지만 결국은 작심삼일 병을 극복하고 꾸준히 실천을 할 수 있게 된다. 망각이라는 신의 선물이 찾아오는 기간이 점점 길어지기 때문이다.

처음에는 망각이라는 신의 선물이 삼일에 한 번씩 찾아오게 된다. 하지만 작심삼일을 작심삼일 하다보면 망각이라는 신의 선물이 찾아오는 기간이 점점 길어지게 된다.

망각이라는 신의 선물이 처음에는 삼일 만에 찾아오지만 작심삼일을 계속하다보면 기간이 점점 길어진다. 삼일이 일주일이 되고, 일주일이 보름이 되고, 보름이 한 달이 된다. 그리고 한 달이 6개월이 되고, 6개월이 1년이 되고, 1년이 2년, 3년, 5년, 10년이 되는 것이다. 그러면 누구나 작심삼일을 극복하고 꾸준히 실천할 수 있는 위대한 사람이 되는 것이다.

부러우면 절대로 지는 것이 아니다. 그러니 마음껏 부러워하기 바란다. 하지만 포기하면 지는 것이다. 그러니 절대로 포기하면 안 된다. 우리가 무엇을 계획하든지 포기만 하지 않고 꾸준히 실천하면 누구나 위대한 삶을 살 수 있다.

포기하지 않는 사람이 뜨거운 사람이다. 뜨거운 사람이 되어 포기는 배추를 셀 때나 사용하기 바란다. 그리고 절대로 포기하지 말기 바란다. 그래서 지칠 줄도 모르고 포기할 줄도 모르는 뜨거운 사람이 되기를 바란다.

진인사대천명으로 승리하라

세상일이 어떨까? 세상일이 모두 다 뜻대로 될까? 나이가 어릴 때는 세상일이 너무 쉽게 보일 수도 있다. 그러나 나이가 30이 넘어가면 현실을 알게 된다. 그리고 세상일이 그렇게 호락호락하거나 만만치가 않다는 것을 알게 된다.

21세기 대한민국에서는 20대들도 세상이 호락호락하지 않다는 것과 아픈 현실을 맛보게 되는 것 같다. 21세기 대한민국에서는 20대들을 삼포세대라고 말한다. 20대들은 3가지를 포기하고 살아간다는 것이다. 돈이 없어서 연애를 포기하고 결혼을 포기하고 출산을 포기하고 살아간다는 것이다.

대한민국이 성장기에 있을 때는 누구나 노력한 만큼의 결과를 얻을 수 있었다. 물론 성장기에도 유리천장은 있었다. 하지만 성장기의 유리

어떻게 살아야 할까

천장은 지금처럼 견고하지는 않았다. 그리고 누구에게나 기회의 문이 열려 있었다. 누구나 노력한 만큼의 대가를 얻을 수 있었다. 그러나 21세기에 들어선 대한민국은 더 이상 성장기의 국가가 아니다. 대한민국은 지금 정체기를 지나가고 있다. 대한민국이 정체기를 지나가다 보니 기회의 문이 자동적으로 닫히게 된 것이다.

대한민국에서 살아간다는 것이 더욱 더 어려운 시대가 되었다. 삼포시대로 대변이 되는 21세기의 대한민국에서 살아간다는 것은 엄청나게 어려운 일이 되었다는 것이다. 그래서 세상의 뜨겁고 아픈 현실 앞에서 좌절을 하기도 한다. 어떻게 살아야 할지를 몰라서 많은 방황을 하기도 한다.

인생길이 많이 힘들고 어렵지만 멈추거나 포기하면 안 된다. 아무리 힘들고 어려운 상황에서도 최선의 삶을 살아야 한다. 노력한 만큼의 결과를 얻으면 좋겠지만 인생길이 내 생각대로 되지 않을 수도 있다. 인간의 한계를 극복하는 노력을 했지만 돌아오는 것이 너무 적을 수도 있다.

우리에게 필요한 것은 열심히 노력하고 그 결과를 수용하는 지혜이다. 열심히 노력을 하고 결과는 겸허하게 받아들이는 지혜가 필요한 것이다.

우리 선조들은 '진인사대천명' 하는 자세로 살았다. 우리 선조들은 사람이 할 수 있는 최고의 노력을 다하고 그 결과를 겸허하게 수용하는 지혜를 가지고 사셨다. 삼포시대로 대변되는 21세기는 선조들의 지혜인 '진인사대천명'이란 삶의 지혜가 절실하게 필요한 시대가 되었다.

진인사대천명이란 무엇인가?

'진인사대천명'은 사람이 할 수 있는 일을 다 하고 하늘의 명을 기다리는 것이다. 사람이 해야 할 일은 최선의 노력을 다하는 것이고 결과는 하늘의 뜻에 맡긴다는 의미다. 과정을 더 중요시하고 결과에 연연하지 않겠다는 것이다. 선조들의 지혜는 정말 놀랍고 경이로운 것이다.

선조들은 무조건 이기면서 살았다. 선조들은 '진인사대천명'의 지혜를 가지고 사셨기 때문이다. '진인사대천명'의 자세로 살면 무조건 이기는 삶을 살게 되는 것이다. 21세기의 대한민국이 아무리 어렵다고 해도 '진인사대천명'의 삶을 자세로 살아가면 누구나 이길 수 있는 삶을 살 수 있다.

'진인사대천명'에는 순리대로 살아가는 지혜가 담겨있다. 세상을 이기면서 살아가는 지혜는 순리대로 사는 것이다.

순리대로 사는 것은 무엇을 의미할까? 순리대로 사는 것은 하늘의 뜻대로 사는 것이다. 순리대로 사는 것은 물이 흐르는 대로 사는 것이다. 순리대로 사는 것은 바람처럼 사는 것이다. 순리대로 사는 것은 자연스럽게 사는 것이다. 순리대로 사는 것은 사람들과 함께 한다는 것이다. 그래서 순리대로 사는 것이 이기는 것이다. 결국은 순리대로 사는 삶이 승리자의 삶인 것이다.

순리대로 사는 것의 반대말은 역리대로 사는 것이다. 역리대로 사는 것은 무엇을 의미할까? 역리대로 사는 것은 하늘의 뜻을 거역하는 것이다. 역리대로 사는 것은 물을 거꾸로 흐르게 하겠다는 것이다. 역리대로 사는 것은 바람을 막아보겠다는 것이다. 역리대로 사는 것은 억지로 사는 것이다. 역리대로 사는 것은 사람들과 함께하지 않겠다는 것이다. 그래서 역리대로 사는 것은 지는 것이다. 결국 역리대로 사는 삶은 패배자의 삶인 것이다.

순리대로 살겠다는 것은 '진인사대천명'이란 삶의 지혜를 가지고 살겠다는 것이다. 역리대로 살겠다는 것은 '진인사대천명'이란 삶의 지혜를 버리고 살겠다는 것이다.

우리가 진정한 승리를 맛보면서 살아가려면 '진인사대천명' 하는, 순리대로의 삶을 살아야 한다. 그러면 누구나 패배자의 삶이 아니라 승리자의 삶을 살 수 있다.

사람들이 가장 원하는 삶은 성공과 행복이다. 많은 사람들이 성공과 행복을 원하지만 성공과 행복을 누리는 사람은 많지 않다. 성공과 행복을 원하지만 누리지 못하는 이유는 무엇일까? '진인사'를 하지 않았기 때문이고 '대천명'을 하지 않았기 때문이다.

성공과 행복을 누리는 것은 '진인사대천명' 안에 다 들어있다. 하지만 '진인사'도 하지 않고 '대천명'도 하지 않기 때문에 성공과 행복을 누리지 못하는 것이다.

성공과 행복을 맛보려면 '진인사'하라

성공과 행복을 맛보는 삶을 살려면 먼저 '진인사'를 해야 한다. 나는 '진인사'를 해야만 성공과 행복을 맛볼 수 있다고 자신한다. '진인사'하면 누구나 위대한 실력과 위대한 인격을 갖출 수 있기 때문이다.

'진인사'를 한다는 것은 무엇일까? 우리의 삶에서 '진인사'를 다하는 삶을 산다는 것은 무엇일까?

'진인사'를 한다는 것은 엄청나게 욕심을 부린다는 것이다. 욕심을 부려도 엄청나게 부리자는 것이다. 엄청나게 욕심을 부리고 엄청나게 노력을 하자는 것이다. 그러면 누구나 성공과 행복을 맛볼 수 있다는 것이다.

'진인사'를 한다는 것은 엄청나게 욕심을 부리고 엄청나게 노력을 하는 것이라면 욕심은 어떤 것일까? 욕심은 좋은 것일까? 아니면 욕심은 나쁜 것일까? 일반적으로 욕심은 나쁜 것으로 알려져 있다. 하지만 욕심이 진짜 나쁜 것일까?

욕심은 좋은 것이다. 욕심은 세상에 꼭 필요한 것이다. 욕심이 있어야 세상이 발전할 수 있기 때문이다. 욕심은 세상의 발전을 이끄는 원동력이기 때문이다. 욕심이 있어야 세상이 발전할 수 있기 때문이다.

애덤 스미스는 『국부론』에서 '우리가 저녁 식사를 기대할 수 있는 것은 푸줏간 주인, 술도가 주인, 빵집 주인의 자비심 덕분이 아니라 그들이 자기 이익을 챙기려는 생각 덕분이다. 우리는 그들의 박애심이 아니라 자기애에 호소하며, 우리의 필요가 아니라 그들의 이익만을 그들에게 이야기할 뿐이다.'라고 말하고 있다.

푸줏간 주인과 술도가 주인과 빵집 주인의 이기심과 욕심 때문에 우리가 맛있는 식사를 할 수 있다는 것이다. 푸줏간 주인과 술도가 주인과 빵집 주인의 이기심과 욕심이 많으면 많을수록, 그들은 더 맛있는 고기와 술과 빵을 만들 것이다. 그래야 그들이 많은 돈을 벌 수 있기 때문이다.

푸줏간 주인과 술도가 주인과 빵집 주인의 이기심과 욕심은 세상의 발전을 이끄는 원동력이다. 그들의 이기심과 욕심으로 더 맛난 고기와 술과 빵이 만들어지기 때문이다.

우리가 '진인사'란 삶의 자세를 가지고 욕심을 엄청나게 부려도 되는 것은 우리의 욕심이 세상의 발전을 이끄는 원동력이기 때문이다.

일반적으로 욕심은 좋지 못한 것으로 알려져 있었다. 하지만 욕심은 좋은 것이다. 따라서 우리는 '진인사'란 삶의 자세로 엄청나게 욕심을 부려야 한다. 그리고 욕심을 이루기 위해서 위대한 도전을 해야 한다.

욕심은 세상에 필요할까? 필요하지 않을까? 욕심이 없는 세상은 어떤 세상이 될까? 욕심이 없다면 세상은 어떻게 될까? 욕심이 없는 세상은 무의미한 세상이다. 욕심이 없는 세상은 발전을 포기한 세상이다.

욕심이 없는 세상은 팥 없는 찐빵이고 팥 없는 팥빙수이다. 팥 없이 빵만 먹고 팥 없이 얼음만 먹는다고 생각해 보라. 얼마나 고통스럽겠는가? 욕심이 없는 세상은 맛없는 세상이다. 욕심이 없는 세상은 그만큼 무의미하고 무가치한 세상이다.

어떤 학생이 공부를 잘할까? 공부 욕심이 많은 학생이다. 어떤 사업가가 돈을 많이 벌까? 돈 욕심이 많은 사업가이다. 어떤 직원이 근무를 열심히 할까? 승진 욕심이 많은 직원이다.

지금부터 '욕심장려운동'을 벌여야 한다. 욕심이 크면 클수록 개인이 발전할 수 있고, 욕심이 많으면 많을수록 세상이 발전할 수 있기 때문이다.

욕심은 세상에 꼭 필요한 요소이다. 욕심은 개인의 발전과 세상의 발전을 이끄는 원동력이다. 이것이 우리가 '진인사'의 엄청난 욕심으로 위대한 도전을 해야 하는 이유이다.

어떻게 살아야 할까

성공과 행복을 누리려면 '대천명'하라

우리는 위대한 도전을 해야 한다. '진인사'의 엄청난 욕심으로 위대한 도전을 해야 한다. 그러나 결과는 하늘의 뜻에 맡기는 '대천명'을 할 수 있어야 한다. 결과를 하늘의 뜻에 맡길 수 있다는 것은 정말 중요하다. 성공과 행복을 누릴 수 있는 가장 중요한 요소가 '대천명'이기 때문이다.

성공과 행복은 마음의 상태이다. 우리의 마음상태가 성공과 행복을 결정하기 때문이다. 우리가 '대천명'을 할 수만 있다면 어떤 결과에도 만족할 수 있다. 그러면 우리는 결과에 상관없이 성공한 사람이고 행복한 사람이기 때문이다.

누구나 '진인사'의 엄청난 욕심으로 위대한 도전은 할 수 있다. 그러나 '대천명'의 만족에 도달하는 삶을 살기는 어려운 것 같다. 누구나 내 노력에 대한 대가를 바라기 때문이다. 내 노력에 대하여 무조건 좋은 결과가 나오기를 바라기 때문이다. 그러나 세상일이라는 것이 모두 내 뜻대로 되지는 않는다. 그래서 우리에게 필요한 것이 '대천명'의 지혜인 것이다.

수능 시험이 끝나고 많은 학생들이 자살이라는 나쁜 선택을 한다. 나쁜 선택을 하는 학생들의 숫자가 줄어들지 않고 있다고 한다. 왜 이런 일이 일어나고 있을까? 그리고 이것은 누구의 책임일까?

이것은 '진인사대천명'을 가르치지 않아서 일어나는 것이다. 이것은

'진인사대천명'을 가르치지 않은 우리 어른들의 책임이다.

나는 수험생들의 입장이 충분히 공감이 가고 이해가 된다. 수험생의 1년은 지옥 같은 1년이다. 어쩌면 12년 동안 지옥 같은 학교를 다니면서 노력한 결과물을 얻는 기간이다. 그런데 지옥 같은 1년을 보내고 수능시험을 보는 날 컨디션이 안 좋았다고 가정해 보라. 수능시험을 보는 날 몸살이 났거나 배탈이 났다고 생각해 보라. 지옥 같은 1년의 노력이 허사가 되는 것이다. 아니 지난 12년의 노력이 허사가 되는 것이다. 그래서 나쁜 선택을 하는 것이다.

수험생들은 시험 결과를 가지고 선택을 해야 한다. 하향지원을 하든지 아니면 재수를 해야 한다. 하향지원을 선택하자니 자존심이 허락을 하지 않고 재수를 선택하자니 다시 지옥 같은 1년을 보내는 것이 끔찍하게 싫어서 그런 나쁜 선택을 하는 것이다.

대한민국의 모든 사람들에게 '진인사대천명'을 가르쳐야 한다. 사람이 할 수 있는 것은 최고의 노력을 다하고 결과는 하늘의 뜻에 맡기는 것을 가르쳐야 한다.

나부터 그런 마음의 자세로 살아야 한다. 나부터 그런 마음의 자세로 살아가면서 내가 만나는 모든 사람들을 가르쳐야 한다. 그게 자식이든지 그게 제자이든지 그게 부하직원이든지 그게 나보다 어린 사람이든지에 상관없다. 내가 만나는 모든 사람들에게 '진인사대천명'을 가르치면 대한민국에 다시는 그런 아픔이 없을 것이다.

어떻게 살아야 할까

'진인사대천명'의 자세로 살아가야 한다. 내가 할 수 있는 것은 최고의 노력을 다하는 것뿐, 결과는 하늘의 뜻에 맡기는 자세로 살아가야 한다. 그것이 나를 이기는 최고의 방법이다. 그것이 세상을 이기는 최고의 방법이다. 그것이 삼포시대를 살아가는 최고의 지혜이다. 그것이 뜨거운 사람으로 살아가는 최고의 지혜이다.

꿈꾸는 사람이 뜨거운 사람이다

사람들이 가장 원하는 삶은 어떤 삶일까?

누구나 뜨겁게 살고 싶지 않을까? 누구나 열정적으로 살고 싶지 않을까? 열정적으로 살고 싶지 않은 사람이 있을까? 뜨겁게 살고 싶지 않은 사람이 있을까? 아마도 모든 사람이 열정적으로 뜨겁게 살기를 원할 것이다.

누구나 열정적으로 뜨겁게 살고 싶어 한다. 그러나 열정적으로 뜨겁게 사는 것은 쉽지 않다. 누구나 마음으로는 열정적으로 뜨겁게 살고 싶어 한다. 그러나 현실의 삶은 그리 녹록하지가 않다.

매일 매일의 삶이 가슴 뛰는 삶이면 어떨까? 매일 매일의 삶이 즐거움으로 가득한 삶이면 어떨까? 매일 매일의 삶이 기대감으로 가득한

어떻게 살아야 할까

삶이면 어떨까?

안타깝지만 현실에서는 정반대의 삶이 펼쳐질 때가 많다. 아침에 일어나는 것이 죽기보다도 싫을 때가 많다. 아침에 학교에 가는 것이 죽기보다도 싫을 때가 많다. 아침에 일터에 가는 것이 죽기보다도 싫을 때가 많다.

왜 그럴까? 우리의 삶이 왜 그럴까? 우리의 마음과는 다르게 힘들고 어려운 것은 무엇 때문일까?

나 하늘로 돌아가리라
아름다운 이 세상 소풍 끝내는 날
가서 아름다웠더라고 말하리라

- 천상병, 「귀천」 중에서

천상병 시인은 「귀천」이라는 시에서 우리의 삶을 잠깐 왔다가는 소풍이라고 말하고 있다. 현생의 삶은 잠깐이지만 내세의 삶은 영원한 것을 두고 하는 말이다. 현생의 삶은 길면 100년의 짧은 인생이지만 내세의 삶은 영원한 것을 두고 하는 말이다.

시인들과 철학자들은 우리는 본래 별이었다고 노래한다. 우리는 본래 하늘의 별이었지만 지구별로 잠깐 소풍을 온 것이라고 말한다.

우리의 삶이 소풍이라면 항상 행복해야 하지 않을까? 우리의 삶이 소풍이라면 항상 기쁘고 즐거워야 하지 않을까? 소풍가는 것이 힘들고 어려운 사람이 있을까? 소풍가는 것이 고통스러운 사람이 있을까?

소풍을 가는 것은 가슴을 뛰게 하는 것이고, 소풍을 가는 것은 즐거움으로 가득한 것이다. 소풍을 가는 것은 기대감으로 가득한 것이고 소풍을 가는 것은 기쁨으로 가득한 것이다.

우리의 현실은 어떤가? 우리의 현실은 많이 다르다. 우리의 현실은 소풍을 가는 인생이 아니다. 우리의 현실은 힘들고 어려운 인생이다. 우리의 현실은 고통의 바다를 헤매는 고통스러운 인생길이다.

시인들이나 철학자들이 말하는 삶은 소풍이지만 현실의 삶은 소풍이 아니다. 왜 그럴까? 무엇 때문에 삶은 소풍이 아닌 걸까? 우리의 삶이 소풍이 아닌 것은 마음이 작기 때문이다. 우리의 마음이 작아서 힘들고 어렵게 살아가고 있는 것이다. 우리의 마음이 작아서 고통의 바다를 헤매며 고통스럽게 살아가고 있는 것이다.

마음을 크게 만들면 삶이 소풍이 될 수 있을까? 그리고 어떻게 하면 마음을 크게 만들 수 있을까?

어떻게 살아야 할까

삶을 소풍으로 만드는 진짜 꿈 이야기

우리의 마음을 크게 만들려면 꿈을 가져야 한다. 우리의 삶이 소풍이 되려면 꿈을 가져야 한다. 꿈은 가슴 뛰게 만들어주기 때문이다. 꿈은 희망을 갖게 만들어주기 때문이다. 꿈은 힘을 내게 만들어주기 때문이다. 꿈은 현실을 극복하게 만들어주기 때문이다. 꿈은 미래를 기대하게 만들어주기 때문이다.

꿈은 상상력의 산물이고 꿈은 생각의 산물이다. 상상력과 생각은 무한대까지 커질 수 있는 것이다. 우리의 현실은 비록 작고 보잘 것 없는 인생일 수 있지만 우리의 상상력과 생각으로는 불가능한 것이 아무것도 없다.

어떤 꿈을 꾸어야 할까? 어떤 꿈을 가져야 마음을 크게 만들 수 있을까? 어떤 꿈을 꾸어야 삶이 소풍이 될 수 있을까?

진짜 꿈을 꾸어야 한다.

꿈은 진짜 꿈도 있지만 가짜 꿈도 있다. 진짜 꿈을 가진 사람의 삶은 뜨겁게 변하지만 가짜 꿈을 가진 사람의 삶은 변하지 않는다. 진짜 꿈을 가진 사람은 열정적으로 변하지만 가짜 꿈을 가진 사람은 변하지 않는다.

진짜 꿈은 무엇이고 가짜 꿈은 무엇인가?

진짜 꿈은 아무리 힘들고 어려운 상황에서도 절대로 포기하지 않는 꿈이다. 그래서 진짜 꿈을 가진 사람은 마음이 크게 되는 것이고 삶이 소풍이 되는 것이다. 가짜 꿈은 조금이라도 힘들고 어려운 상황이 오면 바로 포기하는 꿈이다. 그래서 가짜 꿈을 가진 사람은 삶이 여전히 힘들고 어려운 것이고 고통의 바다를 헤매는 삶을 사는 것이다.

누구나 꿈이 있었다. 누구에게나 한 번 정도는 꿈이 있었을 것이다. 그러나 진짜 꿈이 아니라 가짜 꿈이었다. 가짜 꿈이었기에 포기를 했던 것이다.

지금부터는 진짜 꿈을 가져야 한다. 아무리 힘들고 어려운 일을 만나도 절대로 포기하지 않을 진짜 꿈을 만나야 한다. 그러면 누구나 마음이 큰 사람이 될 수 있다. 그러면 누구나 삶이 소풍이 될 수 있다.

커넬 샌더스의 진짜 꿈 이야기

KFC의 커넬 샌더스는 진짜 꿈의 화신이었다. KFC는 세계를 대표하는 치킨 체인점이다. KFC가 세계적인 치킨 체인점으로 성장할 수 있었던 것은 커넬 샌더스의 진짜 꿈이 있었기 때문이다. 커넬 샌더스의 진짜 꿈이 뜨거운 삶을 만들어 주었기 때문이다. 커넬 샌더스의 진짜 꿈이 열정적인 삶으로 변화시켜 주었기 때문이다.

커넬 샌더스는 65세에 파산을 하였다. 그는 35세부터 30년 동안 도로가에 있는 작은 식당을 운영하면서 아무런 걱정 없이 살았다. 65세가 된 어느 날 우회도로가 생기고 차량의 통행이 줄어들게 되면서 가게는 파산을 하게 된다. 그는 30년 동안 먹고 사는 것에 아무 문제가 없었기에 미래를 준비하지 못하고 하루하루를 살았다. 그러나 우회도로가 생기면서 손님이 줄어들게 되면서 하루아침에 파산하게 된 것이다.

커넬 샌더스가 파산을 하자 많은 사람들은 노인복지센터에 들어가라고 권해 주었다. 커넬 샌더스는 노인복지센터에 들어가는 것은 삶이 끝나는 거라고 생각했다. 아무런 의미도 없고 가치도 없는 삶이라고 생각했다. 그저 하루하루 죽는 날을 기다리면서 사는 것이라고 생각했다. 그래서 노인복지센터에 들어가는 것 대신에 꿈을 위해서 살기로 결심한다. 그리고 어떻게 살 것인가와 무엇을 할 것인가에 대한 진지한 성찰을 시작했다.

커넬 샌더스에게는 치킨 튀기는 기술이 있었다. 치킨 튀기는 기술을 가지고 세계적인 치킨 체인점을 만들겠다는 크고 원대한 꿈을 꾸게 된다. 그러나 65세의 노인에게 투자를 하겠다는 사람은 아무도 없었다.

투자자를 찾아다니던 커넬 샌더스는 3년 동안 무려 1,101번의 거절을 받는다. 그러나 커넬 샌더스는 포기하지 않았다. 오히려 거절을 받을 때마다 꿈을 더 크게 꾸고 강하게 하였다. 커넬 샌더스의 꿈은 진짜 꿈이었기 때문이다. 커넬 샌더스는 진짜 꿈의 화신이었기 때문이다.

진짜 꿈에 불타올라서 계속 도전을 하던 커넬 샌더스에게 결국 1,102번째로 만난 투자자가 투자를 결정한다. 그리고 커넬 샌더스는 세계적인 체인점을 가진 대표가 되었다. 커넬 샌더스의 체인점이 바로 세계를 대표하는 KFC다. 현재 전 세계에 만 개가 넘는 체인점이 있고, 대한민국에도 300개가 넘는 체인점이 있다.

커넬 샌더스는 진짜 꿈의 화신이었다. 커넬 샌더스가 1,101번의 거절을 극복하고 세계적인 체인점을 세울 수 있었던 것은 진짜 꿈의 화신이었기에 가능했던 것이다.

일반적으로 우리는 거절에 대한 두려움을 가지고 있다. 거절에 대한 두려움으로 시도조차 못해보고 포기하는 경우가 많다. 물론 거절에 대한 두려움을 극복하고 도전을 하기도 한다. 하지만 거절당하면 낙심하고 절망을 하게 된다. 한두 번의 거절은 극복할 수도 있다. 그러나 거절 받는 횟수가 많아질수록 좌절을 하게 되고 결국 포기하게 된다.

내가 아는 지인은 한 번 거절을 당하면 낙심하고 절망적인 상태가 2달이나 지속된다고 한다. 우리는 한 번의 거절에도 많은 어려움을 겪는데, 커넬 샌더스는 무려 1,101번을 거절당했다. 그러나 거절을 거절로 끝내지 않고 거절을 극복하고 결국 세계적인 인물로 성장을 하게된 것이다.

이것이 진짜 꿈의 힘이다. 누구나 진짜 꿈을 가지면 위대한 삶을 살수 있다. 누구나 진짜 꿈의 화신이 되면 자신의 원하는 모든 것을 이룰 수가 있다.

　사람은 누구나 뜨겁게 살기를 원한다. 사람은 누구나 열정적으로 살기를 원한다. 그러나 마음은 간절하지만 현실은 쉽지가 않다.

　지금부터는 진짜 꿈을 찾아야 한다. 진짜 꿈의 화신이 되어야 한다. 그러면 누구나 큰마음을 가진 사람이 될 수 있다. 그러면 누구나 삶이 소풍이 될 수 있다. 그러면 누구나 뜨겁고 열정적인 삶을 살 수 있다.

　진짜 꿈으로 뜨거운 사람이 되기를 바란다. 진짜 꿈의 화신으로 뜨겁게 불타오르는 사람이 되기를 바란다.

PART 5

공부하며 살아야 한다!

지금 바로 공부를 시작하라

"요즘 좀 어떠세요?"
"많이 힘드시죠."

"삶이 좀 재미가 나시나요?"
"별로 재미없으시죠."

인생길이 즐겁고 재미난 일들로 가득했으면 좋겠지만 현실은 반대인 것 같다. 어떻게 하면 우리의 삶이 힘들지 않고 재미난 삶이 될 수 있을까?

인생길에 정답이 있을까? 물론 인생길에는 정답은 없다. 그러면 정답이 없는 인생길을 어떻게 살아야 할까? 공부하면서 살아야 한다. '어떻게 살 것인가?'라고 누군가 내게 묻는다면 나의 대답은 무조건 '공부가 답이다.'라고 말할 것이다. 우리는 무조건적으로 공부하면서 살아야 한다.

우리는 왜 공부를 해야 할까?

소크라테스는 '무지는 죄악이다.'라고 말했다. 정말 무서운 말이다. '무지는 죄악이다.'라는 말은 무시무시한 말이다. 우리는 그동안 '모르는 것이 약이다'라고 말하며 스스로 위로를 해오고 있었다. 하지만 소크라테스는 모르는 것은 죄악이라고 말하고 있는 것이다.

우리는 상대방이 몰라서 그랬다고 하면 많은 관용을 베풀어 준다. 그리고 자신도 잘 몰라서 행한 것은 스스로에게 관용을 베푸는 편이다. 그러나 소크라테스는 우리의 생각과는 완전히 다른 말을 하고 있다. 소크라테스는 우리가 공부를 하지 않는 것은 죄악을 저지르는 것이라고 말하고 있다.

소크라테스는 무엇 때문에 '무지는 죄악이다.'라고 했을까? 그것은 사람의 본성과 밀접하게 연관이 되어 있다. 사람의 본성은 죄악으로 가득하다. 사람 안에는 죄의 속성이 가득하게 들어있다는 말이다. 그래서 누구나 죄악으로 가득한 삶을 살고 있는 것이다.

왜 악을 행하는 걸까? 왜 죄를 짓는 것일까? 정답은 몰라서이다. 모르기 때문에 악을 행하고 죄를 짓는 것이다. 사람들이 정말 몰라서 악을 행하고 죄를 짓는 것일까? 나는 자신 있게 100% 확실하다고 말할

어떻게 살아야 할까

수 있다. 사람은 몰라서 악을 행하고 죄를 짓는 것이다.

사람이 모르기 때문에 악을 행하고 죄를 짓는 것이라고 말하면 반문할 사람도 많을 것이다. 배울 만큼 배운 사람이, 알 만큼 아는 사람이, 다 큰 어른이 몰라서 그런다는 것은 말이 안 된다고 반문하는 사람도 있을 것이다.

우리가 지식을 갖고 있는 것과 아는 것은 다르다. 지식을 갖고 있는 것은 말 그대로 지식을 지식으로만 갖고 있는 것이다. 그러나 아는 것은 다르다. 아는 것은 지식을 지식으로 갖고 있는 것이 아니다. 아는 것은 지식을 나의 것으로 만든 것을 말한다. 우리는 그것은 '앎'이라고 말한다.

세상에서 가장 먼 거리는 '머리에서 가슴까지'라고 한다. 지식이 머리에만 머물고 가슴으로 내려오지 않는다는 것이다. 지식을 갖고 있다는 것은 지식이 머리에만 머물러 있는 것이다. 아는 것은 지식이 머리에서 가슴으로 내려온 것이다.

지식이 가슴으로 내려오는 것은 깨달음을 얻는 것이다. 진정한 지혜를 가진 자가 되는 것이다. 가슴이 따뜻한 사람이 되는 것이다. 그래서 우리가 공부하는 이유는 진정한 앎을 위한 것이어야 한다.

사람들이 모르고 악을 행하고 죄를 저지른다는 것은 지식이 앎의 단계까지 이르지 못한 상태라는 것이다. 이는 지식을 지식으로만 갖고 있는 상태이다. 지식을 지식으로만 갖고 있는 사람들은 진짜로 아는 것이 아니다. 진짜로 아는 것은 성찰이 이루어진 것을 말하고 자각이 이루어진 것을 말하기 때문이다.

'어떻게 살 것인가?'의 답이 공부인 이유가 이것이다. 우리는 모르고 악을 행하는 것과 모르고 죄를 저지르는 것을 멈추기 위해서 열심히 공부를 해야 한다. 누구나 공부를 열심히 하면 악을 멈추고 죄를 멈출 수 있게 되는 것이다.

공부는 사람을 공부하는 것이다

공부란 무엇일까? 공부는 사람을 공부하는 것이다. 사람 공부가 진짜 공부라는 것이다. 그러면 사람을 공부한다는 것은 어떤 의미일까? 사람을 공부한다는 것은 사람을 안다는 것이다. 그렇다면 사람을 안다는 것은 무엇을 의미하는 것인가? 우리가 사람을 안다는 것은 사람이 된다는 것이다. 사람다운 사람이 된다는 것이다. 사람냄새가 나는 사람이 된다는 것이다.

우리가 공부를 하는 이유는 사람을 알고 사람다운 사람이 되기 위한 것이다. 사람다운 사람이 되어 사람냄새 나는 삶을 살기 위한 것이다.

21세기에 들어서면서 대한민국의 교육은 인성을 많이 강조하고 있다. 21세기에 들어서면서 인성이 강조가 되는 이유는 무엇일까? 사람다운 사람이 부족해지고 있기 때문이 아닐까? 사람다운 사람이 되는 길을 교육을 통해서라도 제시해야 할 만큼 인성이 무너진 것이 아닐까?

사람다운 사람이 된다는 것은 무엇을 의미할까? 사람다운 사람이 되는 것은 존경받는 사람이 되는 것이다. 우리가 공부를 하는 가장 큰 이유는 존경받는 사람이 되는 것이다. 그리고 사람을 공부하고 사람다운 사람이 되면 누구나 존경받는 사람이 될 수 있다.

존경받는 사람은 어떤 사람일까? 존경받는 사람은 위대한 실력과 위대한 인격을 갖춘 사람을 말한다. 존경을 받는 사람이 되려면 위대한 실력은 기본이다. 아무런 실력도 없으면서 존경을 받을 수는 없다. 사람들이 따를만한 위대한 실력이 있을 때 존경받는 사람이 될 수 있는 자격을 갖는 것이다.

위대한 인격이 없으면서 존경받는 것도 어려운 것이다. 아무리 실력이 좋아도 인격이 나쁘면 존경을 받을 수가 없다. 물론 위대한 실력을 가진 사람이 표면적으로는 인정을 받을 수도 있다. 하지만 마음에서 우러나오는 진심어린 존경은 받을 수가 없는 것이다. 존경받는 사람이 되려면 반드시 위대한 인격이 뒷받침이 되어야 하는 것이다.

존경을 받는다는 것은 따르는 사람이 많다는 것이다. 흠모하는 사람이 많다는 것이다. 닮고 싶어 하는 사람이 많다는 것이다. 따르는 사람이 많다는 것과 흠모하는 사람이 많다는 것과 닮고 싶어 하는 사람이 많다는 것은 실력과 인격이 일반인의 수준을 뛰어넘어야 가능한 것이다. 일반인들과 비슷한 것이 아니라 그들을 완전히 뛰어넘을 수 있어야 한다. 일반인들이 따르고 싶고 흠모하며 닮고 싶을 만큼의 위대한 실력과 위대한 인격을 갖고 있어야 하는 것이다.

사람에 대한 이해가 깊은 사람

사람을 공부하고 사람을 알게 된다는 것은 사람에 대한 이해가 깊어진다는 의미를 담고 있다. 사람에 대한 이해가 깊어진다는 것은 사람이 성숙해져 간다는 것을 의미한다. 성숙의 척도는 사람에 대한 이해가 얼마나 깊은가에 달려있다.

21세기의 대한민국은 아프다. 아파도 너무 아프다. 부부도 아프고 부모자식도 아프고 친구도 아프고 직장동료도 아프다. 사람이 모인 곳에는 항상 아픔이 동반된다. 왜 그럴까? 왜 이렇게 아프게 되었을까?

사람에 대한 이해력이 부족하기 때문이다. 사람에 대한 진정한 이해가 없기에 아파하는 것이다.

사람을 공부하고 사람에 대한 이해력이 커지면 아픔이 줄어들 것이다. 부부가 서로를 이해하고, 부모자식이 서로를 이해하고, 친구가 서로를 이해하고, 직장동료가 서로를 이해하게 되면 아픔이 줄어들게 될 것이다. 그러면 대한민국의 모든 아픔이 없어지고 행복하고 따뜻한 나라가 될 것이다.

사람에 대한 이해가 커지면 엄청난 능력을 소유하게 된다. 세상의 모든 일은 사람과의 관계 속에서 이루어진다. 어쩌면 인생의 성패는 사람에 대한 이해력에 달려있다. 사람에 대한 이해가 커지면 누구나 성공적인 삶을 살 수 있는 것이다.

사업을 하는 사람에게도 사람에 대한 이해는 필수요소이다. 물건을 만드는 사람에게도 사람에 대한 이해는 필수요소이다. 서비스업에 종사하는 사람에게도 사람에 대한 이해는 필수요소이다.

사업을 하는 사람이 사람에 대한 이해가 깊으면 사람을 위한 물건을 팔 것이다. 물건을 만드는 사람이 사람에 대한 이해가 깊으면 사람을 위한 물건을 만들 것이다. 서비스업에 종사하는 사람이 사람에 대한 이해가 깊으면 사람을 위한 서비스를 제공할 수 있을 것이다. 그러면 누구나 성공과 행복이 따라오는 사람이 될 것이다.

공부에 너무 늦은 나이는 없다

공부는 언제 시작해야 할까? 공부는 지금 바로 시작해야 한다. 사실상 우리에게 내일은 없다. 오늘만 있을 뿐이다. 오늘 시작하지 않으면 내일은 없다. 오늘 결심을 했으면 오늘 바로 시작을 해야 한다.

어떤 사람은 "내일부터 시작할 거야!"라고 말한다. 또 다른 사람은 "다음 주부터 시작할 거야!"라고 말한다. 그리고 어떤 사람은 "다음 달부터 시작할 거야!"라고 말한다. 과연 그들에게 내일이 있고, 다음 주가 있고, 다음 달이 있을까? 그들에게 내일은 없다. 그들에게 다음 주는 없다. 그들에게 다음 달은 없다.

공부에 너무 늦은 나이가 있을까? 공부에 너무 늦은 나이는 절대로 없다. '나이는 숫자에 불과하다.', '늦었다고 생각할 때가 가장 빠른 때이다.'라는 말이 있다. 이것은 진리이다. 이런 말이 오랜 세월동안 살아남았다는 것은 불변의 진리이기 때문이다.

공부에 너무 늦은 나이는 없다. 지금 바로 시작하면 되는 것이다. '나이를 먹어가는 것이지 늙어가는 것은 아니다.'라는 말이 있다. 사람은 나이를 먹어가는 사람도 있고 늙어가는 사람도 있다.

나이를 먹어가는 사람은 도전하는 삶을 사는 사람이고 늙어가는 사람은 도전하지 않는 삶을 사는 사람이다. 나이를 먹어가는 사람은 꿈을 꾸는 사람이고 늙어가는 사람은 꿈을 꾸지 않는 사람이다. 나이를 먹어가는 사람은 공부하는 사람이고 늙어가는 사람은 공부하지 않는 사람이다.

공부는 어떤 사람이 할 수 있을까? 공부는 하늘의 축복을 받은 사람만 할 수 있다. 하늘의 축복을 받지 못한 사람은 공부를 할 수 없다. 공부를 하는 것은 결코 만만한 것이 아니기 때문이다. 어쩌면 공부를 하는 것은 가장 어려운 싸움일 수도 있다.

공부를 하는 것이 가장 어려운 싸움인 이유는, 공부가 눈에 보이는

어떻게 살아야 할까

싸움이 아니기 때문이다. 가시적인 성과가 있으면 동기부여가 되고 도전정신이 불끈 솟아오른다. 그러나 공부는 가시적인 성과가 있는 것이 아니다. 공부는 한계도 없고 끝도 없다. 공부는 처절한 자기 자신과의 싸움이다. 그래서 공부하는 것이 가장 어려운 것이다.

공부는 하늘의 축복을 받은 사람만 할 수 있는 것이다. 특히 만학으로 공부를 하는 것은 하늘의 축복을 받은 특별한 사람만 할 수 있는 것이다. 공부하는 것 자체도 어려운 것인데 나이를 먹고 공부를 한다는 것은 더욱 더 어려운 것이기 때문이다. 그래서 만학으로 공부를 하는 것은 하늘의 축복을 2배로 받은 사람만 할 수 있는 것이다.

공부를 시작하기에 너무 늦은 나이는 없다. 지금 바로 시작하면 된다. 사람다운 사람이 되기 위하여 지금 바로 공부를 시작하라. 사람을 이해할 수 있는 사람이 되기 위하여 지금 바로 공부를 시작하라. 아름다운 사람이 되기 위하여 지금 바로 공부를 시작하라.

평생공부로 평생행복하자

평생, 행복하려면 어떻게 해야 할까?

평생, 열심히 공부를 하면 된다.

진짜 공부는 사람을 공부하는 것이다. 사람공부는 사람을 알고 사람을 이해하는 사람이 되는 것이다. 사람을 이해하는 사람이 되어 사람다운 사람이 되는 것이다. 사람다운 사람이 되어 사람을 사랑하는 사람이 되는 것이다. 사람을 사랑하는 사람이 되어 존경받는 사람이 되는 것이다. 존경받는 사람이 되어 행복한 사람이 되는 것이다.

사람공부를 통하여 사람을 알고 사람을 이해하는 사람이 되고 사람다운 사람이 된다. 사람다운 사람이 되면 사랑하는 사람이 되어 존경받는 사람이 될 수 있다. 그리고 존경받는 사람이 되면 누구나 행복한 사람이 된다. 그래서 사람을 공부하면 누구나 행복한 삶을 살 수 있는 것이다.

공부는 언제 하는 것일까? 그리고 공부는 얼마나 해야 하는 것일까? 공부는 적절한 시간도 없고 양도 없고 한계도 없다. 그래서 공부는 평생 하는 것이다. 사람을 공부하는 것은 평생 동안 해야 한다는 것이다.

사람을 알아가는 것이 어디 쉬운 일인가? 평생 동안 사람을 알아가는 것이다. 사람을 이해하는 것이 어디 쉬운 일인가? 평생 동안 사람을 이해해가는 것이다. 사람다운 사람이 되는 것이 어디 쉬운 일인가? 평생 동안 사람다운 사람이 되어가는 것이다. 사랑하는 사람이 되는 것이 어디 쉬운 일인가? 평생 동안 사랑하는 사람이 되어가는 것이다. 존경받는 사람이 되는 것이 어디 쉬운 일인가? 평생 동안 존경받는 사람이 되어가는 것이다. 행복한 사람이 되는 것이 어디 쉬운 일인가? 평생 동안 행복한 사람이 되어가는 것이다.

21세기는 평생교육의 시대

21세기는 평생교육의 시대이다. 21세기를 사는 우리는 평생교육을 받아야 하는 시대를 살고 있다. 21세기는 급변하는 시대이다. 급변하는 시대의 흐름을 읽어내고 따라갈 수 있어야 한다. 그래서 시대에 뒤떨어지지 않고 시대의 흐름에 순응하면서 살아가려면 평생교육을 받아야 하는 것이다.

평생교육을 받지 못하여 시대의 흐름에 뒤떨어지는 사람은 잠시 멈추어야 한다. 잠시 멈추고 시대의 흐름에 따라갈 수 있도록 교육을 받아야 한다. 시대의 흐름을 이해하고 다시 시작하는 것이 가장 빠른 길이다. 잠시 멈추는 것이 조금 돌아가는 길처럼 느껴질 수도 있다. 하지만 사실은 그게 더 빠른 길이다.

21세기가 평생교육의 시대라는 것은 평생 동안 공부하는 시대를 살고 있다는 것이다. 공부하기가 정말 좋은 시대가 되었다는 것이다. 평생 동안 공부를 지속해도 좋을만한 그런 시대가 되었다는 것이다.

21세기를 사는 사람이라면 누구나 평생 동안 교육을 받아야 한다. 이제는 공부하는 것이 더 이상 부끄럽지 않고 자연스러운 시대가 된 것이다. 사람을 공부하는 우리에게 평생교육의 시대는 물고기가 물을 만난 것과 같은 시대이다.

나이를 먹고 공부를 하려면 조금은 꺼려지고 부끄러워지는 것이 일반적인 현상이다. 하지만 21세기는 평생교육의 시대로, 오히려 공부하는 것이 자랑스러운 시대가 되었다. 이제는 드러내 놓고 공부를 해도 아주 좋은 시대가 된 것이다.

21세기가 평생교육의 시대라서 공부하는 사람에게는 정말 좋은 시대가 되었지만 안타까운 것도 있다. 평생교육이 기능교육에만 초점이 맞춰져 있기 때문이다. 평생교육이 사람을 공부하는 것에 초점이 맞춰져 있지 않고 기능교육에만 초점이 맞춰져 있기 때문이다. 진짜 공부는 사람을 공부하는 것인데 너무 기능교육에만 초점이 맞춰져 있어 안타까운 것이다.

물론 평생교육은 기능을 교육하는 것에 많은 비중을 할애해야 한다. 평생교육의 전 과정을 사람을 공부하는 것에만 맞출 수는 없다. 평생교육의 목표가 다양한 것들에 초점이 맞추는 것이기 때문이다. 그러나 사람을 공부하는 과정이 너무 부족한 것도 사실이다.

평생교육과정에서 사람교육과 기능교육이 적절하게 섞여야 한다. 기능을 교육하는 것에 사람을 교육하는 것이 적절하게 섞일 때 최상의 효과를 거둘 수 있기 때문이다. 기능교육 위주로 편성이 되어 있는 커리큘럼에 사람교육을 적절하게 섞어서 조화를 이루어가야 한다.

평생교육과정을 하루아침에 바꿀 수는 없을 것이다. 따라서 사람을 공부하는 우리가 기능교육과 사람교육을 적절하게 섞어가야 한다. 기능교육을 받으면서도 적절하게 인문학적인 요소를 가미하여 기능교육과 사람교육이 잘 섞이도록 접목하면 훨씬 더 효과적일 것이다.

공부의 목표는 사람을 공부하는 것이다. 따라서 평생교육과정의 커리큘럼 안에서 기능교육을 위주로 교육을 받으면서 사람공부를 병행해 가려고 노력을 해야 한다. 기능교육과정 안에서 사람공부를 접목해 가면 되는 것이다.

행복을 추구하라

아리스토텔레스는 '인생의 목적은 행복에 있다. 행복한 인생은 탁월함에 달려 있다.'라고 말했다. 아리스토텔레스는 사람이 살아가는 목적은 행복한 삶을 살아가기 위한 것이라고 말한다.

행복을 바라지 않는 사람이 있을까? 행복을 추구하지 않는 사람이 있을까? 아마도 행복을 바라지 않거나 행복을 추구하지 않는 사람은 없을 것이다. 사람이 살아가는 근본적인 이유는 행복이다. 우리가 하는 모든 것은 행복에 초점이 맞춰져 있다.

우리가 돈을 버는 이유도 행복하게 살기 위한 것이다. 우리가 일을 하는 이유도 행복하게 살기 위한 것이다. 우리가 성공하려는 이유도 행복하게 살기 위한 것이다. 우리가 결혼을 하는 이유도 행복하게 살기 위한 것이다. 우리가 하는 모든 것의 이유는 행복하게 살기 위한 것이다. 우리가 평생 동안 사람을 공부하는 것도 행복하게 살기 위한 것이다.

사람을 알게 되면 행복하게 살아갈 수 있다. 사람을 이해하게 되면 행복하게 살아갈 수 있다. 사람다운 사람이 되면 행복하게 살아갈 수 있다. 사랑하는 사람이 되면 행복하게 살아갈 수 있다. 존경받는 사람이 되면 행복하게 살아갈 수 있다. 우리가 사람을 공부하는 것은 결국 행복한 삶을 위한 것이다.

평생, 사람을 공부하면 평생, 행복하게 살아갈 수 있다. 그러나 평생,

사람을 공부하는 것은 쉽지 않다. 사람을 공부한다고 해서 쉽게 사람다운 사람이 되는 것도 아니다. 어쩌면 불가능한 것에 도전을 하는 것인지도 모른다. 그러나 평생공부로 평생 행복할 수 있다면 도전할 만한 가치는 충분하다.

사랑의 유효기간은 얼마나 될까? 뜨겁게 불타오르는 사랑은 절대 식을 것 같지 않다. 하지만 뜨겁게 불타오르는 사랑도 유효기간이 있다. 그래서 언젠가는 식게 되어 있다. 일반적으로 결혼 4년차에 이혼을 하는 경우가 많다고 한다. 그래서 사랑의 유효기간을 3년으로 보는 시각이 많다.

미국의 신디아 하잔 교수는 코넬대학교의 인간행동연구소에서 근무하고 있다. 신디아 하잔 교수는 흥미로운 연구결과를 내놓았는데 2년동안 남녀 5천 명을 대상으로 실시한 연구결과이다.

가슴이 떨리는 사랑과 가슴이 설레는 사랑은 18~30개월이면 끝난다는 것이다. 상대방에게 호감을 느끼는 도파민이라는 화학물질과 페닐에틸아민이라는 신경전달물질이 2년이 지나기 시작하면 분비가 되지 않는다는 것이다. 그래서 뜨겁고 격렬한 사랑의 감정이 지속되지 못한다는 것이다.

결혼을 하는 이유는 무엇일까? 행복하게 살아가기 위해서이다. 결혼을 하는 이유는 평생, 행복하게 살아가기 위해서이다. 그런데 평생, 행복하게 살아가지 못하고 파경을 맞고 있다. 죽고 못 살만큼 뜨겁게 사랑해서 결혼을 했지만 파경을 맞게 되고 이혼까지 하게 되는 것이다.

결혼이 파경을 맞는 이유는 무엇일까? 사랑이 식기 때문이다. 사랑이 식어서 뜨겁지 않기에 파경을 맞는 것이다. 하지만 우리가 미숙하기에 파경을 맞는 경우가 많다. 우리가 미성숙한 사랑을 하기에 결혼이 파경을 맞는 것이다. 우리가 성숙한 사랑을 할 수만 있다면 파경을 막을 수도 있다는 것이다.

에리히 프롬은 『사랑의 기술』이라는 책에서 '사랑이 기술인가? 아니면 즐거운 감정인가?'라고 묻는다. 에리히 프롬은 사랑은 기술이라고 답을 한다. 그리고 '사랑이 기술이라면 사랑하기 위해서는 많은 지식과 많은 노력이 필요하다.'라고 말한다.

에리히 프롬은 또한 '우리가 어떻게 사랑해야 하고, 또 어떻게 사랑을 받아야 하는가를 배울 생각이 있다면 음악가나 건축가, 의사들이 기술을 배우는 것과 같이 우리도 사랑의 기술을 배워야 한다.'라고 말하고 있다.

우리가 평생, 공부를 해야 하는 이유가 여기에 있는 것이다. 우리가 평생, 공부하는 이유는 평생, 사랑하기 위해서이다. 우리가 평생, 공부를 하는 이유는 평생, 행복하게 살아가기 위한 것이다. 평생, 행복한 가정을 유지하고 살려면 사랑의 기술을 배우고 익혀가야 한다. 그래서 평생, 서로 사랑할 수 있으면 평생, 행복할 수 있는 것이다.

평생, 행복하게 살려면 평생, 공부를 해야 한다. 평생, 공부하는 사람이 되면 평생, 행복한 사람이 될 수 있다.

공부는 무조건 즐겁게 하자

공부가 쉬울까?

공부가 만만한 것일까?

공부는 결코 쉬운 것이 아니다. 공부는 결코 만만한 것이 아니다. 어쩌면 공부가 세상에서 가장 어려운 것일지도 모른다. 그럼에도 불구하고 우리는 열심히 공부를 해야 한다. 행복한 삶은 공부에 달려 있기 때문이다. 삶의 풍요로움은 공부에 달려 있기 때문이다. 성공적인 삶은 공부에 달려 있기 때문이다.

공부만 어려운 것일까? 물론 공부만 어려운 것은 아니다. 우리가 하는 모든 것들이 힘들고 어려운 것이 사실이다. 사실 눈뜨고 있다는 것 자체가 힘들고 어려운 것일 수도 있다. 우리의 인생 자체가 힘들고 어려운 것이다. 어쩌면 살아있다는 것 자체가 힘들고 어려운 것이다.

어떻게 살아야 할까

아침에 일어나는 것은 어떨까? 아침에 일어나는 것이 가장 힘들고 어려운 사람도 있을 것이다. 일하는 것은 어떨까? 먹고 살기 위해서 어쩔 수 없이 일하는 사람이 태반이다. 그래서 일하는 것이 죽기보다 힘든 사람도 있다.

노는 것은 어떨까? 사실은 노는 것도 결코 쉬운 것이 아니다. 물론 하루 이틀을 노는 것은 쉬울 수도 있다. 그러나 날이면 날마다 놀아보라. 노는 것도 결코 만만한 것이 아니다.

우리의 삶이 힘들고 어려운 것이라면 우리는 어떻게 살아야 할까? 무조건 즐겁게 살아야 한다. 즐겁게 살기 위해서 노력을 해야 한다. 무엇을 하든지 누구를 만나든지 즐겁게 살기 위해서 노력을 하자는 것이다.

'피할 수 없으면 즐겨라.'라는 말이 있다. 우리의 인생길이 쉽지 않다는 것을 단적으로 말해주는 명언이다. 피할 수 있다면 무조건 피하는 것이 상책이다. 그러나 살다보면 피할 수 없는 일들도 만나게 된다.

피할 수 없는 일을 만나면 어떻게 해야 할까? 피할 수 없다면 무조건 즐기면 된다. '즐겁게 살자!'라는 말을 인생의 철칙으로 세워놓고 무조건 즐겁게 사는 것이다. 어떤 상황과 환경에서도 무조건 즐겁게 살겠다고 다짐하고 결심하고 실천을 하는 것이다.

사람이 어떤 생각을 하면서 사느냐는 정말 중요하다. 비슷한 상황을 겪으면서도 어떤 사람은 아무 일도 아닌 것처럼 쿨하게 받아들이는 사람이 있다. 하지만 세상이 무너진 것처럼 울고불고 난리치는 사람도 있다. 이것은 생각의 차이다. 우리가 어떤 생각을 하느냐에 따라서 결과는 완전히 달라지는 것이다.

무엇을 하든지 어떤 사람을 만나든지 항상 즐거움을 선택하기 바란다. 어떤 상황과 환경에서도 항상 즐거움을 선택하기 바란다. 물론 힘들고 어려운 상황에서 즐거움을 선택하는 것은 쉽지 않다. 눈앞이 캄캄해지고 숨이 턱턱 막히는 상황에서 여유를 가지고 즐거움을 선택하는 것은 쉽지 않다. 하지만 즐거움을 선택하는 훈련이 되어 있다면 가능한 것이다. 잠재의식 속에서 즐거움을 선택하기 때문이다.

지호락으로 즐거운 인생을

논어에 '학문을 아는 것은 이를 좋아하는 것보다 못하고, 학문을 좋아하는 것은 이를 즐기는 사람보다 못하다.'라는 말이 있다. 무엇을 아는 것은 좋은 일이다. 그러나 아는 것보다 좋아하는 것이 더 좋다는 것이다. 그런데 좋아하는 것보다 즐기는 것이 더욱 더 좋다는 것이다.

학문을 하는 것의 최고선은 즐기는 것이다. 학문을 하는 것은 쉽지 않다. 그래서 아주 소수의 사람만이 걷는 길이다. 학문을 하는 것은 처절한 자기와의 싸움이다. 그래서 하늘의 축복을 받은 사람만이 걷는 길이다. 그러나 학문의 길이 아무리 힘들어도 즐기는 사람에게는 문제가 되지 않는다.

어떻게 살아야 할까

즐기는 것이 최고선이 되는 것이 학문에만 해당되는 것일까? 즐기는 것은 모든 것의 최고선이다. 어떤 일을 하든지 즐기는 사람이 최고가 된다는 것이다. 어떤 학생이 공부를 잘 할까? 즐겁게 공부하는 학생이 최고가 될 것이다. 어떤 사람이 일을 잘 할까? 즐겁게 일하는 사람이 최고가 될 것이다.

즐기는 사람이 최고가 되는 이유는 무엇일까? 즐기는 것은 억지로 하지 않는다는 것이다. 즐기는 것은 마지못해서 하지 않는다는 것이다. 즐기는 것은 자발적으로 하는 것이다. 즐기는 것은 하고 싶어서 하는 것이다.

아무리 실력이 뛰어나도 억지로 하거나 마지못해서 하는 사람의 효율은 크게 높지 못할 것이다. 실력이 조금 부족해도 자발적으로 하고 싶어서 하는 사람의 효율은 상당히 높을 것이다. 실력이 뛰어난 사람이 즐기는 사람을 따라가지 못하는 이유이다.

공부는 무조건 즐겁게 하자

즐기는 것이 모든 것의 최고선이다. 즐기는 사람은 아무도 이길 수가 없기 때문이다. 우리가 하는 모든 것들을 즐겁게 할 수 있다면 누구나 최고가 될 것이다. 따라서 무엇을 하든지 항상 즐겁게 해야 한다.

공부의 최고선도 즐기는 것이다. 공부도 즐겁게 하는 것이 가장 좋은 것이다. 지금부터는 무조건 즐겁게 공부하자. 우리는 천재는 아니지만 즐겁게 공부하면 천재를 뛰어넘을 수 있을 것이다.

공부는 사람을 공부하는 것이다. 사람공부를 하면 사람을 아는 사람이 된다. 사람을 아는 사람이 되면 사람을 이해하는 사람이 된다. 사람을 알고 사람을 이해하게 되면 사랑하는 사람이 된다. 사람을 알고 사람을 이해하고 사람을 사랑하는 사람이 되면 사람다운 사람이 된다. 그리고 사람다운 사람이 되면 존경받는 사람이 된다.

사람공부의 최고선은 존경받는 사람이 되는 것이다. 존경받는 사람이 된다는 것은 어떤 것일까? 존경받는 사람이 된다는 것은 만만한 것일까? 존경받는 사람이 사람공부의 최고선이라는 것은 불가능에 가깝다는 것이다.

존경받는 사람이 된다는 것은 어떤 사람이 되는 것일까? 존경받는 사람은 위대한 실력과 위대한 인격을 갖춘 사람이다. 위대한 실력이란 자기분야에서 최고 전문가가 되는 것이다. 자기분야에서 달인의 경지에 오르는 것이다.

위대한 인격이란 사람다움을 갖춘 것을 말한다. 사람냄새가 나는 사람을 말한다. 인격의 향기가 나는 사람을 말한다. 모든 사람들이 따르고 싶고 함께 하고 싶고 닮아가고 싶은 사람을 말하는 것이다.

우리네 인생에서 결과만 중요한 것이 아니다. 과정도 중요한 것이다. 물론 결과는 정말 중요하다. 하지만 과정은 더욱 더 중요하다는 것이다. 결과적으로는 실현 불가능한 도전일지라도 과정의 아름다움이 있으니 얼마든지 도전할 가치가 있는 것이다.

대한민국에 존경받는 어른이 있을까? 존경받는 어른이 없다. 물론 개인적으로는 누군가를 존경할 수도 있고 누군가에게 존경을 받을 수도 있다. 그러나 국민적으로 존경을 받는 어른은 없는 것이 현실이다.

존경받는 어른이 된다는 것은 국민적인 사랑과 존경을 받는 것이다. 소수의 사람이 아니라 다수의 사람에게 사랑과 존경을 받는 것을 말하는 것이다.

2019년의 대한민국에는 존경받는 어른이 없다. 너무나 안타깝고 가슴 아픈 일이지만, 대한민국에는 존경받는 어른이 사라졌다. 국민들의 가슴에 스승으로 자리할 만한 큰 어른이 사라졌다는 것이다. 국민들이 믿고 따를만한 큰 어른이 없다는 것이다.

대한민국에서 마지막으로 존경을 받았던 어른은 김수환 추기경과 법정 스님이 아닐까? 김수환 추기경과 법정 스님은 지역과 종교를 초월하여 국민적인 사랑과 존경을 받았다. 국민 모두의 가슴에 스승으로 자리를 잡았던 큰 어른이시다. 김수환 추기경과 법정 스님이 세상을 떠난 이후, 아직까지 큰 어른이 나오지 않고 있다.

공부의 최고선은 존경받는 사람이 되는 것이다. 그러나 존경받는 사람이 되는 것은 거의 불가능에 가까운 것이다. 대한민국에 존경받는 큰 어른이 없다는 것은 존경받는 사람이 되는 것이 너무 어렵다는 것이다.

존경받는 사람이 되는 것이 거의 불가능에 가까운 일이기에 즐겁게 공부를 해야 한다. 존경받는 사람이 되려면 평생 동안 공부를 해야 한다. 평생 동안 심신을 닦아야 한다. 평생 동안 불가능한 도전을 하면서 억지로 하거나 마지못해서 한다면 너무나 가슴 아픈 일이다.

공부는 즐겁고 천천히 해야 한다. 인생이 마라톤이듯이 공부도 마라톤이다. 위대한 실력과 위대한 인격을 쌓아가는 것도 즐기면서 천천히 하는 것이다. 결과를 생각하지 말고 과정을 즐기면서 천천히 공부해 나가는 것이다.

존경받는 사람이 된다는 것은 실현불가능한 도전이다. 비록 실현불가능한 도전이지만 과정이 아름다운 것이기에 즐겁고 행복하게 도전할 수 있는 것이다.

사람공부는 평생공부이다. 평생 동안 조금씩 사람을 알아가고 조금씩 사람이 되어가는 것이다. 그래서 공부는 무조건 즐겁게 해야 하는 것이다. 평생 동안 즐겁게 조금씩 사람이 되어가는 것이다.

어떻게 살아야 할까

공부하는 사람이 미래다

공부하는 사람은 미래가 있는 사람이다. 공부하는 사람이 미래가 있다는 것은 공부하는 것이 미래를 준비하는 최고의 방법이기 때문이다. 그래서 공부하는 것을 최고의 재테크라고 하는 것이다.

우리는 100세 시대를 살고 있다. 누구나 100세를 살 수 있는 시대를 살고 있다. 그래서 사람들은 60세에 은퇴를 하고 남은 40년 동안 어떻게 살 것인가를 고민한다. 그리고 은퇴 이후의 삶을 준비하는 가장 좋은 방법으로 경제적인 재테크를 선택한다. 그러나 경제적인 재테크만 필요할까? 경제적인 재테크도 필요하지만 정신적인 재테크는 더욱 더 필요한 것이다.

은퇴를 하고 나서 급속도로 늙어버리는 사람도 있다. 왜 그럴까? 은퇴 이후에는 더 건강하고 젊게 사는 것이 정상적일 것 같다. 그런데 왜 은퇴 이후에 급속도록 늙게 되는 것일까? 현역으로 일할 때는 일에 쫓겨서 바쁘게 살았지만 은퇴를 하고 나면 일에 쫓기지 않기에 여유롭게 살 수 있다. 그럼에도 불구하고 현직에 있을 때보다 더 쉽게 늙게 되는 것은 무엇 때문일까?

일만 했기 때문이다. 공부를 하지 않고 일만 했기 때문이다. 미래에 대한 준비를 하지 않고 일만 했기 때문이다. 미래에 대한 준비 없이 일만 하다가 은퇴를 하게 되면 삶의 목표를 상실하게 된다. 삶의 목표를 잃고 방황을 하기 때문에 쉽게 늙게 되는 것이다.

어느 95세 어른의 수기

나는 젊었을 때, 정말 열심히 일했습니다. 그 결과 나는 실력도 인정받았고 존경도 받았습니다. 덕분에 65세에 당당히 은퇴를 할 수 있었죠. 그런 내가 30년 후인 95살 생일에 얼마나 후회의 눈물을 흘렸는지 모릅니다. 나의 65년 생애는 자랑스럽고 떳떳했지만, 이후 30년의 삶은 부끄럽고 후회되는 비통한 삶이었습니다. 나는 퇴직 후 '이제 다 살았다. 남은 인생은 그냥 덤이다.'라는 생각으로 그저 고통 없이 죽기만을 기다렸습니다.

덧없고 희망이 없는 삶을 무려 30년이나 살았습니다. 30년의 시간은 지금 내 나이 95살로 보면 3분의 1에 해당하는 기나긴 시간입니다. 만일 내가 퇴직할 때에 앞으로 30년을 더 살 수 있다고 생각했다면, 난 정말 그렇게 살지는 않았을 것입니다. 그때 나 스스로가 늙었다고 생각하고 뭔가를 시작하기엔 너무 늦었다고 생각했던 것이 큰 잘못이었습니다.

어떻게 살아야 할까

나는 지금 95살이지만 정신이 또렷합니다. 앞으로도 10년, 20년을 더 살지도 모릅니다. 그래서 지금부터는 하고 싶었던 어학공부를 시작하려고 합니다. 그이유는 단 한 가지, 10년 후 맞이하게 될 105번째 생일날에 95살 때 왜 아무것도 시작하지 않았는지 후회하지 않기 위해서입니다.

95세에 이 수기를 쓰신 분은 호서대를 설립하시고 총장으로 재직하셨던 강석규 박사님이다. 강석규 박사님은 1913년에 충남 논산에서 태어났다. 논산보통학교(부창초교)를 나와 농사일을 시작했다. 그러다가 24세에 독학으로 공부를 시작해서 초등교사 자격증을 취득해 서산성연보통학교, 강경여중, 대전공립공업학교, 경동중학교에서 교사생활을 하였다.

34세에 서울대 전기공학과에 입학하여 졸업 후에 군산여고 교사를 거쳐 충남대와 명지대 교수로 재직했다. 1970년에 서울대성중고등학교를 설립했고 1978년 호서대의 전신인 천원공업전문대와 호서전산학교 그리고 서울벤처정보대학원대학교를 설립했다. 호서대 총장과 서울벤처정보대학원대학교의 총장을 역임하셨다. 1989년 국민훈장모란장을 2009년 청조근정훈장을 받았다.

강석규 박사님은 대성중고등학교를 설립하시고 호서대를 설립하신 엄청난 삶을 살아오셨다. 그럼에도 불구하고 95세의 나이에 자신의 삶이 잘못되었다는 것을 깨닫고 제2의 인생을 준비하신 것이다. 95세의 나이에 자신의 삶을 돌아보시고 후회와 반성을 하신 것이다. 강석규 박사님께서 자신의 삶을 돌아보시고 후회를 하셨다면 평범한 우리들의 삶은 어떻게 해야 할까?

은퇴 이후의 삶을 준비하려면 반드시 공부를 병행해야 한다. 공부가
삶의 최고선이자 최고의 재테크이기 때문이다.

행복은 마음의 산물이라고 한다. 행복한 삶을 살려면 마음이 풍요
로워야 한다. 은퇴 이후에도 행복한 삶을 살려면 마음이 풍요로우면
된다. 마음을 풍요롭게 하려면 반드시 공부를 해야 한다. 공부를 해서
지적인 재테크를 많이 쌓아야 한다. 그러면 누구나 은퇴 이후의 삶이
풍요로운 삶이 되는 것이다.

미래에 대한 두려움이 없어진다

사람에게는 누구나 미래에 대한 두려움이 있다. 미래는 가보지 않
은 낯선 길이기 때문이다. 미래를 알 수 있는 사람은 아무도 없기 때문
이다.

어떤 사람도 미래에는 가볼 수가 없다. 그래서 어떤 사람도 미래를
알 수가 없다. 미래는 가볼 수도 없고 알 수도 없는 미지의 세계이다.
그래서 누구에게나 미래는 두려운 것이다.

공부하는 사람은 미래에 대한 두려움이 없는 사람이다. 공부를 해서
지식과 지혜가 늘어날수록 미래를 예측하는 능력도 늘어나게 된다.

어떻게 살아야 할까

미래는 가볼 수도 없고 알 수도 없는 미지의 세계이지만 공부하면 괜찮다. 지식과 지혜에서 나오는 미래에 대한 예측력이 미지의 세계에 대한 이해도를 높여주기 때문이다.

공부를 통해서 지식과 지혜가 늘어난다는 것은 간접경험을 하게 된다는 것이다. 미래에 대한 간접경험을 통해서 미래를 예상해 볼 수 있게 된다는 것이다. 간접경험을 통해 미래를 예상해 보는 것을 미래에 대한 예측력이 생기는 것이라고 말하는 것이다.

미래에 대한 예상을 할 수 있게 되면 미래에 대한 두려움이 감소하게 된다. 미래에 대해서 예상을 한다는 것은 혜안이 생겼다는 것이다. 미래를 내다보는 혜안이 생기면 미래를 준비하면 되기 때문이다. 미래를 내다보는 혜안과 미래에 대한 준비를 통해서 미래에 대한 두려움을 감소시킬 수 있는 것이다.

나는 공부를 하기 전에는 상당히 다혈질이었다. 그래서 어떤 좋지 않은 상황이 발생을 하게 되면 얼마나 안절부절 했는지 모른다. 안절부절 정도가 아니라 방방 뛰기도 하였고 펄쩍펄쩍 뛰기도 하였다.

20년이 넘게 공부한 지금은 아무리 좋지 않은 상황이 발생해도 천하태평이 되었다. 내가 천하태평이 되었다는 것은 무책임한 모습을 말하는 것이 아니다. 미래를 내다볼 수 있고 미래에 대한 두려움이 없기에 천하태평인 것이다. 어떤 일이나 상황이 앞으로 어떻게 펼쳐질 지가 어느 정도는 예상이 되기에 천하태평인 것이다.

울렁증이라는 말이 있다. 울렁증은 어떤 좋지 않은 상황이 발생하게 되면 혈압이 상승하여 얼굴이 달아오르거나 심장박동수가 증가하여 가슴이 벌렁벌렁 거리는 것이다.

울렁증의 특효약은 공부다. 공부로 지식과 지혜가 쌓이고 미래에 대한 혜안이 생기고 시야가 넓어지면 마음의 힘이 강해진다. 그러면 마음의 여유가 생기고 울렁증이 사라지게 되어 있다.

아직도 울렁증으로 고생을 하는 사람이 있다면 지금부터 공부를 시작하기 바란다. 지금부터 천천히 공부해가는 것이다. 지금부터 조금씩 지식과 지혜를 쌓아가는 것이다. 그러면 울렁증이 말끔히 사라질 것이다.

공부는 평생 동안 하는 것이다. 조급해 하거나 서둘지 말고 천천히 해나가면 된다. 천천히 그리고 조금씩 지식과 지혜를 쌓아가면 나도 모르는 사이에 울렁증이 사라지게 될 것이다.

공부하는 사람은 가족의 미래다

공부하는 사람은 가족의 미래가 된다. 공부하는 사람은 미래가 있는 사람이기 때문이다. 미래가 있는 사람은 가족의 미래도 책임질 수 있는 사람이기 때문이다. 특히 공부하는 여자는 가족의 미래가 확실하다.

'잘 키운 딸 하나 열 아들 안 부럽다.'라는 말이 있다. 딸이 아들보다 더 귀하다는 것이다. 효자를 기대하는 것보다는 효녀를 기대하는 것이 더 낫다는 것이다. 딸이 아들보다 효도할 가능성이 높다는 말이기도 하다.

'아들은 기차를 태워주고 딸은 비행기를 태워준다.'라는 말도 있다. 아들보다는 딸이 부모님에게 더 잘한다는 것을 말해주는 것이다. 객관적으로 살펴봐도 아들보다는 딸들이 부모님에게 훨씬 더 잘하는 것 같다.

21세기에서는 아들과 딸의 구분이 희미해져 가고 있다. 과거에는 딸을 낳으면 산모 스스로도 죄책감을 갖기도 했고 집안의 어른들이 무시를 하기도 했다. 하지만 현재는 전혀 그런 분위기가 아니다. 딸을 더 귀하게 여기는 사람들도 많이 있다.

과거에는 '남존여비사상'에 의해 딸보다 아들을 더 선호하기도 했지만 21세기에서는 더 이상 통하지 않는 말이다. 여자들의 권위나 역할이 그만큼 커졌다는 것을 의미하는 것이다.

여자가 공부를 해서 가족의 미래가 되면 아들이 공부를 해서 가족의 미래가 되는 것보다 낫다. 우리 집의 경우에도 맞는 말이다. 우리 집은 3남 1녀다. 1녀가 맏이이고 그 밑으로 3형제가 있다. 냉정하게 돌아봐도 장녀가 부모님에게 효도한 것이 3형제 모두가 효도를 한 것보다 훨씬 더 크다.

21세기는 남녀의 구분이 희미해져 가고 있다. 21세기에는 남자도 미래가 아니고 여자도 미래가 아니다. 공부하는 사람이 미래다. 따라서 지금부터 공부를 시작해야 한다. 공부를 하는 사람은 가족과 기업과 국가의 미래이기 때문이다.

공부하는 엄마가 가족의 미래다

엄마라는 존재는 무엇일까? 엄마는 살림만 하는 여자일까? 엄마는 단순히 살림만 하는 여자가 아니다. 과거에는 남편이 가족의 미래라는 인식이 강했다. 따라서 엄마들은 살림만 신경 쓰면 되었다. 하지만 21세기에는 남편도 미래가 아니고 아내도 미래가 아니다. 공부하는 사람이 미래이다. 공부하는 엄마가 되어 가족의 미래가 되는 것이 21세기형 엄마가 되는 것이다.

엄마는 집안의 경영자다. 엄마가 어떤 마음으로 가정을 경영하느냐에 의해서 가족의 미래가 완전히 달라질 수 있다. 따라서 엄마는 사명감을 가지고 가정을 경영해야 한다. 직장맘들도 마찬가지다. 직장맘들은 전업주부에 비하면 2배로 바쁘고 힘들지만 직장맘들도 집안의 경영자다.

엄마가 바로 서면 아빠가 바로 서고, 아빠가 바로 서면 자녀들이 바로 서게 된다. 가족의 미래는 엄마에게 달려 있다는 것을 단적으로 말해주는 것이다. 따라서 엄마는 누구보다도 열심히 공부를 해서 가족의 미래가 되어야 한다.

위대한 사람 뒤에는 위대한 엄마가 있고, 위대한 사람 뒤에는 위대한 아내가 있다. 엄마와 아내의 자리는 위대한 자리이다. 단순히 살림만 하거나 자리만 지키는 자리가 아니다. 엄마와 아내의 자리는 위대한 사람을 만드는 위대한 자리인 것이다.

엄마와 아내의 자리는 위대한 자리기도 하지만 많이 힘들고 어려운 자리이기도 하다. 특히 직장맘들의 자리는 2배로 힘들고 어려운 자리이다.

엄마와 아내의 자리는 많이 힘들고 어려운 자리지만, 위대한 사람을 만드는 위대한 자리라는 사명감을 가져야 한다. 그리고 누구보다도 열심히 공부를 해서 가족의 미래가 되어야 한다.

지금부터는 일만 하지 말고 공부를 병행해야 한다. 지금부터는 밥만 하지 말고 공부를 병행해야 한다. 공부하는 사람이 미래가 있는 사람이기 때문이다. 일도 하고 공부도 하면 자기 분야에서 최고 전문가가될 수 있다. 밥도 하고 공부도 하면 가족 모두가 행복할 수 있다.

일도 하고 공부도 하려면 주경야독 정신이 필요하다. 일도 하고 공부도 하려면 낮에는 일하고 밤에는 공부하는 정신이 필요하다. 주경야독정신을 실천하면 누구나 최고가 될 수 있다.

공부하는 사람은 미래가 있는 사람이다. 지금부터 공부하는 사람이되어 가족의 미래가 되고 기업의 미래가 되고 대한민국의 미래가 되기바란다.

PART 6

자유롭게 살아야 한다!

상선약수처럼 살아가라

어떻게 살아야 할까?

인생길에 정답은 없다고 말했다. 인생길에 정답이 없기에 '어떻게 살아야 할까!'는 우리의 평생 숙제이다. 정답이 없는 인생길에서 우리는 어떻게 살아야 할까?

공부하면서 살아야 한다. 공부하면 누구나 자유로운 영혼이 될 수 있기 때문이다. 공부해서 위대한 실력과 위대한 인격을 갖추면 누구나 자유로운 영혼이 되어 살아갈 수 있다.

사람은 아무 것에도 매이지 않고 자유롭게 살아야 한다.

자유롭게 산다는 것은 무엇일까? 자유롭게 산다는 것은 '해탈'의 경지에 도달하는 것이다. '해탈'은 풀 해(解)자와 벗을 탈(脫)자로 이루어져 있다. '해탈'의 경지에 도달하려면 나를 얽어매고 있는 모든 것들과 나를 둘러싸고 있는 모든 것들을 풀어버리고 벗어버려야 한다는 것이다.

나를 얽어매고 있는 모든 것들과 나를 둘러싸고 있는 모든 것들을 풀어버리고 자유로운 영혼으로 살아가는 것이 진정한 '해탈'이다. 그래서 진정한 자유는 '해탈'에 있는 것이다.

'해탈'의 경지에 도달하여 진정한 자유를 누리려면 어떻게 해야 할까? '상선약수'처럼 살아야 한다. '상선약수'는 '최고선은 물과 같다.'라는 뜻을 가지고 있다. '상선약수'는 물처럼 산다는 것이다. 물처럼 사는 것은 자유롭게 사는 것이다. 물처럼 사는 것은 해탈의 경지에서 살아가는 것이다.

물처럼은 순리대로 사는 것

물처럼 산다는 것은 어떻게 사는 것일까? 물처럼 사는 것은 순리대로 사는 것이다. 물처럼 순리대로 산다는 것은 무엇을 말하는 것일까?

물의 특성을 4가지로 나누어보았다. 첫째, 물은 높은 곳에서 낮은 곳으로 흐른다. 둘째, 물은 좁은 곳에서 넓은 곳으로 흐른다. 셋째, 물은 장애물이 있으면 돌아간다. 넷째, 물은 너무 많으면 파괴자가 되고 너무 적으면 재앙이 된다.

　　　　　　　　　　　　　어떻게 살아야 할까

물은 높은 곳에서 낮은 곳으로 흐른다. 물이 높은 곳에서 낮은 곳으로 흐른다는 것은 지구의 중력을 따라서 흐른다는 것이다. 지구의 중력에 때문에 모든 물체는 높은 곳에서 낮은 곳으로 떨어지게 되어 있다. 지구의 중력을 따르는 것은 자연스러움을 따르는 것이다. 인위적인 힘을 가하지 않고 자연스러움을 따르는 것이다.

수돗물은 자연스러움이 아니다. 수돗물은 인위적인 것이다. 수돗물은 낮은 곳에서 높은 곳으로 흐르기 때문이다. 물처럼 사는 것은 수돗물처럼 사는 것이 아니다. 물처럼 사는 것은 강물처럼 사는 것이다. 강물처럼 높은 곳에서 낮은 곳으로 흐르는 것이 물처럼 사는 것이다.

사랑은 높은 곳에서 낮은 곳으로 흘러야 한다. 사랑이 높은 곳에서 낮은 곳으로 흐르는 것은 자연스러움을 따르는 것이다. 사랑이 낮은 곳에서 높은 곳으로 흐르는 것은 인위적인 것이다.

힘을 가진 사람이 힘없는 사람을 위해서 사는 것은 자연스러움을 따르는 것이다. 힘없는 사람이 힘을 가진 사람을 위해서 사는 것은 인위적인 것이다. 힘을 가진 사람이 힘없는 사람을 사랑하는 것은 자연스러운 것이다. 힘없는 사람이 힘을 가진 사람을 사랑하는 것은 인위적인 것이다.

정치인은 국민들을 위해서 살아야 한다. 국민들이 정치인들을 위해서 살면 안 된다. 사장님은 직원들을 위해서 살아야 한다. 직원들이 사장님을 위해서 살면 안 된다. 리더는 멤버들을 위해서 살아야 한다.

멤버들이 리더를 위해서 살면 안 된다. 선생님은 학생들을 위해서 살아야 한다. 학생들이 선생님을 위해서 살면 안 된다. 부모님들은 자녀들을 위해서 살아야 한다. 자녀들이 부모님을 위해서 살면 안 된다.

물은 좁은 곳에서 넓은 곳으로 흐른다. 좁은 곳에서 넓은 곳으로 흐르는 것은 자연스러운 것이다. 넓은 곳에서 좁은 곳으로 흐르는 것은 인위적인 것이다.

물이 좁은 곳에서 넓은 곳으로 흐른다는 것은 소수가 다수의 뜻에 따르는 것을 말한다. 소수가 다수의 뜻에 따르는 것은 자연스러운 것이다. 다수가 소수의 뜻에 따르는 것은 인위적인 것이다.

소수가 다수의 뜻에 따르는 것은 민주정치에서 나타나는 현상이다. 다수가 소수의 뜻에 따르는 것은 독재정치에서 나타나는 현상이다. 소수가 다수의 뜻에 따르는 민주정치는 자연스러운 것이다. 다수가 소수의 뜻에 따르는 독재정치는 인위적인 것이다.

물은 장애물을 만나면 돌아간다. 물은 절대로 싸우지 않는다. 물은 장애물을 만나면 싸우지 않고 돌아간다. 물이 장애물을 만나서 돌아가는 것은 자연스러운 것이다. 물이 장애물을 만나서 싸우는 것은 인위적인 것이다.

대화와 협상을 통해서 문제를 해결하는 것은 자연스러운 것이다. 논쟁을 통해서 문제를 해결하는 것은 인위적인 것이다. 대화와 협상은

어떻게 살아야 할까

성장과 발전을 가져오지만 논쟁은 분열과 다툼을 가져오는 것이다.

싸우면 안 된다. 싸우면 절대로 안 된다. 싸우면 함께 죽는 것이다. '가화만사성'이라고 하지 않았나? 부부가 싸우면 될 일도 안 된다. 부부가 서로 화합하면 안 될 일도 된다. 물의 지혜를 배워야 한다. 물은 장애물을 만나면 싸우지 않고 잠시 멈추었다가 돌아간다.

물이 너무 많이 모이면 파괴자가 되고 너무 적으면 재앙이 된다. 물이 너무 많아서 홍수가 나면 모든 것을 휩쓸어 버린다. 물이 너무 많으면 모든 것을 파괴하는 파괴자가 된다. 반대로 물이 너무 적어서 가뭄이 오면 모든 것이 말라 죽는다. 물이 너무 적으면 모든 것을 죽이는 재앙이 된다.

물처럼 사는 것은 중용의 도를 실천하는 것이다. 물은 너무 많으면 파괴자가 되고 너무 적으면 재앙이 된다. 따라서 물은 많지도, 부족하지도 않아야 한다. 넘치지도 말고 부족하지도 않은 것이 중용의 도를 실천하는 것이다. 그래서 사람에게 있어서 최고선은 중용이다.

물처럼 사는 것은 바다처럼 사는 것

물처럼 사는 것은 바다처럼 사는 것이다. 바다는 가장 넓고 가장 깊다. 지구별에서 바다보다 넓고 바다보다 깊은 것은 아무것도 없다. 바다처럼 산다는 것은 지구별에서 가장 넓고 가장 깊은 마음을 가진 사람이 된다는 것이다.

바다처럼 넓은 사람이 된다는 것은 무엇을 의미할까? 바다처럼 넓은 사람은 마음이 넓고 큰 사람이다. 바다처럼 넓고 큰마음으로 모든 사람을 받아줄 수 있는 사람을 말하는 것이다. 세상에서 가장 어려운 것 중 하나는 인간관계다. 하지만 인간관계가 아무리 어렵다고 해도 바다처럼 넓고 큰마음을 가진 사람이라면 문제될 것이 없다.

바다처럼 넓고 큰마음을 가지려면 어떻게 해야 할까? 위대한 꿈을 꾸고 위대한 결심을 하고 위대한 공부를 해야 한다. 나도 바다처럼 넓고 큰마음을 가진 위대한 사람이 되겠다는 위대한 꿈을 꾸고, 위대한 결심을 하고, 위대한 공부를 하고자 한다.

바다처럼 깊은 사람이 된다는 것은 무엇을 의미할까? 학식이 깊은 사람이 된다는 것이다. 지식과 지혜가 깊은 사람이 되는 것이다. 지식을 쌓고 쌓으면서 사색을 하면 지혜를 많이 얻게 된다. 지혜가 많은 사람이 되면 학식이 깊은 사람이 되는 것이다.

학식이 깊은 사람이 되려면 어떻게 해야 할까? 지식과 사색을 동시에 추구해야 한다. 지식을 쌓기 위해서는 열심히 독서를 해야 하고 동시에 많은 생각을 해야 한다. 지식과 사색이 버무려지면 지혜가 나오는 것이다.

지식 없는 지혜는 없다. 지혜는 지식의 산물이기 때문이다. 지혜는 지식에서 나온다는 것이다. 지혜는 지식을 바탕으로 해서 얻을 수 있다는 것이다. 지식을 바탕으로 해서 열심히 사색을 하면 지혜를 얻을

어떻게 살아야 할까

수 있다는 것이다.

지식이 부족하면서 지혜를 얻는다는 것은 거의 불가능한 일이다. 지식을 많이 쌓고 사색을 열심히 하면 지혜가 생긴다. 그러면 지식과 지혜를 갖춘 학식 있는 사람이 되는 것이다.

지식을 많이 쌓았는데 지혜가 부족한 것은 사색이 부족했기 때문이다. 독서를 많이 했는데 지혜가 부족한 것은 책만 읽었기 때문이다. 독서만 하면 안 되고 반드시 독서 후 활동을 병행해야 한다. 독서 후 활동은 사색이 가장 핵심적인 것이다. 책을 열심히 읽고 생각을 열심히 하는 것이다.

바다처럼 깊은 학식을 갖춘 사람이 되면 존경받는 삶을 살 수 있다. 가장 위대한 삶은 존경받는 삶이다. 바다처럼 깊은 학식을 갖춘다면 누구나 존경받는 위대한 삶을 살 수 있는 것이다.

바람처럼 자유롭게 비상하라

자유로운 사람이 된다는 것은 바람처럼 자유롭다는 것이다. 바람은 한계가 없다. 바람은 한계가 없으니 자유롭다. 바람은 어느 곳이든지 자유롭게 갈 수 있다. 바람은 어느 곳이든지 자유롭게 비상할 수 있다.

바람처럼 자유로운 사람이 된다는 것은 바람처럼 한계가 없는 사람을 말한다. 바람이 한계가 없듯이 사람도 한계가 없다. 하지만 우리는 스스로 한계를 정하고 스스로의 한계 안에서 갇혀서 산다.

사람에게는 본래 한계가 없다. 사람은 본래 무한대의 능력을 가지고 있다. 사람은 무한대의 능력을 가지고 있지만 대부분을 사장시키고 만다.

어떻게 살아야 할까

일반적으로 사람은 자신이 갖고 있는 잠재력의 3%를 사용한다고 한다. 천재들은 4%, 위대한 사람들은 5%를 사용한다고 한다.

위대한 사람들도 95%의 잠재력을 사장시키는 것이다. 위대한 사람들이라고 해서 엄청난 잠재력을 사용한 것은 아니다. 위대한 사람들도 자신의 잠재력에서 약간만을 사용했을 뿐이다. 따라서 중요한 것은 누가 자신의 잠재력을 꺼낼 수 있느냐이다. 자신의 잠재력을 꺼낼 수 있는 사람은 누구나 위대한 삶을 살 수 있는 것이다.

하버드대학교에서 인생학 강의를 하고 있는 쑤린 교수는 '잠들어 있는 잠재력을 이끌어 내는 9가지 방법'을 다음과 같이 제시하고 있다.

잠재력을 끌어내는 9가지 방법

스스로 정한 한계의 꼬리표를 떼라

성공보다 중요한 것은 성장이다

성공은 종착점이 아니라 출발점이다

생각의 울타리에서 벗어나라

위대한 인생은 상상에서 시작된다

목표를 향해 나아가라

경쟁을 두려워하지 마라

현재에 안주하지 마라

안락지대에서 벗어나라

쑤린 교수는 사람의 잠재력에는 한계가 없다는 것을 말한다. 그리고 사람의 잠재력을 끌어내리려면 현실에 안주하지 말고 꾸준히 노력하면 된다고 한다. 꾸준히 노력한다면 잠재력을 끌어내는 것은 누구에게나 가능하다는 것이다. 자신의 잠재력을 믿고 노력하면 누구나 위대한 삶을 살 수 있다고 말하는 것이다.

사람은 누구나 무한대의 능력을 가지고 있다. 하지만 사람들은 그 무한대의 능력을 사용하지 못한 채 살고 있다. 그대에게는 무한대의 능력이 있다. 그대에게도 무한대의 능력이 있다는 것을 믿어야 한다. 그대의 능력을 믿고 꾸준히 노력을 하면 바람처럼 자유롭게 비상할 수 있다.

상상력의 날개를 활짝 펴라

자신에게 무한대의 능력이 있다고 믿는 사람은 한계가 없는 사람이 된다. 한계가 없는 사람이 된다는 것은 상상력이 풍부한 사람이 된다는 것을 말한다. 사람의 상상 속에선 불가능한 것이 없기 때문이다.

세상의 모든 위대한 발견과 위대한 성취들은 모두 상상력의 산물이다. 세상에 있는 모든 것은 상상에서 시작되기 때문이다. 모든 것이 상상에서 시작하여 현실로 발전해 나가기 때문이다.

상상력으로 세계적인 과학자가 된 사람은 알베르트 아인슈타인이 대표적이다. 아인슈타인은 위대한 업적을 남긴 위대한 과학자이지만 평범한 삶을 살았던 인물이다. 아인슈타인이 위대한 업적을 연구할 당시에는 특허청에 다니는 평범한 직장인이었다.

아인슈타인은 일반적인 직장생활을 했기에 시간적인 제약과 경제적인 제약이 따르는 삶을 살았다. 아인슈타인은 시간적인 제약과 경제적인 제약을 극복하기 위해서 상상력의 힘을 이용한 것이다. 시간과 돈을 절약하면서 연구를 해야 했기에 진짜 실험이 아니라 상상력으로 실험을 한 것이다.

상상력만으로 어떻게 위대한 업적을 남긴 과학자가 될 수 있느냐고 반문하는 사람도 있을 것이다. 나는 상상만으로도 위대한 업적을 이룰 수 있다고 자신한다. 물론 상상이 상상으로만 끝나지 않고 실천으로 이어진다는 전제 아래서 말이다.

얼마 전에 지인이 운영하는 카페에 방문한 적이 있다. 지인은 카페의 수익을 창출하기 위하여 신 메뉴를 개발하고 있다고 한다. 그래서 내가 약간의 조언을 해주었다.

메뉴를 개발할 때에 어떤 재료를 어떻게 배합해 볼 것인지를 계속 상상해 보라고 조언을 하였다. 사람에게도 궁합이 있듯이 음식에도 궁합이 있다. 사람을 소개할 때도 서로 잘 맞고 어울릴 수 있는 사람을 상상해 보듯이 음식도 어떤 것이 서로 잘 맞고 최고의 맛을 낼 수 있는지 상상해 보라는 것이다.

최적의 조합을 찾았어도 처음부터 재료를 바로 사용하지 말고 상상을 먼저 해보라고 조언도 함께 하였다. 각각의 재료의 장단점을 파악한 후에 상상으로 조합을 해보라는 것이다. 상상으로 최적의 비율을 찾은 후에 직접 재료를 혼합해 보라는 것이다.

상상으로 최적의 조합을 찾은 후에, 그리고 상상으로 최고의 레시피를 찾은 후에 진짜 재료를 가지고 조합을 해야 한다. 그러면 시간과 돈을 절약할 수 있다고 조언을 해준 것이다.

음식을 만들 때도 처음에 상상으로 시작해야 많은 시행착오를 줄일 수 있듯이 우리의 삶에서도 상상력이 필요하다. 우리가 실천해야 하는 모든 것에 앞서 상상으로 먼저 실천하면 많은 시간과 돈을 절약할 수 있다.

상상력에는 한계가 없다. 그대의 상상력에도 한계가 없다. 지금부터는 상상력의 나래를 활짝 펴기 바란다. 그대의 미래를 위한 상상과 그대의 가족을 위한 상상과 그대의 직장을 위한 상상과 대한민국을 위한 상상력의 나래를 활짝 펴기 바란다. 상상력의 나래를 활짝 펴고 하늘 높이 비상하는 그대가 되기를 바란다.

위대한 꿈의 날개를 활짝 펴라

상상력도 한계가 없지만 꿈도 한계가 없다. 무한대의 상상이 가능하듯이 무한대의 꿈을 꾸는 것도 가능하다.

어떻게 살아야 할까

꿈꾸는 것은 돈이 들지 않는다. 꿈꾸는 것은 비용이 발생하지 않는다. 따라서 우리는 위대한 꿈을 꾸고 위대한 꿈의 나래를 활짝 펴고 하늘을 향해 멋지게 비상하는 삶을 살아야 한다.

위대한 꿈을 꾸고 위대한 꿈의 나래를 활짝 펴고 날아올라야 한다. 하지만 21세기의 대한민국은 꿈이 무너진 시대를 살고 있다. 21세기의 대한민국은 꿈을 꾸는 사람이 희귀한 시대를 살고 있다. 어쩌다 대한민국이 이렇게 되었을까?

너무나 안타깝지만 대한민국에서는 어린이들과 청소년들의 대다수가 꿈을 잃어버린 세대가 되었다. 대한민국에서는 어린이들과 청소년들이 꿈을 꾸는 것이 이상한 것이 되어버렸다. 어쩌다 대한민국이 이렇게 되었는가?

초등학교 1~2학년까지는 그래도 꿈이 있다. 그러나 3~4학년으로 진학을 하면 꿈을 가진 학생들의 수가 급감하게 된다. 중·고등학생은 말할 것도 없고 초등학교 5~6학년만 되면 꿈을 가진 학생이 희귀한 시대가 된 것이다. 어쩌다 대한민국이 이렇게 된 것일까?

청소년들이 꿈을 잃어버린 것은 어른들이 꿈을 잃어버렸기 때문이다. 자녀들이 꿈을 잃어버린 것은 부모들이 꿈을 잃어버렸기 때문이다. 학생들이 꿈을 잃어버린 것은 선생님들이 꿈을 잃어버렸기 때문이다.

청소년들이 다시 꿈을 갖기 위해서는 어른들이 다시 꿈을 가져야 한다. 어른들이 다시 꿈을 꾸게 되면 청소년들도 다시 꿈을 꾸게 될 것이다.

베이비부머 세대들과 엑스 세대들은 학창시절과 청소년기를 보내면서 대부분 꿈이 있었다. 베이비부머 세대와 엑스 세대들이 꿈을 갖고 있었던 것은 그들의 부모님들이 꿈을 갖고 있었기 때문이다.

부모세대들은 많이 배우지도 못했고 훨씬 더 가난했다. 그래도 부모세대들에게는 꿈이 있었다. 자식들을 어떻게 해서라도 공부를 시키겠다는 꿈이 있었다. 그래서 베이비부머 세대와 엑스 세대들은 대부분 꿈을 갖고 있었던 것이다.

베이비부머 세대와 엑스 세대들은 부모세대에 비하면 엄청나게 많이 배웠고 엄청난 부자이다. 부모세대에 비하면 엄청나게 많이 배웠고 엄청난 부자이지만 꿈이 없다. 그래서 자녀세대들이 꿈이 없는 것이다.

지금부터는 부모가 먼저 꿈을 꾸어야 한다. 부모가 먼저 꿈을 꾸고 자녀들에게 꿈을 꾸라고 해야 한다. 지금부터는 선생님들이 먼저 꿈을 꾸어야 한다. 선생님들이 먼저 꿈을 꾸고 학생들에게 꿈을 꾸라고 해야 한다. 지금부터는 어른들이 먼저 꿈을 꾸어야 한다. 어른들이 먼저 꿈을 꾸고 청소년들에게 꿈을 꾸라고 해야 한다.

부모들과 선생님들과 어른들이 다시 꿈을 꾸면 대한민국이 꿈을 갖게 될 것이다. 대한민국이 다시 꿈을 꾸게 되면 다시 성장하게 될 것이다. 대한민국의 성장이 멈춘 시기는 꿈을 잃어버린 시기부터 시작되었기 때문이다.

꿈꾸는 것에는 한계가 없다. 비용도 발생하지 않는다. 지금부터는 꿈의 날개를 활짝 펴고 비상하기 바란다. 내가 올라갈 수 있는 가장 높은 곳을 향하여 아름답고 위대하게 비상하기 바란다.

바람은 무엇에도 매이지 않는다

바람처럼 자유롭게 산다는 것은 무엇에도 매이지 않고 사는 것이다. 바람은 어떤 것에도 매이지 않는다. 바람은 머물지 않고 그냥 지나간다. 장애물이 앞을 가로막으면 그냥 돌아서 간다. 바람은 무엇에도 매이지 않는 특성을 갖고 있기 때문이다.

바람이 어떤 것에도 매이지 않는다는 것은 집착하지 않기 때문이다. 바람은 아무리 마음에 드는 것이 있어도 머물지 않는다. 아무리 아름답고 멋지게 보여도 절대로 머물지 않는다. 아무리 매혹적으로 유혹의 손짓을 보내도 절대로 머물지 않는다.

바람처럼 자유롭게 산다는 것은 집착하지 않는 것을 말한다. 그러나 우리는 너무 많은 집착에 빠져서 살아간다. 바람은 집착을 하지 않는다. 바람은 항상 자유롭게 살아간다. 우리가 위대한 삶을 살기 위해서는 바람처럼 자유롭게 살아갈 수 있는 능력을 길러야 한다.

진정한 인연

진정한 인연은
하늘의 축복이니

가라해도 가지 않고
오라해도 오지 않으니

하늘이 가라면 가고
오라면 오는 것이니

사람의 인연에
너무 매이지 말지니

진정한 인연은
하늘의 축복이니

바람처럼 자유롭게 산다는 것은 집착하지 않는 것이다. 돈에 집착하지 않는 것이다. 권력에 집착하지 않는 것이다. 사람에게 집착하지 않는 것이다.

집착에 빠져서 너무 힘들게 살아가는 사람이 있다. 집착이 심해지면 강박으로 발전을 하게 된다. 집착이 강박으로 발전하면 나도 죽고 너도 죽게 된다. 강박에 빠진 사람은 정상적인 판단력을 상실하기 때문

어떻게 살아야 할까

이다.

지금부터는 집착을 내려놓아야 한다. 물론 돈과 권력과 사람에게 집
착하지 않고 내려놓는 것은 결코 쉽지 않다. 하지만 이를 악물고 이겨
내야 한다. 그래야 나도 살고 너도 살게 된다. 집착을 내려놓으면 정상
적인 판단이 가능하게 되기 때문이다.

사람이 돈과 권력과 사람에게 집착하지 않고 살아갈 수 있을까? 집
착을 내려놓고 살 수 있는 사람은 많지 않다. 돈과 권력과 사람에게 집
착하지 않고 살 수 있는 사람은 거의 없다. 돈과 권력과 사람에게 집착
하지 않고 살 수 있는 사람은 아마도 도인의 경지에 오른 사람만이 가
능할 것이다.

도인의 경지에 오른 사람만 집착을 내려놓고 살 수 있으니 일반인들
은 어쩔 수 없이 집착에 매여서 살아가야만 하는 것일까? 아니면 도인
의 경지까지는 아니어도 어느 정도까지는 자유로운 영혼으로 살아갈
수 있는 방법이 있을까?

도인의 경지에 오르지 않고도 집착하지 않고 살아가려면 어떻게 해
야 할까? 집착을 내려놓고 자유롭게 살 수 있는 방법은 무엇일까? 실력
이 있어야 한다. 자신이 원하는 것을 얻을 수 있는 실력이 있어야 하는
것이다.

자신이 원하는 돈을 벌 수 있는 실력을 길러야 한다. 자신이 원하는

자리에 오를 수 있는 실력을 길러야 한다. 자신이 원하는 사람이 올 수 있도록 실력을 길러야 한다. 실력이 없으면서 무언가를 원한다는 것은 사기이다. 대가지불의 법칙에 따라서 자신이 원하는 것을 얻으려면 정당한 대가를 지불해야 한다.

하늘의 축복은 자연법칙과도 같은 것이다. 하늘의 법칙은 자연법칙처럼 정확하게 이루어진다. 자연법칙은 콩을 심으면 콩이 나는 법칙이고 팥을 심으면 팥이 나는 법칙이다.

어떤 사람에게 돈이 오겠는가? 돈을 담을 수 있는 그릇이 갖추어진 사람이다. 어떤 사람에게 권력이 주어지겠는가? 권력을 감당할 수 있는 사람이다. 어떤 사람에게 원하는 사람이 오겠는가? 원하는 사람에게 어울리는 사람이다.

바람처럼 자유로운 영혼이 되어서 모든 집착에서 벗어나려면 자신의 원하는 것을 얻을 수 있는 실력이 기본적으로 있어야 되는 것이다.

어떻게 살아야 할까

순리를 따라가면 무조건이다

인생은 선택이다.

인생은 선택의 연속이다.

인생은 선택의 갈림길에 서 있는 것이다. 사람이 태어나기 전에는 선택할 수 없지만, 세상에 나온 후로는 항상 선택 앞에 서게 되는 것이다.

샤르트르는 '인생은 B와 D사이의 C다.'라고 말했다. 인생은 출생 (Birth)과 사망(Death) 사이의 선택(Choice)이라는 것이다. 샤르트르의 말처럼 인생은 선택의 연속이다. 태어나서 죽을 때까지 끊임없이 선택을 해야 한다.

유아기에는 아무것도 선택하지 않고 사는 것 같다. 하지만 유아기도 사실은 선택의 연속이다. 불편한 것이 있으면 울 것인지 아니면 견딜 것인지를 선택하는 것이다. 배가 고프면 울 것인지 아니면 견딜 것인지를 선택하는 것이다. 기저귀가 젖었다면 울 것인지 견딜 것인지를 선택하는 것이다.

유아기에 많이 우는 아이는 성격이 급하다고 한다. 유아기에 울지 않고 견디는 아이는 성격이 유순하다고 한다. 그러나 이것은 성격의 문제가 아니라 선택의 문제라고 봐야 한다.

유아기에 많이 우는 아이는 결정력이 강한 것이고 잘 울지 않는 아이는 결정력이 부족한 것이다. 잘 울지 않는 아이일수록 결정장애로 발전되지 않도록 유심히 관찰하고 양육을 해야 한다.

대한민국의 청소년들과 청년들에게 결정장애가 많다고 한다. 청소년들과 청년들이 결정을 힘들어 하는 것은 부모의 결정에 의해서 자랐기 때문이다. 자기 스스로 선택하고 결정하면서 자라지 못한 결과이다.

유아기 때부터 부모가 모든 결정을 했다는 것이다. 자기결정권을 부모에게 넘겨줬다는 것이다. 모든 선택과 결정을 부모가 대신하니 자연스럽게 선택장애와 결정장애를 갖게 되었다는 것이다.

부모들이 대신 결정력을 행사하는 이유가 무엇일까? 자녀들의 선택과 결정이 부모가 보기에는 너무 부족하게 보이기 때문이다. 부모의 기준으로는 자녀들의 결정은 항상 부족해 보일 수밖에 없다. 그래서 부모가 자녀를 대신해서 결정을 해온 것이다.

지금부터는 자녀들에게 선택과 결정을 맡겨야 한다. 자녀들에게 결정권을 넘겨주어야 한다. 자녀들의 결정이 조금은 부족해 보이고 한심해 보여도 스스로 결정할 수 있도록 해야 한다. 자신의 힘으로 선택하고 결정하는 것을 통하여 결정력 있는 사람이 될 수 있다. 스스로 결정할 수 있는 힘을 갖게 되면 결정장애를 극복하고 자신 있고 당당한 사람이 될 수 있다.

청소년들과 청년들의 결정장애를 치유하기 위해서는 결정권을 자녀들에게 다시 넘겨주어야 한다. 처음에는 많은 시행착오를 겪을 수도 있지만 급변하는 21세기형 인재로 성장해 가려면 필수적인 요소이다.

사람은 유아기부터 수많은 선택을 하면서 살아간다. 청소년기에도, 청년기에도, 장년기에도, 노년기에도 인생은 선택의 연속인 것이다. 그래서 인생은 선택의 연속이라고 요약할 수 있는 것이다.

인생이 선택의 연속이라면 어떤 선택을 하면서 살아야 할까? 어떤 선택을 하는 것이 최고의 삶을 사는 것일까? 순리대로 선택을 해야 한다. 순리를 따라서 선택하는 것이 최고의 선택이다.

선택은 순리대로 하는 것이다

선택이 쉬운 사람이 있을까? 선택이 쉬운 사람은 아무도 없을 것이다. 선택을 하는 것은 누구에게나 어려운 것이다. 선택을 하는 것이 어려운 것은 선택이 미래를 선택하는 것이기 때문이다.

미래를 위해서 선택을 하는 것은 누구에게나 어렵다. 미래는 알 수 없는 세계이고 불투명한 세계이기 때문이다. 미래는 누구도 경험하지 못한 미지의 세계이기 때문이다.

불투명한 미래를 위한 최고의 선택은 어떻게 해야 할까? 선택을 할 때는 순리를 따라야 한다. 순리를 따르는 것이 가장 좋은 선택을 하는 것이다. 물론 단기적으로는 손해가 날 수도 있다. 하지만 장기적으로 보면 절대로 손해가 아닌 것이다.

나는 상담요청을 많이 받는다. 상담요청을 받을 때마다 가능하면 거절하지 않는다. 나의 인생관은 할 수 있는 것은 하고 할 수 없는 것은 하지 않는 것이다. 이런 원칙을 세워놓고 있기에 할 수 있으면 모든 상담을 수락하는 편이다.

나에게는 상담의 원칙이 있다. 원칙 없는 상담은 실패할 가능성이 높기 때문이다. 나의 상담의 원칙은 7할을 듣고 3할만 말하자는 것이다. 물론 언제나 동일하게 적용이 되지는 않지만 7할을 듣고 3할만 말하는 상담의 원칙을 적용하면 대부분의 상담에서 성공을 할 수 있다.

상담할 때 7할을 듣는 것은 쉬운 일이 아니다. 상대성의 원리에 의하면 말하는 것을 잘 하는 사람도 있지만 말하는 것을 어려워하는 사람도 있기 때문이다. 말하는 것을 잘 하는 사람은 문제가 없지만 말하는 것을 어려워하는 사람은 문제가 될 때도 있다. 말하는 것을 어려워하는 사람에게 7할을 듣는 것이 쉽지 않기 때문이다.

말하는 것을 어려워하는 사람에게 7할을 들을 수 있는 방법은 질문을 하는 것이다. 상담을 할 때 말이 끊기는 당황스러운 상황이 벌어지면 질문을 통해서 상대방의 말을 이끌어주는 것이다.

상대방의 말을 7할 정도 들으면 상대방에 대해서 많은 것을 알 수가 있다. 그러면 상대방의 어려운 문제에 대하여 상대방에게 맞는 맞춤조언을 해줄 수 있다. 내가 아무리 많은 지식을 갖고 있고 아무리 뛰어난 상담기술을 갖고 있어도 상대방에게 맞는 맞춤조언이 아니라면 정답이 아닐 수가 있다.

상대방의 말을 7할 정도 듣게 되면 모든 문제가 거의 해결이 된다. 7할 정도 말하는 동안에 스스로 답을 찾게 되기 때문이다. 상대방이 명쾌한 답을 찾지 못하는 경우에는 약간이 조언을 통해서 답을 찾으면 된다.

7할 이상 상대방의 말을 들으면 문제가 거의 해결이 되지만 가끔은 답을 찾지 못할 때도 있다. 답을 찾기가 어려울 때는 순리를 따르자고 말한다. 순리대로의 답도 내가 직접 말해주지 않고 "여기서 순리는 뭘까요?", "어떻게 하는 것이 순리를 따르는 걸까요?"라고 상대방에게 질문하여 순리를 따르도록 유도하고 있다.

상대방이 생각하는 순리를 따라서 선택하면 거의 모든 것이 정답일 가능성이 높다. 순리는 하늘의 뜻이기 때문이다. 순리를 따라서 하늘의 뜻대로 선택하면 대부분 좋은 선택을 하게 된다. 반대의 경우가 나온다고 해도 후회와 미련이 많이 남지 않는다.

인생의 가장 큰 고민들은 '무엇을 할 것인가?', '어떻게 살 것인가?'일 것이다. 두 가지 질문의 답도 역시 순리대로이다. 어쩌면 우리가 선택하는 모든 것의 정답은 순리대로이다. 순리를 따르면 최고의 선택을 하는 것이고 항상 이길 수 있기 때문이다.

순리대로 하늘의 뜻을 따르라

순리대로 선택을 하는 것은 하늘의 뜻대로 선택을 하는 것이다. 그러면 하늘의 뜻대로 선택을 한다는 것은 무엇을 의미하는 것일까? 하늘의 뜻대로 선택을 한다는 것은 자연스러움을 따르는 것이다.

하늘의 뜻은 자연법칙과도 같은 것이다. 자연법칙은 자연스러운 법칙이다. 자연법칙은 억지를 부리거나 욕심을 부리는 것이 아니다. 결국 하늘의 뜻을 따른다는 것은 지극히 자연스러움을 따르는 것이다.

하늘의 뜻을 따라 순리대로 자연스럽게 산다는 것은 나답게 사는 것이다. 나답게 산다는 것은 하늘이 나에게 허락한 것을 누리며 사는 것이다. 넘치면 넘치는 대로 부족하면 부족한 대로 나답게 사는 것이다.

나는 머리가 많이 뜨는 편이다. 나이가 들어가면서 머리가 차분해지기도 한다는데 나는 나이가 50살이 되었음에도 여전히 많이 뜨고 있다. 그래서 머리 때문에 엄청난 스트레스를 받기도 한다. 특히 옆머리가 뜨는 것은 관리가 안 될 때가 많아서 신경을 많이 쓰는 편이다.

머리가 많이 떠서 스트레스를 평생 받고 살았지만 현재는 스트레스를 거의 받지 않고 있다. 미용실 원장님께서 조언을 해주신 덕분이다.

원장님은 머리가 뜨는 것에 예민한 나를 보고 "머리가 뜨는 것을 억지로 차분하게 하려고 하면 안 된다. 뜨는 머리는 뜨는 머리대로 꾸미고 차분한 머리는 차분한 머리대로 꾸며야 한다. 뜨는 머리의 장점을 살려서 멋지게 연출하면 된다."라고 조언해 주었다.

나는 원장님의 조언을 듣고 망치로 한 대 맞은 것 같았다. 뜨는 머리를 뜨는 대로 받아들였으면 편하게 살 수 있었다. 하지만 나는 뜨는 머리를 차분하게 하려다가 많은 스트레스를 받고 살아온 것이다. 너무나 무지하고 어리석은 선택이었던 것이다.

뜨는 머리는 뜨는 대로 받아들이고 차분한 머리는 차분한 대로 받아들이는 것이 순리이다. 하늘의 뜻을 따라서 순리대로 산다는 것이 바로 이것이다. 나에게 주어진 대로 나답게 사는 것이다.

나답게 사는 것이 하늘의 뜻대로 사는 것이고 순리대로 사는 것이다. 그리고 내가 가장 멋지게 사는 것이고 가장 행복하게 사는 것이다.

나답게 사는 것을 포기하고 억지로 꾸미는 것은 힘들고 고통스러운 인생인 것이다.

사람에게는 누구나 장점도 있고 단점도 있다. 장점은 장점대로 받아들이고 단점은 단점대로 받아들이는 것도 지혜로운 선택이다. 물론 장점은 더 발전시키고 단점은 보완해 나가야 한다. 하지만 장점 때문에 우쭐대지도 말고 단점 때문에 소심하지도 않는 것이 지혜로운 선택이다.

어떻게 살아야 할까

생명을 품은 사람이 되어라

바람처럼 자유로운 영혼이 된다는 것은 생명을 품은 사람이 되는 것이다. 생명을 품은 사람은 사람을 살리고 사람을 세우는 사람이다. 생명을 품지 못한 사람은 사람을 죽이고 사람을 무너뜨리는 사람이다.

생명을 품은 사람은 살아있는 사람이다. 살아있는 사람은 자유로운 영혼이다. 사람이 살아있다는 것은 바람처럼 자유로운 영혼이 되어 무엇에도 매이지 않는 사람이 된다는 것이다.

살아서 펄떡펄떡 뛰는 물고기를 보면 매력을 느낀다. 그러나 죽어서 흐물흐물한 물고기를 보면 매력을 느낄 수가 없다. 생동감이 넘치는 사람을 보면 매력을 느끼고 생기를 잃어버린 사람을 보면 매력을 느끼지 못한다. 그래서 사람이 매력이 있다는 것은 살아있다는 증거이다.

우리는 바람처럼 자유롭게 살아야 한다. 바람처럼 자유로운 영혼이 되어 생기가 넘치는 삶을 살아야 한다. 생기가 흘러넘쳐서 눈빛이 반짝반짝 빛나는 삶이어야 한다. 머리부터 발끝까지 윤기가 자르르 흘러넘치는 사람이 되어야 한다. 바람처럼 자유로운 영혼을 가진 사람은 바로 그런 사람이다.

생명을 품은 사람 VS 생명을 품지 못한 사람

생명을 품은 사람은 영혼이 깨어있는 사람이다. 생명을 품은 사람은 정신이 살아있는 사람이다. 생명을 품은 사람은 마음이 풍요로운 사람이다.

생명을 품지 못한 사람은 영혼이 잠든 사람이다. 생명을 품지 못한 사람은 정신이 죽어있는 사람이다. 생명을 품지 못한 사람은 마음이 황폐한 사람이다.

생명을 품은 사람은 육체보다 영혼을 사랑하는 사람이다. 생명을 품은 사람은 육체보다 정신에 관심이 많은 사람이다. 생명을 품은 사람은 육체보다 마음을 중요하게 생각하는 사람이다.

생명을 품지 못한 사람은 영혼보다 육체를 사랑하는 사람이다. 생명을 품지 못한 사람은 정신보다 육체에 관심이 많은 사람이다. 생명을 품지 못한 사람은 마음보다 육체를 중요하게 생각하는 사람이다.

그대는 어떤 사람인가?

그대는 육체보다 영혼을 더 사랑하는 사람인가? 그대는 육체보다 정신에 더 관심이 많은 사람인가? 그대는 육체보다 마음을 더 중요하게 생각하는 사람인가?

사람다운 사람이 된다는 것은 육체보다 영혼을 사랑하는 사람이다. 사람다운 사람이 된다는 것은 육체보다 정신에 관심이 많은 사람이다. 사람다운 사람이 된다는 것은 육체보다 마음을 중요하게 생각하는 사람이다.

그대는 사람다운 사람인가? 그대는 사람다운 사람을 목적으로 하고 있는가? 그대는 사람다운 사람이 되기 위해서 무엇을 하고 있는가?

우리는 육체를 위해서는 하루에 세끼를 꼬박꼬박 먹는다. 한 끼라도 거르게 되면 큰일이라도 난 것처럼 행동한다. 우리는 삼시세끼만 먹는 것이 아니다. 삼시세끼를 먹는 중간에 때때로 간식도 챙겨서 먹는다. 때로는 영양제도 챙겨먹고 보약을 챙겨먹기도 한다. 몸을 위해서라면 아낌없이 투자를 하는 것이다.

육체를 위해서라면 물불을 가리지 않는 우리가 영혼과 정신과 마음을 위해서는 무엇을 하고 있는가? 육체를 위해서 삼시세끼와 간식과 영양제와 보약을 챙겨 먹듯이 영혼과 정신과 마음을 위해서도 무언가를 챙겨 먹어야 하지 않을까?

우리의 몸이 중요할까?

영혼과 정신과 마음이 중요할까?

우리가 입고 있는 옷이 중요할까? 아니면 옷을 입고 있는 내가 중요할까? 당연히 옷이 아니라 내가 더 중요하다. 옷이 '나'가 아니라 내가 '나'이기 때문이다. 옷은 벗으면 그만이지만 나는 영원하기 때문이다.

우리가 사는 집이 중요할까? 아니면 우리 집에 살고 있는 가족이 중요할까? 물론 집을 가족보다 더 중요하게 생각하는 사람은 없을 것이다. 집은 살 수 있어도 가족은 살 수 없고, 집은 바꿀 수 있어도 가족은 바꿀 수 없다. 집과 가족은 비교자체가 불가한 것이다.

우리도 마찬가지가 아닐까? 몸과 영혼은 몸과 정신은 몸과 마음은 비교자체가 불가한 것이다. 그럼에도 불구하고 우리는 영혼과 정신과 마음을 너무 소홀하게 여기고 있다.

우리가 돈과 일과 집과 자동차는 소중하게 여기면서 가족을 소홀하게 여긴다면 어떤 결과가 돌아오게 될까? 젊었을 때에 가족을 소홀히 여기다가 나이가 들어서 큰 코를 다치게 되는 경우를 종종 목격하지 않는가?

마찬가지로 젊었을 때에 육체를 소중하게 여기고 영혼과 정신과 마음을 소홀하게 여긴다면 나이가 들어서 큰 코를 다치게 되지 않을까?

우리는 생명을 품은 사람이 되어야 한다. 생명을 품은 사람이 되기 위해서는 육체도 소중하게 여겨야 하지만 영혼과 정신과 마음도 소중하게 여겨야 한다. 나이에 상관없이 지금 바로 영혼과 정신과 마음을 소중하게 여기고 생명을 품은 사람이 되기 위한 투자를 시작해야 한다.

사람을 살리는 사람 vs. 사람을 죽이는 사람

나는 독서모임을 통해서 많은 사람을 만나고 있다. 그리고 전국으로 강연을 다니면서 정말 많은 사람을 만나고 있다. 사람을 많이 만나다 보면 다양한 성격과 독특한 개성을 가진 사람들을 만나게 된다. 다양한 사람을 만나다보면 사람을 살리는 사람도 있고 사람을 죽이는 사람도 만나게 된다.

사람을 살리는 사람은 어떤 사람일까? 사람을 살리는 사람은 생각을 해도 사람을 살리는 생각을 하고, 말을 해도 사람을 살리는 말을 하고, 행동을 해도 사람을 살리는 행동을 한다.

사람을 죽이는 사람은 어떤 사람일까? 사람을 죽이는 사람은 생각을 해도 사람을 죽이는 생각을 하고, 말을 해도 사람을 죽이는 말을 하고, 행동을 해도 사람을 죽이는 행동을 한다.

사람을 살리는 생각과 말과 행동을 하는 사람은 너를 위하는 사람이다. 사람을 죽이는 생각과 말과 행동을 하는 사람은 나를 위하는 사람이다. 너를 위하는 것은 사람을 살리는 것이고 나를 위하는 것은 사람을 죽이는 것이다.

너를 위하는 사람과 나를 위하는 사람의 차이는 처음에는 아주 작은 것 같지만 그 결과에서 엄청난 차이가 나는 것이다. 사람을 죽이는 사람의 대명사는 히틀러가 아닐까?

히틀러는 6백만 명의 유대인을 학살하였다. 히틀러는 인종청소라는 명목으로 아무런 양심의 가책도 없이 아우슈비츠에서 6백만 명의 유대인을 독가스와 생체실험이라는 잔인한 방법으로 학살한 것이다.

히틀러가 6백만 명의 유대인을 학살한 이유는 '독일인이 가장 위대하다.'라는 나치즘이 원인이다. 독일은 1차 세계대전에서 패하면서 많은 어려움을 겪고 있었다. 독일을 하나로 묶기 위해서 '위대한 독일'이 필요했다. 위대한 독일을 건설하기 위해서는 하나님의 선택을 받은 민족이라는 '선민사상'을 가진 유대인이 걸림돌이 되었다. 히틀러는 위대한 독일을 위해서 6백만 명의 유대인을 학살하기로 결심한 것이다.

히틀러가 생명을 품지 못하고 사람을 죽이는 사람이 된 원인은 가정환경이다. 히틀러는 학창시절에 낙제생이었다. 히틀러의 아버지는 불같은 성격을 가진 사람으로 낙제생인 아들을 받아들이지 못하고 너무 강하고 엄격하게 통제하였다. 너무 강하고 엄격하게 통제를 하는 가정에서 자란 히틀러는 인생의 돌파구로 화가가 되기를 간절하게 원했지만 미술대학의 입학시험에서 번번이 낙방을 하였다.

낙제생으로 가족과 사회에서 인정을 받지 못하던 히틀러는 1차 세계대전에서 독일군대에 입대를 하게 되고 무공을 인정받아 '철십자장'이라는 훈장을 받게 된다. 히틀러는 가정과 사회에서는 인정받지 못했지만 군대에서는 인정을 받았다. 처음으로 자신을 인정해주는 군대에서 정치교육을 받고 반혁명사상으로 정신무장을 하였다. 군대를 제대하고 반혁명사상으로 정치를 시작하게 되고 결국 독일의 수상과 총통이 되어 유대인을 학살하게 된 것이다.

히틀러가 생명을 품지 못하여 사람을 죽이는 사람의 대명사라면, 「쉰들러리스트」라는 영화로 유명한 쉰들러는 생명을 품고 사람을 살리는 사람의 대명사이다.

쉰들러는 제2차 세계대전이 뜨겁게 불타오르던 1939년에 독일군이 점령하고 있는 폴란드의 크라코프에 가서 폴란드계 유대인이 경영하는 그릇 공장을 인수하였다. 수용소의 유대인을 노동자로 쓰면 인건비가 전혀 들지 않고도 큰돈을 벌 수 있다는 생각에 크라코프로 가서 그릇 공장을 인수한 것이다. 쉰들러는 목적을 달성하기 위해서 나치당에 가입하고, 술, 담배, 여자 등의 뇌물로 독일 군인들을 매수하였다.

쉰들러는 이작 슈텐이라는 유대인 회계사의 도움을 받으며 일을 진행시킨다. 쉰들러의 목적은 처음에는 오직 돈을 벌기 위한 것이었다. 그러나 수용소에서 매일 같이 유대인을 학살하는 독일군의 만행을 보면서 양심의 가책을 느끼고 결국 1,200명의 유대인을 구출하게 된다.

쉰들러가 생명을 품고 사람을 살리는 사람이 된 것은 인간에 대한 사랑에서 비롯되었다. 쉰들러는 돈을 목적으로 살아가는 사람이었지만 휴머니즘이라는 생명을 품은 사람이 되었다. 처음에는 작은 마음으로 시작했지만 결국 1,200명의 유대인의 생명을 구한 엄청난 일을 해낸 것이다.

유대인들이 즐겨 읽는 탈무드에는 '한 사람의 생명을 구한 사람은 온 세상을 구한 것이다.'라는 격언이 있다. 생명을 품고 사람을 살리는 사람은 결국 세상을 구하는 사람이 되는 것이다.

사람을 살리는 말 vs. 사람을 죽이는 말

생명을 품고 사람을 살리는 사람의 특징은 무엇일까? 그리고 생명을 품지 못하고 사람을 죽이는 사람의 특징은 무엇일까? 사람을 살리는 말을 하는 것과 사람을 죽이는 말을 하는 것이 아닐까?

사람에게 있어서 말은 정말 중요하다. 말은 사람을 살리기도 하고 사람을 죽이기도 하기 때문이다. 우리가 어떤 말을 하느냐에 따라서 사람을 살리기도 하고 사람을 죽이기도 하는 것이다.

우리는 너무 쉽게 말을 주고받는다. 하지만 사실은 엄청난 것을 주고받는 것이다. 우리의 말에는 엄청난 에너지가 들어 있다. 우리가 말하는 한마디 한마디에는 나의 모든 에너지가 들어있다. 내가 살아오면서 배우고 경험한 모든 것들이 말의 산물이 된다. 그래서 말은 곧 내가 어떤 사람인가를 말해주는 것이다. 말이 나라는 것이고 말이 나 자체라는 것이다.

우리는 어떤 사람의 말을 들어보면 그 사람을 알 수 있다. 사람의 말을 통해서 그가 어떤 지방에서 사는 사람인지를 알 수 있고 그가 얼마나 공부한 사람인지도 알 수 있다. 성격이 급한지도 알 수 있고 사회성이 좋은지도 알 수 있다. 생명을 품은 사람인지도 알 수 있고 사랑하는 사람인지도 알 수 있다.

우리는 말을 통해서 서로를 알게 된다. 내가 말을 하게 되면 내가 드러나게 되고, 상대방이 말을 하게 되면 상대방이 드러나게 된다. 따라서 나를 드러내고 싶으면 말을 하면 되고, 나를 드러내기 싫으면 말을 하지 않으면 된다.

독서에 입문하고 얼마 지나지 않아서 이지성 작가와 김종원 작가와 자주 만나서 함께 했던 기억이 있다. 내가 이지성 작가와 김종원 작가를 만났을 때, 나는 독서와 글쓰기의 초보였지만 그분들은 이미 20년 가까이 독서하고 집필을 했던 사람들이었다. 나와는 지적수준이 엄청나게 차이가 났던 것이다.

나는 두 작가에 비해서 너무 부족했기에 일체 말을 하지 않았다. 말을 하면 나의 지적수준이 드러나지만 말을 하지 않으면 드러나지 않기 때문이다. 내가 말을 하지 않으니 이지성 작가와 김종원 작가는 내가 어떤 사람인지도 모르고 어떤 생각을 하는지도 몰랐을 것이다. 나의 지적인 수준도 분별하기가 쉽지 않았을 것이다. 그래서 '침묵은 금이다.'라는 말이 있는 것이다.

사람을 많이 만나다 보면 사람을 살리는 말을 하는 사람도 만나고 사람을 죽이는 말을 하는 사람도 만난다. 사람을 살리는 말을 하는 사람은 생명을 품은 사람이고, 사람을 죽이는 말을 하는 사람은 생명을 품지 못한 사람이다.

사람을 살리는 사람의 특징은 긍정적이다. 사람을 살리는 사람은 매사에 긍정적이기에 칭찬하고 격려하는 말을 많이 한다. 그래서 사람을 살리는 긍정적인 말을 하는 사람과 함께 있으면 기분이 좋아지고 힘을 얻는 것이다.

사람을 죽이는 사람의 특징은 부정적이다. 사람을 죽이는 사람은 매사에 부정적이기에 비판하고 꾸짖는 말을 많이 한다. 그래서 사람을 죽이는 부정적인 말을 하는 사람과 함께 있으면 기분이 나빠지고 힘이 빠지는 것이다.

어쩌면 말은 내가 너에게 들어가는 것과 같다. 나의 긍정적인 기운이 너에게 들어가는 것이고, 나의 부정적인 기운이 너에게 들어가는 것이다.

우리는 자녀들이나 남편이나 아내가 점점 좋아지기를 바란다. 그러나 점점 좋아지기보다는 점점 나빠지는 경우가 많다. 그런 경우에는

어떻게 살아야 할까

나의 말을 살펴볼 필요가 있다. 내가 자녀들이나 남편이나 아내에게 어떤 말을 하느냐에 따라서 점점 좋아지기도 하고 점점 나빠지기도 하기 때문이다.

사람을 살리는 말을 하기 위해서는 생명을 품은 사람이 되어야 한다. 내가 생명을 품은 사람이 되면 사람을 살리는 말을 할 수 있기 때문이다.

PART 7

사랑하며 살아야 한다!

사랑의 화신이 되어라

"작가님의 열정의 근원은 무엇입니까?"

"작가님이 가장 중요하게 생각하는 것은 무엇입니까?"

이 질문에 나는 "나의 열정의 근원은 사랑입니다.", "내가 가장 중요하게 생각하는 것은 사람입니다.", "사람을 사랑하는 것이 내가 살아가는 이유입니다."라고 대답을 하였다.

사랑이 답이다. 사랑이 최고의 가치다. 사랑이 삶의 원동력이고 이유이다. 사람을 사랑하는 것이 삶의 원동력이고 내가 살아가는 이유이다.

'호랑이는 죽어서 가죽을 남기고 사람은 죽어서 이름을 남긴다.'라는 말이 있다. 만물은 흔적을 남긴다는 말이다. 세상에 있는 모든 만물은 살다간 흔적을 남긴다는 것이다. 호랑이는 가죽이라는 흔적을 남기고 사람은 이름이라는 흔적을 남긴다는 것이다.

사람이 이름을 남긴다는 것은 어떤 의미가 있을까? 단순히 이름만을 남긴다는 것은 아닐 것이다. 단순하게 이름만을 남기는 것을 뛰어넘는 어떤 의미가 있지 않을까?

모든 사람에게는 이름이 있다. 신분이 높고 중요한 삶을 살고 있는 사람만 이름이 있는 것은 아니다. 아무리 신분이 낮고 보잘 것이 없어도 이름은 있다. 신분이나 지위고하를 막론하고 이름은 누구에게나 주어지는 것이다.

누구에게나 있는 이름을 남기는 것에 어떤 특별한 의미가 있을까? 그냥 이름만 가지고는 특별한 이유를 찾기는 어려울 것 같다. 그렇다면 이름을 남긴다는 것에는 어떤 의미가 있는 것일까?

사람의 이름 앞에는 형용사가 붙는다. 이름 앞에 붙는 형용사는 어떤 삶을 살았는지를 말해준다. 사람이 이름을 남긴다는 것은 형용사의 중요성을 말하는 것이다. 결국 이름 앞에 붙는 형용사가 그의 가치를 말해주는 것이다. 그가 얼마나 의미 있고 가치 있는 삶을 살았느냐에 따라서 형용사가 달라지는 것이다.

그대는 어떤 이름을 남길 것인가?

그대는 어떤 삶을 살 것인가? 그대는 어떤 삶을 살다갈 것인가? 그대는 어떤 흔적을 남길 것인가? 그대는 어떤 이름을 남길 것인가?

누구에게나 인생은 한 번뿐이다. 누구에게나 인생은 한 번 왔다가는 인생이다. 한 번뿐인 인생을 그대는 어떻게 살 것인가? 한 번 왔다가는 인생을 그대는 어떻게 살 것인가?

최근에 욜로족이라는 신종어가 만들어지고 있다. 욜로(YOLO)는 'You Only Live Once.'의 약자이다. '당신은 오직 한 번밖에 못 산다.'는 의미를 가지고 있다.

욜로족은 긍정적인 의미보다는 부정적인 의미가 더 강한 것 같다. 한 번뿐인 인생을 의미 있고 가치 있게 살자가 아니라, 한 번 밖에 못 사는 인생이니 마음껏 즐기면서 살자는 것이다.

물론 욜로족의 부정적인 의미도 때로는 필요하다. 우리는 오늘을 살아야 하기 때문이다. 사실 내일은 없을지도 모른다. 내일은 내일의 오늘일 뿐이다. 우리에게 주어지는 것은 항상 오늘뿐인 것이다. 내일은 내일의 오늘이고 모레는 모레의 오늘이다. 따라서 내일을 위해서 오늘을 포기하고 희생하는 것은 바람직하지 않다.

내일이 없기 때문에 우리는 즐기기만 해야 할까? 그건 아니라고 생각한다. 내일이 없기 때문에 오늘을 더 의미 있고 가치 있게 살아야 하는 것이다. 내일이 없기 때문에 오늘을 더 보람차고 알차게 보내야 하는 것이다.

우리는 어떻게 살아야 할까? 우리는 어떤 선택을 해야 할까? 즐기는 것도 필요하고 가치를 추구하는 것도 필요하다. 1+1의 삶이 필요하다. 가치 있는 삶도 추구하고 즐거운 삶도 추구하면서 살아야 한다는 것이다. 가치와 즐거움을 동시에 추구하는 삶을 살아가면 된다는 것이다.

우리는 기본적으로 가치 있는 삶을 추구해야 한다. 기본적으로 가치 있는 삶을 추구하면서 즐거운 삶을 추구하면 된다는 것이다.

일할 때는 열심히 일하고 놀 때는 열심히 놀자는 것이다. 공부할 때는 열심히 공부하고 놀 때는 열심히 놀자는 것이다. 일할 때도 열정이 필요하고 놀 때도 열정이 필요하다. 공부할 때도 열정이 필요하고 놀 때도 열정이 필요하다.

1+1의 정신으로 즐겁고 행복하게 살면서 가치 있고 의미 있는 삶을 추구한다면 우리의 이름 앞에 멋진 형용사가 붙지 않을까?

그대는 어떤 삶을 살 것인가? 존재감이 별로 없는 삶이 아니라 선한 영향력을 잔뜩 남기는 삶을 살아야 하지 않을까? 그러면 그대의 이름 앞에 멋지고 아름다운 형용사가 붙지 않을까?

사랑보다 아름다운 것은 없다

어떤 것이 가장 가치 있고 아름다운 것일까? 사랑이 답이라고 생각한다. 사랑은 모든 것을 아름답고 가치 있게 만들어 주는 것이다.

사랑만큼 모든 것을 빛나게 해주는 것은 없다. 사랑만큼 모든 것을 아름답게 만들어 주는 것은 없다. 사랑만큼 모든 것을 가치 있게 만들어 주는 것은 없다. 사랑만큼 모든 것을 의미 있게 만들어 주는 것은 없다.

내가 사람의 모든 말과 천사의 말을 할 수 있을지라도,
내게 사랑이 없으면 울리는 징이나 요란한 꽹과리가 될 뿐입니다.

내가 예언하는 능력을 가지고 있을지라도,
또 모든 비밀과 모든 지식을 가지고 있을지라도,
또 산을 옮길 만한 모든 믿음을 가지고 있을지라도,
사랑이 없으면 아무것도 아닙니다.

내가 내 모든 소유를 나누어줄지라도,
내가 자랑삼아 내 몸을 넘겨줄지라도,
사랑이 없으면 내게는 아무런 이로움이 없습니다.

성경에 나오는 사랑에 대한 명문이다. 성경은 천사처럼 아무리 말

을 잘 해도 사랑이 없으면 아무것도 아니라고 말하고 있다. 성경은 예언하는 능력과 모든 지식을 갖고 있어도 사랑이 없으면 아무것도 아니라고 말하고 있다. 성경은 내가 가진 모든 재산을 나누어 주고 심지어 목숨까지 희생을 하여도 사랑이 없으면 아무것도 아니라고 말하고 있다.

우리가 하는 모든 것들이 사랑이 없다면 아무것도 아니라는 것이다. 사랑 없이 이루어지는 모든 것들은 아무것도 아니라는 것이다. 아무리 위대한 일을 하고 아무리 위대한 업적을 남겨도 그것이 사랑의 산물이 아니라면 아무것도 아니라는 것이다.

반대로 우리가 하는 모든 것들이 사랑의 산물이라면 아름다운 것이 된다. 그것이 비록 보잘 것 없는 일과 업적이라고 할지라도 아름답게 빛나게 될 것이다. 사랑은 모든 것을 아름답게 만들어주는 향신료와 같기 때문이다.

사랑이 모든 것들을 아름답게 만들어주는 향신료가 되는 이유는 무엇일까? 사랑이 진짜이기 때문이다. 사랑은 가짜가 아니고 진짜이기 때문이다.

우리의 선행에 사랑이 없다면 어떻게 될까? 가식과 위선이 되지 않을까? 자신의 만족을 위한 쇼에 불과하지 않을까? 사랑이 없는 선행이 크면 클수록 가식과 위선은 더욱 더 커지지 않을까?

사랑은 우리가 하는 모든 일을 아름답게 만들어 준다. 내가 어떤 일을 하는가도 중요하지만 더욱 더 중요한 것은 어떤 마음으로 하는가이다. 사랑하는 마음으로 하는 것이 중요하다는 것이다.

우리가 어떤 일을 하더라도 그것이 사랑에서 나온 거라면 무조건 아름다운 일이 되지 않을까?

아무리 중요한 일을 해도 그것이 사랑해서가 아니라 억지로 하는 거라면 의미가 없는 것이다. 아무리 열심히 노력을 해도 그것이 사랑해서가 아니라 마지못해서 하는 거라면 그다지 아름답지 못할 것이다. 별로 중요하지 않는 일을 하고 있어도 그것을 사랑해서 하는 거라면 숭고하고 아름다운 일이 될 것이다.

소명이라는 말이 있다. 소명은 어떤 특별한 목적을 위해 부름 받는 것을 말한다. 소명은 직업적인 것을 말하는 것이다. 소명을 다른 말로 하면 천직이라고도 할 수 있다. 천직은 무엇일까? 천직은 하늘이 나에게 맡긴 일이다.

소명이 있는 사람과 소명이 없는 사람은 완전히 다른 삶을 산다. 일을 대하는 태도에서 엄청난 차이를 불러오기 때문이다. 하늘의 소명을 감당하려는 마음으로 일을 대한다면 정성스럽게 일을 할 것이기 때문이다.

소명의식은 우리의 삶에서 중요한 역할을 한다. 어쩌면 소명의식은 나의 삶의 에너지다. 나의 삶을 활력과 기쁨으로 가득하게 만들어주는 것이다. 매일매일의 삶을 가슴 뛰는 삶으로 만들어주는 것이다.

소명의식은 어디에서 나올까? 소명의식은 일에 대한 사랑에서 나오지 않을까? 소명의식은 자신의 일을 사랑하는 사람에게서만 나오는 특별한 의식이 아닐까?

자신의 일을 사랑하는 사람이 자신의 일을 아름답게 만드는 것이다. 자신의 일을 사랑하는 소명의식이 크면 클수록 자신의 일이 아름답게 빛나게 될 것이다.

사랑을 소명으로 만든 메리 케이 애시 이야기

메리 케이 애시가 설립한 메리케이 사는 '포춘 500대 기업', '가장 일하고 싶은 미국 100대 기업', '여성을 위한 10대 기업' 등으로 여러 차례나 선정이 될 만큼 세계적인 기업이다. 메리 케이 애시는 메리케이 사를 설립하여 수백만의 여성들에게 아름답고 매혹적인 삶을 살 수 있도록 길을 열어주었다.

메리 케이 애시의 아들인 리처드는 "메리케이의 꿈은 너무나도 원대하다. 하지만 세상 그 누구도 인류의 복지에 기여하는 것이 어머니의 꿈이라는 것은 이해하지 못할 것이다."라고 말했다. 리처드는 메리케이 사의 성공은 인류복지에 기여하는 마음에서 나온 사랑의 산물이라는 것을 말해주고 있다.

메리 케이 애시가 사랑을 소명으로 만들게 된 것은 25년간 다닌 회사에서 그녀가 교육시킨 남성이 그녀보다 앞서 승진을 하고 두 배 이상의 월급을 받는 것을 보고 나서이다.

"도무지 남자들이란 여성도 뇌를 가진 존재라는 걸 인정하려 들지 않았다. 여성들이 뭔가 할 수 있다는 걸 남자들이 믿으려 들지 않는 이상, 여성들은 결코 어떤 기회도 가져보지 못할 거라는 사실을 그때 알게 되었다."

메리 케이 애시는 자신의 경험이 다른 여성들에게 도움이 되기를 바랐다. 그래서 그녀는 자신이 보고 배운 모든 것을 정리하기 시작했다. 그리고 자신이 경험한 것들을 정리하면서 여자라는 이유만으로 겪어야만 했던 일들과 포기해야만 했던 일들로 많은 아픔을 느끼게 되었다.

그녀가 생각들을 정리하면서 많은 상처들이 치유되기 시작하였다. 그리고 사랑하는 마음을 갖게 되었고 소명으로 발전하여 여자들을 위한 기업을 세우겠다는 비전을 갖게 되었다. 그녀는 여자들을 위한 '꿈의 회사'를 만들기로 하였다.

'꿈의 회사'는 '남에게 대접을 받고자 하는 대로 남을 대접하라!'라는 황금률을 기반으로 하여 여성들에게 무한한 기회를 제공하는 회사이다. 재능 있는 여성들이 성공하겠다는 의지만 투철하게 가지고 있다면 반드시 성공할 수 있도록 도와주는 회사가 '꿈의 회사'이다.

메리 케이 애시의 사랑하는 마음이 결국 '꿈의 회사'를 설립하게 된 것이다. 사랑하는 마음이 소명으로 발전하여 '꿈의 회사'를 설립하게 된 것이다.

메리 케이 애시는 '남에게 대접을 받고 싶으면 남을 먼저 대접하라!' 는 황금률과 다른 사람에 대한 '배려와 도움의 정신'을 강조했다. 그녀에게 있어서 성공은 다른 사람을 짓밟고 올라서는 것이 아니라 나도 살고 너도 살고 모두가 사는 상생의 정신이었다.

그녀는 또한 '당신도 할 수 있다!'는 자신감과 신념을 여성들에게 부여하여 모든 여성이 성공의 사다리로 올라갈 수 있도록 해주었다.

메리 케이 애시의 삶은 자신을 초라하다고 생각하는 여성들과 무기력증에 빠져 있는 여성들과 타성에 빠져 있는 여성들에게 용기와 위로를 주는 위대한 삶이었다.

은빛 날개 위에서

나는 은빛 날개 위로
날아오르는 예감을 받았다.

그것은 수많은 놀라운 일들을
성취하게 되는 꿈이다.

어떻게 살아야 할까

당신이 하늘 아래 그 어느 곳에서
운명에 도전하게 될지 나는 모른다.

내가 아는 건,
그곳이 아주 높은 곳일 거라는 것뿐!

내가 아는 건,
그곳이 아주 훌륭할 거라는 것뿐!

메리케이 사는 1963년에 자본금이 불과 5천 달러에 불과한 작은 화장품회사였다. 하지만 오늘날은 1백만 명이 넘는 뷰티컨설턴트를 배출한 세계적인 기업이 되었다. 2003년에는 200명에 가까운 여성들이 백만장자의 반열에 올랐고, 1천만 달러가 넘는 돈을 번 여성도 많이 있으며, 억만장자가 된 여성도 많이 있다.

사랑으로 시작하여 소명으로 발전시킨 메리 케이 애시의 삶은 사랑이 최고선이라는 것을 보여준 아름답고 위대한 삶이었다.

사랑으로 세상을 경영하라

우리는 모두 리더이다. 우리가 원하든지 원하지 않든지에 상관없이 우리는 리더이다. 크든지 작든지에 상관없이 우리는 모두 리더이다. 그래서 우리는 우리에게 주어지는 리더의 역할을 감당하면서 살아야 한다.

우리가 아무리 평범하게 살아도 최소한 형이나 오빠라는 리더가 된다. 무남독녀 외아들이어도 학교에 들어가면 선배라는 리더가 되는 것이다. 어른이 되면 최소한 한 가정의 부모라는 리더의 역할이 주어진다.

리더가 된다는 것은 경영자의 자리에 있다는 것이다. 리더가 된다는 것은 세상이라는 운동장의 운전기사가 되는 것이다. 우리 앞에 아무리 작은 리더의 자리가 주어졌어도 우리는 피할 수 없는 경영자의 자

이렇게 살아야 할까

리에 앉게 되는 것이다.

내가 맡은 리더의 자리를 어떻게 경영할 것인가? 세상이라는 운동장에서 어떻게 운전할 것인가? 나만의 방법으로 운전을 해야 한다. 다른 사람의 방법이 아니라 나만의 방법으로 운전을 해야 한다.

우리의 인생길은 다른 사람의 도움이 없이 가야 하는 길이다. 물론 조언을 듣거나 도움을 받을 수는 있다. 하지만 결국 선택은 스스로 하는 것이다. 그리고 선택에 대한 결과도 자신이 책임을 지는 것이다.

나만의 방법은 결국 사랑이다

2002년 월드컵은 대한민국 축구 역사에 길이 남을 월드컵이었다. 히딩크 감독이라는 불세출의 영웅이 대한민국을 4강에 올려놓았기 때문이다. 2002년 월드컵 이후로 대한민국의 축구가 위기를 맞게 되면 언제나 히딩크 감독이 거론이 되고 있다. 히딩크 감독이 미친 영향이 그만큼이나 크다는 것이다.

히딩크 감독은 한 사람의 리더가 얼마나 중요한 역할을 할 수 있는지를 실감나게 보여 주었다. 히딩크 감독의 리더십은 어디에서 나왔을까? 히딩크 감독의 리더십의 기초는 사랑이다. 히딩크 감독이 대한민국을 4강으로 이끈 원동력은 사랑이라는 것이다.

히딩크 감독은 축구를 사랑했고 대한민국 축구선수단을 사랑했다.

앞에서 '열정은 사랑의 산물이다.'라고 말했다. 히딩크 감독의 축구에 대한 열정은 사랑에서 나온 것이다.

히딩크 감독이 얼마나 축구를 사랑했는가는 4강에 오른 후에 했던 인터뷰를 보면 잘 알 수 있다. 히딩크 감독은 '나는 아직도 배가 고프다'라고 말했다. 대한민국이 4강에 오른 것도 기적이라고 말한다. 그러나 히딩크 감독은 기적처럼 4강에 오르고서도 배가 고프다고 할 만큼 축구를 사랑한 것이다.

대한민국 축구선수단을 사랑한 것은 경기 도중에 나온 명장면들을 보면 알 수 있다. 16강을 결정지은 포르투갈과의 경기에서 박지성 선수가 골을 넣고 히딩크 감독에게 달려가서 품에 안긴 장면은 2002년 월드컵의 명장면 중 하나이다. 박지성 선수가 히딩크 감독에게 달려가는 장면은 아들이 아버지에게 달려가는 것처럼 보이지 않았나? 박지성 선수가 히딩크 감독에게 받은 사랑이 그만큼이나 크다는 것을 말해주는 것이다.

박항서 코치의 이마에 뽀뽀를 하는 장면도 명장면 중 하나이다. 50세가 가까운 코치의 이마에 뽀뽀를 할 수 있는 감독이 얼마나 될까? 50세가 가까운 아들에게도 힘든 것일 것이다. 하지만 히딩크 감독은 박항서 코치의 이마에 너무나 자연스럽게 뽀뽀를 하였다.

박지성 선수와 박항서 코치의 명장면은 히딩크 감독이 선수단을 얼마나 사랑했는가를 생생하게 보여주는 명장면이다.

어떻게 살아야 할까

히딩크 감독의 리더십은 사랑에서 나온 것이다. 축구를 사랑하고 선수단을 사랑하는 히딩크 감독의 열정에 선수들도 붉은악마들도 국민들도 모두 하나가 된 것이다. 하나된 열망이 대한민국을 2002년 월드컵의 4강으로 이끈 것이다.

우리는 나에게 주어진 세상을 나만의 방법으로 경영해 나가야 한다. 나에게 주어진 세상이라는 운동장을 나만의 방법으로 운전해 가야 한다. 나만의 방법이라는 것은 결국 사랑이다. 나만의 방법이 조금은 부족하더라도 그게 사랑이라면 괜찮다. 나만의 방법이 조금은 서툴러도 그게 사랑이라면 모든 것을 이기게 해줄 것이다.

사랑보다 강한 것은 없다

세상에서 가장 강한 것은 무엇일까? 물론 세상에서 가장 강한 것은 사랑이다. 돈이나 권력으로 사람을 굴복시킬 수는 있어도 사람의 마음을 열 수는 없다. 총이나 칼로 사람을 죽일 수는 있어도 사람의 마음을 열 수는 없다. 사람의 마음을 열 수 있는 것은 오직 사랑이다.

돈이나 권력으로 사람을 약하게 만들 수는 있다. 그러나 돈이나 권력으로 사람의 마음을 얻을 수는 없다. 총이나 칼로 사람을 죽일 수는 있다. 그러나 사람의 마음을 얻을 수는 없다. 사람의 마음을 얻는 것은 오직 사랑이다.

세상에서 가장 힘든 것 중 하나가 사람의 마음을 얻는 것이다. 부부가 죽고 못 살만큼 사랑해서 결혼을 했음에도 서로의 마음을 얻지 못하고 평생을 싸우면서 살아간다. 부모가 마음으로는 자식을 눈에 넣어도 아프지 않을 만큼 사랑함에도 자식의 마음을 얻기도 결코 쉽지 않다.

사람의 마음을 얻지 못하는 것은 사랑이 부족하기 때문이다. 부부가 서로 미워하고 싸우는 이유는 결국 사랑이 부족하기 때문이다. 부모자식이 서로 미워하고 싸우는 이유도 결국 사랑이 부족하기 때문이다.

세상에서 가장 어려운 것이 사람의 마음을 얻는 것이다. 사람의 마음을 얻을 수만 있다면 세상을 다 가진 것이다. 사람의 마음을 얻을 수만 있다면 세상에서 가장 위대한 사람이 되는 것이다.

사람의 마음을 얻는 것도 사랑이고 사람의 마음을 잃어버리는 것도 사랑이다. 무엇으로 사람의 마음을 얻을 수 있을까? 사람의 마음을 얻을 수 있는 것은 진실한 사랑이다. 무엇이 사람의 마음을 잃어버리게 만드는 것일까? 사람의 마음을 잃어버리게 만드는 것은 가짜 사랑이다. 누구나 진실한 사랑을 한다면 사람의 마음을 얻을 수 있는 것이다. 누구나 가짜 사랑을 한다면 사람의 마음을 잃어버리는 것이다.

사랑이 사람의 마음을 열 수 있는 것이라면 사랑이 가장 강한 것이다. 세상에서 가장 어려운 것이 사람의 마음을 여는 것이다. 돈과 권력으로도 사람의 마음을 열 수는 없다. 총과 칼로도 사람의 마음을 열

어떻게 살아야 할까

수는 없다. 그러나 사랑은 사람의 마음을 열 수 있는 것이다.

사랑이 사람의 마음을 열 수 있는 것이라면 사랑이 세상에서 가장 강한 것이다. 그래서 사랑한다는 것은 세상에서 가장 강한 사람이 되는 것이다.

『이솝우화』에 '바람과 태양의 이야기'가 나온다. 바람과 태양이 서로 자기가 힘이 세다고 자랑하는 이야기이다. 바람과 태양의 이솝우화 이야기는 사랑의 힘이 가장 강하다는 것을 잘 보여주고 있는 것이다.

바람과 태양은 서로
자신의 힘이 강하다고 자랑했다.

말싸움으로는 결론을 내릴 수 없게 되자
지나가는 사람의 옷을 누가 먼저 벗기는지
힘을 겨루어 보자고 내기를 하였다.

먼저 바람이 나섰다.

바람은 힘이 강하기에 이길 것을 자신했다.
바람은 아주 강력한 바람으로 옷을 벗기려고 하였다.

그러나 바람이 강하게 불어오자

옷이 날아가지 않도록 세게 붙잡았다.

그러자 바람은 더 강하게 불어 옷을 벗기려고 하였지만
바람이 강하면 강할수록 옷을 더 세게 붙잡았다.

결국 바람은 실패하고 말았다.

태양의 차례가 되자
태양은 조용히 비추기 시작했다.

태양은 조금씩 조금씩 강하게 비추어
날씨를 점점 더 무덥게 만들었다.

사람은 스스로 옷을 벗었다.

바람은 무력으로 사람의 옷을 벗길 수 있다고 자신하였다. 그러나
결과는 정반대이다. 태양은 사랑으로 옷을 벗길 수 있다고 바람처럼
자신하지는 못했다. 그러나 결과는 태양의 승리였다.

무력은 강해보이고 사랑은 약해보인다. 무력으로 협박을 하고 겁을
주고 두려움을 줄 수 있다. 그래서 무력은 강해보일 수 있다. 사랑은
현실적으로 아무것도 할 수 없다. 그래서 사랑은 약해보이는 것이다.
그러나 무력은 강해보이지만 실상은 약한 것이고 사랑은 약해보이나

어떻게 살아야 할까

실상은 강한 것이다.

무력은 사람의 마음을 닫게 만든다. 무력이 강하면 강할수록 더욱 더 단단하게 마음의 문을 닫는다. 사랑은 사람의 마음을 열게 만든다. 사랑이 강하면 강할수록 더욱 더 쉽게 마음의 문이 열린다.

사람의 마음을 얻고 싶다면 진실한 사랑을 하기 바란다. 사람의 마음을 잃어버리고 싶다면 무력을 사용하기 바란다. 사랑은 사람의 마음을 여는 가장 좋은 무기이니까. 무력은 사람의 마음을 닫게 만드는 가장 좋은 무기이니까.

사랑이라면 모든 것이 가능하다

학교에 공부하러 가는 것을 좋아하는 학생이 있을까? 직장에 일하러 가는 것을 좋아하는 직장인이 있을까? 아마도 아무도 없다고 대답할 것이다.

학교에 가는 것을 좋아하는 학생도 돌연변이고 직장에 가는 것을 좋아하는 직장인도 돌연변이다. 그러나 우리는 돌연변이가 되어야 한다. 우리는 학교에 가는 것이 좋아 죽어야 하고 직장에 가는 것이 좋아 죽어야 한다.

학생이 학교에 가는 것도 어쩔 수 없이 가야만 하는 것이고, 직장인이 직장에 가는 것도 어쩔 수 없이 가야만 하는 것이다. 어쩔 수 없이 가야만 하는 것이라면 돌연변이가 되어야 하지 않을까?

학교에 가는 것이 좋아서 죽고 직장에 가는 것이 좋아서 죽으려면 어떻게 해야 할까? 사랑이라면 돌연변이가 될 수 있다. 사랑으로 가득한 사람이라면 돌연변이가 될 수 있다는 것이다.

학교에 가는 것이 좋아서 죽으려면 학교를 사랑하면 된다. 공부를 하는 것이 좋아서 죽으려면 공부를 사랑하면 된다. 직장에 가는 것이 좋아서 죽으려면 직장을 사랑하면 된다. 일하는 것이 좋아서 죽으려면 일을 사랑하면 된다.

주부가 밥을 하는 것이 좋아서 죽으려면 가족을 사랑하면 된다. 선생님이 학생들을 가르치는 것이 좋아서 죽으려면 학생들을 사랑하면 된다. 의사가 환자를 진찰하는 것이 좋아서 죽으려면 환자를 사랑하면 된다. 소방관이 인명을 구조하는 것이 좋아서 죽으려면 사람을 사랑하면 된다.

나에게 주어진 모든 것을 좋아서 죽게 만들려면 미치도록 사랑하면 된다. 사랑하면 모든 것이 미치도록 좋아지게 된다. 모든 것이 미치도록 좋다면 얼마나 좋겠는가?

죽어도 좋을 만큼

죽어도 좋을 만큼 일을 한다면
죽어도 좋을 만큼 공부 한다면
죽어도 좋을 만큼 독서 한다면
죽어도 좋을 만큼 사랑 한다면

죽어도 좋을 만큼
좋아서 무엇인가를 한다면
세상에 더 좋은 것은 없다

죽어도 좋을 만큼
내가 좋아하는 일을 사랑하고
내가 좋아하는 사람을 사랑하자

우리에게 열정이 식는 것은 사랑이 부족하기 때문이다. 우리에게 매너리즘이 오는 것은 사랑이 부족하기 때문이다. 사랑하는 사람의 열정은 식지 않는다. 사랑하는 사람에게는 매너리즘이 결코 오지 않는 것이다.

나에게 주어진 세상을 성공적으로 경영하려면 사랑이 기본이다. 사랑으로 세상을 경영하면 모든 것이 순조롭게 풀리기 때문이다. 사랑으로 세상을 경영하면 모든 것이 순조롭게 진행되기 때문이다.

사랑으로 세상을 경영한다는 것은 내가 하는 모든 일과 모든 사람을 사랑한다는 것이다. 내가 하는 모든 일을 미치도록 사랑하는 것이다. 나에게 오는 모든 사람을 미치도록 사랑하는 것이다.

사랑으로 세상을 경영해 보라. 그대의 삶이 혁명적으로 변할 것이다. 사랑으로 모든 일을 해보라. 그대는 최고의 찬사를 받을 것이다. 사랑으로 사람을 이끌어 보라. 그대의 마음이 온통 핑크빛으로 물들 것이다. 사랑은 세상에서 가장 강하고 위대하기 때문이다.

어떻게 살아야 할까

세상을 바꾸는 힘은 사랑이다

그대는 어떤 세상을 꿈꾸는가?

사람은 누구나 자신만의 세상을 꿈꾸면서 살아간다. 그게 국가적인 꿈처럼 큰 꿈일 수도 있고 개인적인 꿈처럼 작은 꿈일 수도 있다.

그대는 어떤 가정을 꿈꾸는가? 그대는 어떤 직장을 꿈꾸는가? 그대는 어떤 지역사회를 꿈꾸는가? 그대는 어떤 대한민국을 꿈꾸는가?

우리는 모든 부분에서 최고선을 추구하면서 살아야 한다. 사람에게는 모든 가능성이 항상 열려있다. 상상할 수 있는 모든 가능성을 동원하여 최고선을 추구하면서 살아야 한다.

우리가 꿈꾸는 세상은 어떤 방법으로 만들어갈 수 있을까? 사랑이 답이다. 세상을 바꿀 수 있는 모든 힘은 사랑에서 나온다. 아무리 힘들고 어려운 상황과 환경에서도 사랑은 모든 것을 극복할 수 있는 힘을 제공하기 때문이다.

대한민국은 사랑이 절대적으로 필요한 나라가 되었다. 2019년의 대한민국은 너무 많이 아프기 때문이다. 어느 곳이라도 아프지 않은 곳이 없기 때문이다. 부부도 아프고 부모자식도 아프다. 직장동료도 아프고 공동체의 구성원들도 아프다. 정치인들도 아프고 경제인들도 아프다. 사람이 모여 있는 곳은 어디든 아프지 않은 곳이 없다.

사랑이 필요하다. 대한민국을 바꿀 수 있는 사랑이 필요하다. 대한민국의 모든 아픔을 극복할 수 있는 사랑이 절실하게 필요하다.

서로 미워하지도 말고 다투지도 말자. 서로 원망하지도 말고 싸우지도 말자. 미움과 다툼 대신에 서로 사랑하자. 원망하고 싸우는 대신에 서로 사랑하자. 서로 사랑하면 모든 것을 극복할 수 있다.

부부들이여 다시 사랑으로

대한민국의 부부들이 위기다. 대부분의 부부들이 아파도 너무 많이 아프다. 아프지 않은 척하는 부부가 있을 뿐이지 거의 모든 부부가 아프다. 대한민국은 OECD국가 중에서 출산율은 꼴찌이고 이혼율은 1위이다. 이것은 대한민국의 부부가 엄청나게 아프다는 것을 반증해 주는 지표이다.

대한민국의 부부들은 심각한 상태에 이르렀다. 하지만 자식 때문에 참고 살고 있을 뿐이다. 경제적인 문제 때문에 참고 살고 있을 뿐이다. 다른 사람들의 시선 때문에 참고 살고 있을 뿐이다.

최근에 '졸혼'이라는 신조어가 생겼다. 법적으로는 이혼을 하지 않고 결혼생활을 졸업한다는 말이다. 여러 문제로 인해서 이혼은 곤란하니 졸혼을 하게 되는 것이다. 함께 살기는 싫지만 이혼을 할 수는 없어서 졸혼을 하는 것이다.

이혼도 못하고 졸혼도 못하는 부부들은 어쩌지 못하고 살고 있다. 어쩌지 못하고 함께 살면서 원수처럼 싸우고 미워하면서 살아가고 있다. 그래서 '부부는 전생에 원수였다.'라는 말이 심심찮게 거론되고 있다. 부부는 전생에 진짜 원수였을까? 원수가 만나서 부부의 인연을 맺은 것이 사실일까?

부부는 절대로 원수가 아니다. 원수가 어떻게 사랑에 빠질 수 있겠는가? 부부는 전생의 원수가 아니라 현생에서 원수가 되어가는 것이다. 부부는 서로 죽고 못 살만큼 사랑을 해서 결혼을 했다. 하지만 사랑의 유효기간이 끝나고 결혼생활의 매너리즘이 오면서 사랑이 식고 미움이 늘어 원수가 되어가는 것이다.

부부가 다시 사랑을 시작해야 한다. 부부는 원수가 아니라 서로 사랑하는 사이였다는 것을 기억해야 한다. 그러면 부부가 다시 사랑할 수 있다. 부부가 서로 원수였다고 부정적으로 생각하면 영원히 싸우게 될 것이다. 부부가 서로 사랑하는 사이였다고 긍정적으로 생각하면 회복하게 될 것이다.

부부가 사랑하지 못하고 미워하면서 사는 것은 마음의 힘이 부족하기 때문이다. 마음의 힘이 부족해서 절제하지 못하고 싸우고 미워하면서 원수처럼 살아가고 있는 것이다. 마음이 약해서 참지 못하고 원수처럼 서로 물어뜯으면서 살 수밖에 없게 된 것이다.

사랑하는 사람이 문제일까? 미워하는 사람이 문제일까? 물론 미워하는 사람이 문제이다. 사랑하려고 노력하는 사람은 아무런 문제가 없다. 미워하는 사람에게 모든 책임이 있다.

미워하는 사람이 더 큰 문제지만 부부는 서로에게 책임을 전가한다. 지독하게 남편을 미워하고 잔인하게 아내를 미워하면서도 자신에게는 아무런 문제가 없다고 생각한다. 자신에게 문제가 있다는 것을 전혀 인정하려고 하지 않는 것이다. 오히려 남편은 아내를 탓하고 아내는 남편을 탓하면서 모든 책임을 남편 탓으로 돌리거나 아내 탓으로 돌리고 있다.

부부문제에서 가장 큰 부분을 차지하는 것은 부부가 서로를 탓하는 것이다. 부부문제를 해결하는 가장 좋은 방법은 서로를 탓하지 말고 자신을 돌아보는 것이다. 하지만 대한민국의 부부들은 자신을 돌아보는 대신에 서로에게 책임을 전가하고 서로를 탓하면서 살아가고 있다. 그러나 부부문제를 해결하는 가장 좋은 방법은 먼저 자신을 돌아보는

어떻게 살아야 할까

것이다.

명심보감에 보면 '나를 착하게 대하는 사람에게 나도 착하게 대하고, 나를 나쁘게 대하는 사람에게도 역시 착하게 대하라. 내가 그 사람을 나쁘게 대하지 않았다면 그 사람도 나에게 나쁘게 대하지 않는 것이다.'라는 말이 있다.

남편에게 착하게 대하면 남편도 나에게 착하게 대하고, 아내에게 착하게 대하면 아내도 나에게 착하게 대한다는 것이다. 남편에게 나쁘게 대하면 남편도 나에게 나쁘게 대하고, 아내에게 나쁘게 대하면 아내도 나에게 나쁘게 대한다는 것이다.

남편에게 나쁘게 대한 것이 전혀 없는데 남편이 나에게 나쁘게 대하는 것일까? 아내에게 나쁘게 대한 것이 전혀 없는데 아내가 나에게 나쁘게 대하는 것일까? 그건 절대로 아닐 것이다. 분명히 내가 잘못한 것이 있기 때문이다.

지금부터는 부부문제를 해결하기 위하여 서로를 탓하지 말고 서로 사랑해야 한다. 뜨겁게 사랑했던 연애시절을 생각하면서 서로 사랑해야 한다.

'가화만사성'이라는 말이 있다. 가정이 화목해야 만사가 형통한다는 말이다. 부부가 서로 화목해야 만사가 형통할 수 있다는 것이다.

부부가 서로 미워하고 싸우면서 남편의 일이 잘 풀리기를 바라는가? 부부가 서로 미워하고 싸우면서 아내의 일이 잘 풀리기를 바라는가? 부부가 서로 미워하고 싸우면서 자식이 잘 되기를 바라는가? 그런 일은 절대로 일어나지 않는다.

남편의 일이 잘 풀리기를 바란다면 부부가 서로 사랑해야 한다. 아내의 일이 잘 풀리기를 바란다면 부부가 서로 사랑해야 한다. 자식의 일이 잘 되기를 바란다면 부부가 서로 사랑해야 한다.

부부는 공동체의 최소단위이다. 대한민국의 부부 공동체가 흔들린다는 것은 대한민국의 근간이 흔들린다는 것이다. 지금부터 대한민국을 위해서라도 부부가 서로 사랑해야 한다. 사랑을 회복하기 위한 노력을 경주해야 한다.

부모들이여 자녀에게 자유를 허락하라

대한민국은 부부만 문제가 있는 것이 아니다. 부모자식의 문제도 심각한 수준에 있다. 가정 내에서 발생하는 부모자식의 문제라서 쉬쉬하는 경향이 많아서 드러나지 않았을 뿐이지 실상은 엄청나게 많은 문제를 안고 있다.

자녀들의 문제는 누구의 문제일까? 자녀들의 문제는 부모들의 문제일 가능성이 거의 100%에 가깝다. 부모가 아무런 문제가 없는데 자식이 문제가 되는 경우는 거의 0%에 가까운 것이다. 자식의 문제는 모두 부모의 책임이라는 것이다.

자식의 문제는 부모의 사랑이 가장 큰 문제이다. 부모가 자식을 사랑하지 않는 것이 문제가 아니다. 부모가 자식을 너무 사랑하는 것이 문제다.

자식을 사랑하지 않는 부모가 있을까? 아마도 없을 것이다. 모든 부모가 자식을 사랑한다. 자식을 사랑하기는 하지만 너무 자기만의 방식으로 사랑을 하는 것이 문제가 되는 것이다.

'과유불급'이라는 고사성어가 있다. 넘치는 것은 부족한 것만 못하다는 것이다. 부모들의 사랑이 너무 넘쳐서 문제라는 것이다. 대한민국의 부모들은 자녀들을 거의 스토커처럼 사랑한다. 스토커처럼 자녀들의 일거수일투족을 모두 알려고 한다. 그리고 사사건건 통제를 하려고 하는 것이 문제이다.

산업화 시대에는 부모들이 너무 바빠서 자녀들에게 신경을 쓸 수가 없었다. 부모들이 자녀들에게 신경을 쓰지 않은 덕분에 자신의 일을 스스로 해결할 수 있는 독립심과 자립심이 많은 사람으로 성장할 수가 있었다.

대한민국은 산업화 시대를 지나면서 폭발적인 경제성장을 이룩했다. 경제가 안정이 되니 시간이 많아지게 되었다. 시간적인 여유가 생기자 자식을 너무 과도하게 사랑하기 시작한 것이다. 자식에게 너무 과도하

게 집착하기 시작한 것이다. 자식을 망치는 주범이 바로 그 과잉사랑
이다.

지금부터는 자녀들에게 자유를 허락해야 한다. 자녀들이 스스로 결
정하고 선택할 수 있도록 안내하고 지켜보는 역할로 만족해야 한다.
그러면 자녀들이 자립심과 독립심이 강한 사람으로 자라게 될 것이다.

지방에 강의를 간 적이 있었다. 강의를 마치고 어떤 어머니께서 상담
을 요청하셨다. 그분은 거의 울먹이는 목소리로 자식문제를 하소연 하
셨다. 상담내용을 요약하면 중학생 아들이 PC방에 가서 새벽에 들어
온다는 것이다. 나는 아들에게 집착하지 말고 기다려주라고 조언을 드
렸다. 아들이 PC방에서 새벽에 돌아오면 화를 내지 말고 라면을 끓여
주라고 하였다. 아들을 절대로 혼내지 말고 사랑 해주라고 조언을 해
주었다. 아들이 늦게 들어온다고 계속 혼을 내면 아예 집을 나가버릴
지도 모르지만, 사랑을 해주면 집은 계속 들어올 것이고 결국 제자리
를 찾게 될 것이라고 말이다.

중학생 아들이 PC방에 가서 새벽에 들어오는 것은 정상이 아니다.
나가도 너무 많이 나간 것이다. 너무 많이 나간 자식을 단번에 바로 잡
으려고 하면 안 된다. 많이 휘어진 나무를 단번에 바로 잡으려고 하면
부러질 수도 있다. 너무 많이 나간 자식도 단번에 바로 잡으려고 하면
부러질 수 있는 것이다. 나무가 많이 휘어졌다면 조금씩 천천히 바로
잡아 가야 한다. 너무 많이 나간 자식도 조금씩 천천히 회복시켜 나가
야 하는 것이다.

나무가 많이 휘어진 것은 하루아침에 이루어진 것이 아니다. 오랜 시간동안 조금씩 휘어진 것이다. 자식이 너무 많이 나간 것도 하루아침에 이루어진 것은 아니다. 오랜 시간동안 조금씩 비뚤어진 것이다. 다시 바로 잡는 것도 지난 세월만큼의 시간이 필요한 것이다. 대부분의 부모자식의 문제가 결국 이런 문제들이다. 부모들이 단번에 자식을 바로 잡으려고 하기에 문제가 생기는 것이다.

자식을 바르게 자라게 하고 싶으면 다시 사랑을 시작해야 한다. 그러나 너무 과도한 자식사랑은 독이 될 수 있다. 너무 과도하게 사랑하지 말고 지혜롭게 사랑해야 한다. 그러면 자식의 문제는 대부분 해결이 될 것이다.

서로 사랑은 서로 존중이다

대한민국의 가족들만 문제가 있는 것이 아니다. 대한민국의 모든 공동체도 아프다. 정치인들과 경제인들을 시작으로 공동체의 모든 구성원들이 너무 아프다. 공동체의 아픔은 어떻게 해결을 해야 할까? 공동체의 구성원들이 서로 사랑하면 된다. 서로 사랑하면 모든 문제가 해결이 될 것이다.

공동체의 구성원들이 서로 사랑하는 방법은 서로를 존중해주는 것이다. 물론 공동체의 구성원들이 처음에는 서로 존중한다. 모든 관계에는 밀월기간이 있기 때문이다. 문제는 밀월기간이 끝나고 나서이다.

공동체의 밀월기간이 끝난 후에도 서로 존중하는 것을 원칙으로 한다면 항상 좋은 관계를 유지할 수 있을 것이다.

밀월기간이 끝나면 갑과 을의 관계가 시작된다. 공동체의 모든 문제는 갑을 관계에서 시작이 되는 것이다. 밀월기간에는 갑질을 하지 않던 갑들이 밀월기간이 끝나면 갑질을 시작한다. 그러면 을들은 불평불만을 하기 시작하고 뒷담화를 하기 시작한다. 그래서 공동체가 아프기 시작하는 것이다.

사랑이 많은 사람의 특징은 겸손으로 나타나고, 사랑이 없는 사람의 특징은 교만으로 나타난다. 겸손한 사람은 사람을 존중하는 사람이고 교만한 사람은 사람을 무시하는 사람이다.

겸손한 사람이 어떻게 갑질을 할 수 있겠는가? 겸손한 사람이 어떻게 불평불만을 할 수 있겠는가? 겸손한 사람이 어떻게 뒷담화를 할 수 있겠는가? 교만하기에 갑질을 하는 것이다. 교만하기에 불평불만을 하는 것이다. 교만하기에 뒷담화를 하는 것이다.

갑질을 하는 것은 사랑이 없기 때문이다. 불평불만을 하는 것도 사랑이 없기 때문이다. 뒷담화를 하는 것도 사랑이 없기 때문이다.

2017년 11월, 한림대성심병원 간호사들의 문제가 사회적인 이슈가 되었다. 신입 간호사들에게 선정적인 복장으로 선정적인 춤을 추도록 강요한 것이 문제가 되었다. 선정적인 복장과 춤은 드러난 간호사 인

어떻게 살아야 할까

권문제의 빙산의 일각일 뿐이었다. 엄청나게 많은 문제들이 드러난 것이다.

간호사들은 백의천사가 아니라 백가지 일을 하는 백의전사라고 한다. 간호사들이 의사 역할은 기본이고 청소와 심부름을 포함하여 환자의 등을 밀어주는 허드렛일까지 도맡아서 해왔다고 한다. 밥을 먹을 시간이 평균 6분 정도라서 밥을 먹는 것이 아니라 밥을 마신다고 한다. 생리대를 교체할 시간도 없고 소변을 하도 참아서 방광염을 앓기도 한단다.

미국은 간호사 1명당 담당 환자 수가 5명이지만 대한민국은 간호사 1명당 담당 환자 수가 15~20명이란다. 대한민국의 간호사들은 선진국에 비해서 3배에서 4배가 많은 환자를 돌보고 있지만 처우는 열악하기 짝이 없었던 것이다.

간호사들에게는 '태움 문화'라는 것이 있단다. 조직에 흡수되지 못하거나 업무능력이 떨어지는 간호사에게 압박을 가하여 영혼까지 새까맣게 불태운다는 것이다.

천안독서모임의 멤버 중에서 천안의 유명 대학병원에서 간호사로 재직했던 멤버가 있었다. 그녀도 비슷한 어려움을 겪었다고 증언을 했다. 대학병원 간호사들의 '태움 문화'로 집단 따돌림을 받았다. 심지어 간호사들이 많이 출석하는 교회에까지 전달이 되어서 교회에도 갈 수가 없는 상황이 되었다고 한다. 결국 법적인 다툼까지 진행이 되었고 퇴사를 할 수밖에 없었다고 한다.

대한민국이 어쩌다 이렇게까지 되었을까?

천사의 대명사로 알려져 있었던 간호사들의 문제가 이럴 정도라면 일반적인 공동체는 어떤 어려움들이 있을지 가슴이 먹먹해진다.

모든 것이 사랑이 부족하기 때문이다. 사랑이 부족해서, 서로 존중하지 못해서 이런 문제들이 발생하는 것이다. 지금부터는 서로 사랑하고 서로 존중하는 공동체가 되었으면 좋겠다. 그래서 공동체에서 벌어지는 모든 문제들이 말끔하게 해결이 되었으면 좋겠다.

나와 너와 우리를 사랑하라

사랑은 모든 것의 완성이다. 모든 것이 사랑으로 마무리가 되어야 아름다운 결말을 보게 되기 때문이다. 그래서 나의 삶이 사랑으로 가득하다면 모든 것을 아름답게 마무리할 수 있다.

우리는 모든 것을 사랑하면서 살아야 한다. 세상 모든 만물을 사랑하면서 살아야 한다. 세상에서 사랑받지 못할 만큼 가치가 없는 것은 아무것도 없다. 세상에 존재하는 모든 것은 사랑받기에 충분한 조건을 가지고 있는 것이다.

동양고전에 '물아일체'라는 말이 있다. '물아일체'라는 말은 나와 만물이 하나라는 것이다. 물론 '물아일체'의 개념을 가슴으로 받아들이고 마음으로 공감하려면 학문이 무르익어야 가능하다.

처음부터 진정한 사랑을 실천하는 사람은 없다. 하지만 학문이 무르익어갈수록 사랑이 깊어지는 것이다. 사랑이 작을 때에는 나와 만물의 거리가 하늘과 땅만큼이나 멀지만 사랑이 무르익어 갈수록 나와 만물의 거리도 가까워지는 것이다.

공부를 해보니 처음에는 나만 있었던 것 같다. 지식과 지혜의 폭이 작으니 사고의 폭도 좁을 수밖에 없다. 그래서 나의 마음 안에는 오직 나만 있는 것이다. 그래서 사람은 폭이 좁으면 좁을수록 자기중심적으로 살아가는 것이다. 어쩌면 사람이 자기중심적으로 살아가는 것은 지극히 자연스러운 것이고 당연한 것이다.

처음에는 나만 존재하지만 학문이 무르익어 갈수록 나와 너의 경계가 허물어져 감을 느끼게 된다. 나와 너의 경계가 무너지고 무너지면서 결국 나와 너가 하나가 되는 것이다. 학문이 조금 더 무르익어가게 되면 나와 동물의 경계도 허물어지게 된다. 학문이 더욱 더 무르익어 가게 되면 나와 사물의 경계도 허물어지게 되는 것이다.

학문이 무르익어가면 결국 나와 너의 경계가 무너지고, 나와 동물의 경계도 무너지고, 나와 사물의 경계도 무너지게 된다. 그러면 결국 물아일체의 경지에 오르게 되는 것이다. 그래서 물아일체의 경지에 오르면 세상 모든 만물을 사랑하는 사람이 되는 것이다. 세상 모든 만물을 사랑하는 사람은 모든 것을 이룬 사람이다.

사랑의 최고선은 무엇일까? 사랑의 최고선은 사람을 사랑하는 것이다. 사람을 사랑하는 것이 가장 아름다운 사랑이라는 것이다.

사랑의 최고선이 사람을 사랑하는 것이라는 것은 세상에서 가장 귀한 것은 사람이라는 것이다. 사람의 가치는 시대를 초월하고 동서고금을 막론하여 가장 가치가 크고 귀한 존재이다.

세상에서 가치가 가장 크고 귀한 사람을 어떻게 사랑해야 하는가? 나와 너와 우리를 사랑해 가야 한다. 나로부터 시작해서 너와 우리에게로 넓혀가야 한다. 나와 너와 우리의 관점에서 사랑하는 방법을 다르게 해야 한다.

나를 사랑한다면 나르키소스처럼

서양철학을 한마디로 요약을 하면 '존재론'이고 동양철학을 한마디로 요약하면 '관계론'이다. 서양철학은 개인의 중요성을 강조하는 것이 핵심사상이고 동양철학은 공동체의 중요성을 강조하는 것이 핵심사상이다.

대한민국에 사는 우리는 공동체를 중요하게 생각하는 동양철학의 영향을 받고 살았다. 그러다보니 나를 사랑한다고 말하면 조금은 어색한 것이 현실이다. 나보다는 너와 우리를 먼저 사랑하는 것이 자연스러운 것이다. 어쩌면 나를 사랑한다는 것은 닭살을 돋게 만드는 것일지도 모른다.

서양철학의 존재론과 동양철학의 관계론은 둘 다 훌륭한 사상이다. 존재론과 관계론은 우열을 가리기 힘들 정도로 훌륭한 사상이다. 그러나 하나만 선택을 해야 한다면, 나는 존재론을 선택하고 싶다. 내가 바로 서야 너와 우리도 있는 것이다. 내가 바로서지 못하면 너와 우리도 없는 것이다.

내가 행복하지 못하면서 너를 행복하게 해줄 수는 없다. 내가 즐겁게 살지 못하면서 너를 즐겁게 해줄 수는 없다. 나를 사랑하지 못하면서 너를 사랑할 수는 없다.

내가 먼저 행복해야 너를 행복하게 해줄 수 있는 것이다. 내가 먼저 즐겁게 살아야 너를 즐겁게 해줄 수 있는 것이다. 나를 먼저 사랑해야 너를 사랑할 수 있는 것이다.

사랑의 최고선인 사람을 사랑하는 것도 나부터 사랑하는 것이 맞는 것이다. 나에 대한 사랑이 깊은 사람이 너와 우리에 대한 사랑도 깊게 할 수 있고 세상에 대한 사랑도 깊게 할 수 있는 것이다.

나를 사랑하는 것은 나르시시즘의 신화가 대표적인 이야기다. 나르시시즘은 오비디우스의 변신이야기에 등장하는 나르키소스에 대한 신화이다.

나르키소스는 아름다운 미소년이다. 눈부시게 아름다운 16세의 나르키소스는 수많은 소녀들의 선망의 대상이다. 그러나 그는 콧대가 높아서 아무에게도 사랑을 허락하지 않았다. 그러던 어느 날 숲의 에코가 사냥을 하고 있는 나르키소스를 보고 사랑에 빠지고 말았다. 에코는 애타는 마음으로 나르키소스를 따라다니게 된다.

헤라는 바람을 피우는 제우스를 잡으려고 했지만 에코의 방해로 제우스를 놓치게 된다. 그래서 매우 화가 난 헤라는 에코의 입을 막아버렸다. 에코는 나르키소스를 계속 따라다녔지만 말을 할 수 없는 그녀는 고백을 할 수가 없었다. 그래서 에코는 숲속에서 나와서 나르키소스의 목을 힘껏 껴안아 버렸다. 그러나 나르키소스가 말도 못하는 에코를 좋아할 리 없었다. 그는 "너 같은 것을 사랑하느니 차라리 죽는 것이 낫다."고 표독하게 쏘아붙였다. 에코는 모욕감을 참지 못하고 숲속으로 들어가서 시름시름 앓게 되었다. 사랑이 깊었던 것만큼 실연의 고통도 깊었던 것이었다.

에코는 하루하루 야위어가다가 뼈만 남게 되었고 결국 몸은 사라지고 목소리만 남게 되었다. 목소리만 남은 에코는 자신이 아픈 만큼 나르키소스도 아프게 해달라고 하늘을 향해서 기도를 하였다. 복수의 여신 네메시스는 에코의 기도를 듣고 나르키소스를 기이한 사랑에 빠지게 만들었다.

어느 숲속에 아무도 손을 대지 않은 맑은 샘이 있었다. 사냥을 하다가 지친 나르키소스는 물을 마시려고 샘으로 왔다. 샘물을 마시려고 몸을 숙인 나르키소스는 물에 비친 자신의 모습을 보고 사랑에 빠지게 된다. 조각 같은 자신의 모습에 넋을 잃고 말았다. 자신과 사랑에 빠진 나르키소스는 물에 비친 자신과 입을 맞추려고 했지만 자신이 다가가면 사라지기를 반복한다. 그는 자신의 사랑이 거부를 당하자 깊은 실연의 아픔을 겪게 된다. 그리고 에코처럼 차츰 기력을 잃어갔고 그의 아름다운 외모도 생기를 잃게 된다. 결국 나르키소스도 에코처럼 사랑을 갈구하다가 생을 마감하게 된다.

나르키소스의 이야기는 슬픈 사랑이야기다. 하지만 나를 사랑하려면 나르키소스처럼 뜨겁게 사랑을 해야 한다. 나를 뜨겁게 사랑해야 너를 뜨겁게 사랑할 수 있고 세상을 뜨겁게 사랑할 수 있기 때문이다.

물론 나르키소스는 저주를 받아서 자신을 사랑하다가 죽게 되었다. 그러나 우리는 저주를 받은 것이 아니기에 자신을 뜨겁게 사랑해도 된다. 나를 사랑하는 마음이 깊어져야 너와 우리를 사랑하는 마음도 깊어질 수가 있다.

최고선은 덕이고 덕은 중용이다. 최고선은 중용의 절제를 실천하며 사는 것이다. 나를 사랑하는 것도 중용의 절제가 필요하다. 중용의 절제력으로 나를 사랑한다면 가장 이상적인 사랑을 할 수 있는 것이다. 나를 사랑하려면 나르키소스처럼 뜨겁게 사랑하기 바란다. 물론 중용의 절제를 실천하면서 말이다.

대한민국은 OECD 국가에서 자살률이 1위이다. 자살률이 1위라는 것은 나를 사랑하지 못한다는 것이다. 나를 사랑하지 못하기에 자존감이 낮은 것이다. 자존감이 낮은 사람은 자신을 함부로 대하고 자신을 학대하기도 한다. 그러나 건강한 사회는 건강한 개인으로부터 나오는 것이다. 나를 사랑하는 것이 건강한 개인의 첫걸음이고 건강한 사회를 만드는 초석이 되는 것이다.

너를 사랑한다면 너를 기쁘게 하라

존재론에 입각하여 나를 사랑한 후에는 관계론에 입각하여 너를 사랑해야 한다. 너를 사랑하는 것은 어떤 것일까? 너를 사랑하는 최고선은 어떤 사랑일까? 너를 사랑하려면 너의 존재부터 파악을 해야 한다.

너는 누구이고 너는 어떤 존재일까? 너는 내 앞에 있는 사람을 말한다. 너는 내 앞에 있는 모든 사람을 말하고 내가 만나는 모든 사람을 말한다. 사랑은 멀리 있는 사람을 사랑하는 것이 아니다. 사랑은 가까이에 있는 사람을 사랑하는 것이다. 너를 사랑하는 것은 내 앞에 있는 너를 사랑하는 것이다.

30대 초반에 선교단체의 찬양 팀에서 활동을 한 경험이 있다. 찬양 팀의 리더는 여자분이셨는데 성격이 장난이 아니었다. 리더는 연습을 하거나 실전에서 조금만 실수를 해도 용납을 하지 않는 강한 성격의 소유자다. 그래서 찬양단원들이 위축도 많이 되고 눈치도 많이 보았다.

어느 날에 리더의 딸이 왔는데 깜짝 놀랄만한 반전이 일어났다. 당시 고등학생이었던 딸은 엄마를 심뚱이라고 불렀다. 리더의 성이 심 씨이고 조금은 뚱뚱한 편이라서 심뚱이라고 부른 것 같다. 그런데 리더의 반응이 완전 애교덩어리였다. 찬양단원들에게 대하던 카리스마는 어디가고 딸에게는 애교덩어리가 되는 것이었다. 당시에 엄청난 문화 충격을 받았던 기억이 있다.

지금 돌아서 생각해보면 리더가 정말 잘한 것이다. 멀리 있는 사람들에게 잘 하면 뭐하나, 가까이에 있는 사람들에게 잘해야지. 많은 사람들이 주변의 시선을 의식해서 타인은 가식적일지라도 친절하게 대하면서, 정작 가까이에 있는 가족이나 동료들은 함부로 대하는 경우가 많이 있다. 그러나 그런 사랑은 진실한 사랑은 아닌 것 같다. 때문에 찬양단 리더는 사랑의 본질을 정확히 알고 있었다고 생각한다. 사랑은 가까이에 있는 사람들부터 사랑을 하는 것이다. 물론 딸에게 애교를 부리듯이 찬양단원들에게도 친절하게 대했으면 금상첨화였겠지만 말이다.

너의 의미는 가까이에 있는 사람들이라는 것을 알았다. 그러면 너를 사랑한다는 것은 어떤 의미일까? 너를 사랑하는 것은 너를 즐겁게 해주는 것이다. 나를 사랑하는 것도 즐겁게 사는 것이 최고선이고, 너를 사랑하는 것도 너를 즐겁게 해주는 것이 최고선이다.

우리는 일반적으로 사랑이라고 하면 무언가를 주는 것이라고 생각한다. 사랑을 어떤 물건이나 금전적인 것을 전달하는 것이라고 생각한다. 그러나 돈이나 선물은 사랑의 본질은 아니다. 사랑의 본질은 마음에 있다. 너의 마음을 얻는 것이 사랑의 본질이다.

어떻게 살아야 할까

너의 마음을 얻는다는 것은 너를 기쁘게 해주는 것이다. 돈이나 선물을 주는 것의 목적은 너를 기쁘게 해주기 위해서이다. 어쩌면 너에게 하는 모든 것은 너를 기쁘게 해주기 위해서 하는 것이다. 그래야 너를 위한 모든 사랑이 진실한 사랑이 되는 것이다.

지금부터는 내 앞에 있는 모든 사람과 내가 만나는 모든 사람들을 기쁘게 해주기 위해서 노력을 해야 한다. 너를 기쁘게 하는 것이 사랑의 최고선이라는 것을 마음에 담아두고 살아가야 한다. 그래서 생각을 해도 너를 기쁘게 해주기 위한 생각을 하고, 말을 해도 너를 기쁘게 해주기 위한 말을 하고, 행동을 해도 너를 기쁘게 해주기 위한 행동을 해야 한다.

너를 기쁘게 해주기 위한 노력이 마음에서 우러나오는 것이라면 진실한 사랑이 된다. 항상 마음에서 우러나오는 진심으로 너를 기쁘게 해주기 위해서 살아간다면 진실한 사랑을 실천하는 사람이 되는 것이다. 너를 기쁘게 해주겠다는 마음으로 하루하루를 살아가다보면 모든 사람들을 진심으로 사랑하는 사람이 될 수 있을 것이다.

우리를 사랑하려면 크고 넓은 마음으로

나를 넘어서 너와 우리를 사랑하면서 산다는 것은 어쩌면 도인들에게나 가능한 일인지도 모른다. 인간의 본성은 나를 먼저 생각하도록 되어 있기 때문이다. 그래서 우리를 사랑하려면 크고 넓은 마음이 필요한 것이다.

한 번 왔다가는 인생, 아름답게 살아야 한다. 아름다운 인생을 산다는 것은 어떤 의미가 있을까? 아름다운 인생을 산다는 것은 너와 우리를 위해서 산다는 것이다. 물론 나를 위해서 사는 것도 아름다운 인생을 사는 것이다. 나를 위해서 사는 것도 아름다운 인생이지만 너와 우리를 위해서 사는 것은 훨씬 더 아름다운 인생이 된다. 아름다운 인생을 산다는 것은 나를 넘어서 너와 우리를 위해서 사는 것이다.

우리의 삶이 힘든 이유는 나만을 위해서 살기 때문이다. 사람은 나만을 위해서 살아가면 갈수록 더 힘들고 어렵게 되어 있다. 사람은 육체가 전부가 아니라 영혼이 전부이기 때문이다. 영혼이 즐거운 삶을 살아야 인생이 힘들지 않기 때문이다. 나를 위해서 사는 것은 육체를 위해서 사는 것이고, 너와 우리를 위해서 사는 것은 영혼을 위해서 사는 것이다.

우리가 직장생활을 하는 것이 힘든 이유는 돈을 목적으로 일을 하기 때문이다. 돈을 목적으로 일을 하는 것은 어쩔 수 없어서 일을 하는 것이고 마지못해서 일을 하는 것이다. 어쩔 수 없어서 일을 하고 마지못해서 일을 하는 것이 기쁘고 즐거운 일이 될 수는 없는 것이다.

물론 우리는 돈을 벌어야 한다. 2019년의 대한민국을 사는 우리에게 돈은 곧 생명이다. 돈이 없으면 사지로 내몰리게 되어 있다. 돈이 없으면 나를 지킬 수도 없고, 가족을 지킬 수도 없고, 기업을 지킬 수도 없고, 국가를 지킬 수도 없다. 그러나 아무리 우리에게 돈이 꼭 필요하다고 해도, 돈을 목적으로 일을 해서는 안 된다. 돈이 아니라 사랑을 목적으로 일을 해야 한다. 사랑을 목적으로 일을 하면 행복하고 즐겁게 일을 할 수 있다.

사랑을 목적으로 일을 한다는 것은 무엇을 의미할까? 어쩔 수 없이 일을 하고 마지못해서 일을 하지만 발상의 전환을 해보자는 것이다. 어쩔 수 없이 해야 하는 일이지만 사람을 위해서 일을 하자는 것이다. 사람을 위해서 일을 한다는 것은 나의 일을 통한 수혜자들을 생각하면서 일을 하자는 것이다.

제조업에서 근무를 하시는 분이라면 제품을 사용하면서 행복해할 사람들을 생각하면서 물건을 생산하면 된다. 사무직에서 근무하는 사람이라면 자신의 기획안으로 혜택을 볼 수 있는 사람들을 위해서 기획서를 작성하면 된다는 것이다. 선생님이라면 진심으로 학생들을 위해서 가르치면 된다는 것이다.

돈을 목적으로 하는 것과 사랑을 목적으로 하는 것은 외형적으로는 별로 차이가 나지 않는다. 그러나 외형적으로는 작은 차이라도 내면적으로는 엄청난 차이를 만들어 낸다. 돈을 목적으로 일을 하는 것은 나의 영혼을 죽이는 것이지만, 사랑을 목적으로 일을 하는 것은 나의 영혼을 살리는 것이다.

돈을 목적으로 일을 해도 같은 시간 동안 일을 하고 사랑을 목적으로 일을 해도 같은 시간 동안 일을 한다. 그러나 돈을 목적으로 하는 사람의 시계는 천천히 흘러갈 것이고 사랑을 목적으로 하는 사람의 시게는 엄청나게 빠르게 흐를 것이다.

돈을 목적으로 일을 해도 같은 돈을 받고 사랑을 목적으로 일을 해도 같은 돈을 받는다. 그러나 돈을 목적으로 일을 하면 영혼이 죽어가지만 사랑을 목적으로 일을 하면 영혼이 살아날 것이다.

나를 넘어서 너와 우리를 위해서 살아가는 것은 크고 넓은 마음으로 살아가는 것이다. 크고 넓은 마음으로 사는 것은 나도 살고 너도 사는 것이고, 나의 영혼도 기쁘고 즐거운 것이고 너의 영혼도 즐겁고 행복한 것이다.

PART 8

감사하며 살아야 한다!

감사할 이유를 찾자

감사할 일이 많은가?

우리의 삶에 감사할 일이 많으면 좋겠지만 현실은 정반대인 경우가 많다. 그러나 우리는 무조건 감사하면서 살아야 한다. 감사할 것이 없으면 감사할 것을 만들어서라도 감사하는 삶을 살아야 한다.

우리가 감사하는 마음으로 살아가야 하는 이유는 감사하는 삶을 사는 사람과 불평불만을 하면서 사는 사람의 차이가 너무 크기 때문이다. 그래서 비록 우리 삶에 감사할 거리가 많지 않아도 항상 감사하려는 마음으로 살아야 한다.

감사하는 사람과 감사하지 않는 사람은 얼마나 차이가 날까? 감사하는 사람과 감사하지 않는 사람의 차이는 너무 크다. 감사하는 사람은 하늘에게는 축복을 받고 사람에게는 사랑을 받는다. 그러나 감사하지 않는 사람은 하늘에게도 축복을 받지 못하고 사람에게도 사랑을 받지 못한다.

명심보감에 '삶과 죽음은 명에 달려 있고 귀함과 부유함은 하늘에 달려 있다.'라는 말이 있다. 사람이 죽고 사는 것은 운명이지만 사람이 귀하게 되는 것과 부자가 되는 것은 하늘의 축복을 받아야 한다는 것이다.

하늘은 어떤 사람에게 축복을 내릴까? 물론 하늘은 다양한 이유로 다양한 사람에게 축복을 내려줄 것이다. 하지만 하늘의 축복을 받는 필수조건 중 하나는 감사가 아닐까?

하늘에게 축복을 받고 사람들에게 사랑을 받으려면 감사하는 삶을 살아야 한다. 그러나 우리의 인생길에 감사할 일들은 많지가 않다. 감사할 일보다는 불평하고 원망할 일들이 많다. 감사할 일보다는 힘들고 어려운 일들이 많은 것이 우리의 인생길이다.

우리의 인생길이 힘들고 어렵기에 감사할 이유를 찾아야 한다. 감사할 이유를 도저히 찾을 수가 없어도 감사할 이유를 찾고 찾아야 한다. 감사하는 삶과 감사하지 않는 삶의 차이가 너무 크기 때문이다.

감사를 하는 삶이 하늘의 축복을 받는 것이라면, 감사하지 않는 삶은 하늘의 저주를 받는 것이다. 하늘의 축복을 받는 사람과 하늘의 저

어떻게 살아야 할까

주를 받는 사람의 차이는 말로 설명할 필요가 있을까? 말이 필요 없이 엄청나게 많은 차이가 나는 것이다.

도저히 감사할 수 없는 상황에서 감사할 이유를 찾는 것은 결코 쉽지 않다. 힘들고 어려운 상황에서는 감사할 이유가 아니라 원망하고 불평할 이유를 찾는 것이 더 쉬울 것이다. 감사하기보다 원망하고 불평하는 것이 더 쉬운 것이 사람의 본성이다.

일본에서 경영의 신으로 추앙받고 있는 마쓰시타 전기의 마쓰시타 고노스케 회장님은 "저는 가난한 집안에서 태어난 덕분에 어릴 때부터 갖가지 힘든 일을 하며 세상살이에 필요한 경험을 쌓았습니다. 저는 허약한 아이였던 덕분에 운동을 시작해 건강을 유지할 수 있었습니다. 저는 학교를 제대로 마치지 못했던 덕분에 만나는 모든 사람이 선생이어서 모르면 묻고 배우면 익혔습니다."라고 말했다.

마쓰시타 회장님은 가난한 집안에서 태어났고, 허약한 체질이었고, 무학에 가까운 사람이었다. 회장님은 감사할 것이라고는 하나도 없는 사람이었다. 그러나 오히려 자신의 약점을 감사하면서 살았다. "덕분에", "덕분에", "덕분에"가 하늘의 축복을 불러온 것이다.

마쓰시타 회장님은 도저히 감사할 수 없는 상황에서도 감사하는 삶을 살았다. 감사 덕분에 하늘의 축복을 받아서 일본을 대표하는 기업을 세울 수 있었던 것이다.

우리가 감사할 이유를 찾아서 감사하는 삶을 살아야 하는 것을 잘 보여준 사례이다. 감사할 것이 아무리 없어도 감사할 이유를 찾아야 한다. 그러면 누구나 하늘의 축복을 받게 될 것이다.

감사하는 사람 vs. 불평하는 사람

감사하는 사람과 불평하는 사람의 가장 큰 차이는 영혼에 미치는 영향이다. 감사는 사람의 영혼에 선한 영향을 미치고, 불평은 사람의 영혼에 악한 영향을 미친다. 그래서 감사하는 사람은 영혼을 살리는 것이고 불평하는 사람은 영혼을 죽이는 것이다.

감사하는 사람과 불평하는 사람이 영혼에 미치는 영향이 처음에는 아주 작을 수 있다. 그러나 처음에는 작은 차이가 나지만 결국 영혼을 살리는 것과 죽이는 것으로 발전될 수 있다.

카인과 아벨의 이야기를 잘 알고 있을 것이다. 카인은 악한 사람의 대명사다. 카인이 악한 사람의 대명사가 된 것은 불평하는 사람이었기 때문이다. 카인과 아벨은 자신들의 소산물로 똑같이 제사를 드렸다. 그러나 하나님께서 아벨의 제사는 받으시고 카인의 제사는 받지 않으셨다. 아벨은 감사하는 마음으로 자신이 키운 동물들로 제사를 드렸고, 카인은 불평하는 마음으로 자신이 키운 농작물을 제사로 드렸다. 때문에 하나님께서는 감사하는 마음으로 제사를 드린 아벨의 제사를 받으셨고 불평하는 마음으로 제사를 드린 카인의 제사를 받지 않은 것이다. 그러자 불평하는 마음으로 가득한 카인은 시기심에 사로잡혀서 결국 자신의 동생인 아벨을 살해하였다.

사람이 말하고 행동하는 것은 영혼의 산물이다. 영혼의 상태에 따라서 말과 행동이 달라지는 것이다. 우리는 말과 행동을 바꾸려고 하지만, 영혼이 바뀌지 않으면 말과 행동이 쉽게 달라지지 않는다.

훌륭한 사람은 어떻게 되는 것일까? 돈을 많이 벌면 훌륭해지는 것일까? 권력이 많아지면 훌륭해지는 것일까? 인기가 많아지면 훌륭해지는 것일까? 명예가 많아지면 훌륭해지는 것일까? 돈과 권력과 인기와 명예는 훌륭한 사람이 되기 위한 필수요소는 아니다.

훌륭한 사람이 되려면 아주 오랜 시간이 필요하다. 훌륭한 사람은 절대로 단기간에 이루어지지 않는다. 아주 오랜 세월동안 자신을 갈고 닦아야 한다. 훌륭한 사람이 되겠다는 목표를 세우고 아주 오랜 시간 동안 노력을 해야 가능한 것이다.

훌륭한 사람은 아주 오랜 세월 동안 자신의 영혼을 풍요롭게 만들어가는 사람이다. 자신의 영혼을 풍요롭게 만들어가기 위해서 맑고 깨끗하고 아름다운 것들로 자신의 영혼을 가득하게 채운 사람이다. 오랜 세월동안 자신의 영혼을 풍요롭게 만들면 결국 영혼이 훌륭해지는 것이다. 그러면 자연스럽게 훌륭한 말과 행동을 하게 되는 것이다.

사람이 훌륭해진다는 것은 영혼이 훌륭해지는 것이다. 우리는 '나는 누구인가?'에 대한 질문을 자주 한다. 나의 본체는 육신이 아니라 영혼이다. 육체가 '참 나'가 아니고 영혼이 '참 나'라는 것이다. 영혼이 훌륭해진다는 것은 결국 나 자체가 훌륭해지는 것이다.

감사하는 사람은 나 자체가 훌륭해지는 것이고, 불평하는 사람은 나 자체가 나빠지는 것이다. 감사하는 사람은 시간이 지날수록 점점 훌륭해지고, 불평하는 사람은 시간이 지날수록 점점 나빠지는 것이다. 우리가 불평을 하지 말고 감사를 하면서 살아가야 하는 이유는 '참 나'인 나의 영혼을 위해서이다.

링컨 대통령은 감사의 대명사

링컨 대통령은 노예를 해방한 대통령이다. 미국 역사에서 가장 위대한 대통령으로 꼽힌다. 미국에서 가장 위대한 대통령인 링컨 대통령의 일생은 어떤 삶이었을까? 금수저 집안에서 태어나서 꽃길만을 걸었던 사람이었을까? 링컨 대통령의 삶은 평범한 사람들이라면 도저히 이겨낼 수 없는 수많은 역경과 고난의 연속이었다. 그러나 링컨 대통령은 힘들고 어려운 상황에서도 감사기도를 멈추지 않았던 사람이었다.

링컨 대통령은 도저히 감사할 수 없는 상황에서도 감사할 이유를 찾아서 감사를 했던 대표적인 사람이다. 링컨 대통령은 감사하기보다는 낙심하고 절망할만한 상황의 연속이었지만, 일반인들과는 완전히 다른 선택을 하였다. 도저히 감사할 수 없는 상황에서도 감사기도를 멈추지 않았다. 백악관을 기도실로 만들 정도로 감사기도를 멈추지 않던 대통령이었다.

어떻게 살아야 할까

링컨 대통령은 가난한 농부의 아들로 태어났고, 9세에 어머니가 세상을 떠났으며, 초등학교를 9개월밖에 다니지 못했다. 22세에는 자신이 경영하던 잡화점의 파산으로 17년 동안 빚을 갚아야 했다. 23세에는 주의원 선거에서 낙선하였고 24세에는 또다시 사업에 실패를 하였다. 26세에는 사랑하는 사람을 잃었고, 29세에는 주 의회 의장선거에서 낙선했으며, 39세에는 하원의원 선거에서 낙선하였다. 46세에는 상원의원 선거에서 낙선하고, 47세에는 부통령 선거에서 낙선하였으며, 49세에는 상원의원 선거에서 또다시 낙선하였다. 그러나 51세에 미국의 16대 대통령에 당당히 당선되었다.

링컨 대통령의 삶은 실패의 연속이었지만 하나님께서 자신을 크게 사용해주실 것을 믿고 항상 감사기도를 드렸다. 어떤 상황과 환경에서도 하나님께 감사기도를 드렸던 링컨 대통령은 실패를 경험할 때마다 회복이 빨랐다. 사람들은 연속적인 실패로 링컨 대통령이 좌절할 것을 염려했다. 하지만 링컨 대통령은 실패를 경험할 때마다 오히려 머리에 기름을 바르고 어깨를 쫙 펴고 당당하게 걸어 다녔다.

신문기자가 링컨 대통령에게 "당신의 놀라운 성공과 존경받는 삶의 비결은 무엇입니까?"라고 질문하였다. 링컨 대통령은 잔잔한 미소와 함께 "다른 사람들보다 실패를 많이 경험했기 때문입니다. 나는 실패할 때마다 실패에 담겨진 하나님의 뜻을 배웠습니다. 그래서 실패에 감사할 수 있었고 징검다리로 활용을 할 수 있었습니다."라고 대답하였다.

감사할 이유는 찾으면 찾을수록 많아진다

우리의 인생길이 감사할 것보다는 불평할 것이 많은 것이 현실이다. 그러나 불평할 것이 많다고 자꾸 불평을 하게 되면 불평할 것이 더 많아지는 것이다. 자연법칙은 하면 할수록 배가되는 것을 원칙으로 하고 있기 때문이다.

우리가 축구를 연습하면 축구 실력이 늘게 되어 있다. 배구를 연습하면 배구 실력이 늘고 피아노를 연습하면 피아노 실력이 늘게 되어 있다. 욕을 연습하면 욕이 늘고 칭찬을 연습하면 칭찬이 늘게 되어 있다. 마찬가지로 감사를 실천하면 감사하는 실력이 늘게 되어 있고 불평을 실천하면 불평하는 실력이 늘게 되어 있다. 따라서 감사는 아주 작은 것이라도 실천을 하고 불평은 아주 사소한 것이라도 삼가는 것이 좋은 것이다.

'땡큐파워'라는 책의 저자인 민진홍 대표와 가깝게 지낸 적이 있다. 민진홍 대표는 대한민국 1호 땡큐테이너이다. 민 대표는 키즈카페와 장난감가게를 성공적으로 운영하였다. 사업에 크게 성공한 민 대표는 가족들과 해외여행을 다녔고 최고급 수입차를 타고 다녔다.

성공일로를 걷던 중에 사세 확장을 위하여 장난감 수입을 병행하였다. 그러나 유통업체와 판권에 문제가 생기고, 법정 분쟁 끝에 결국 패소를 하게 되어 17억 원을 배상하게 되었다. 그 결과 사업도 악화일로를 걸었다. 순식간에 20억 원을 잃게 되어 두 달간 폐인처럼 살게 되었다. 아내와 이혼을 하게 되고 자살을 시도하기도 하였다.

민 대표는 어려운 시기를 보내는 중에 성공한 사람들의 공통점은 작은 것에도 감사하는 태도라는 것을 알게 되었다. 그래서 민 대표도 감사를 하기 시작했다. 도저히 감사를 할 수 없는 상황이었지만 의도적으로 모든 것에 대해 감사를 한 것이다. 그랬더니 기적 같은 일들이 벌어지기 시작했다.

자신에게 닥친 어마어마한 고난의 시기를 감사로 극복하고 있는 민 대표의 사연이 언론사에 알려지게 된 것이다. KBS아침마당을 비롯하여 수많은 언론사의 조명을 받게 되었다. 민 대표는 현재 많은 기업에서 감사를 주제로 하는 강의 계약만 수억 원에 이를 정도로 화려하게 비상하고 있다.

민 대표는 "한 사람이 감사한 것에 대해 말하면 다른 한 사람이 이를 보고 자극을 받습니다. 조금씩 자신의 주변으로부터 감사한 것을 찾게 되고 자기도 모르게 습관화하기 시작하는 것이죠."라고 말한다.

민진홍 대표는 절망적인 상황에서도 감사할 이유를 찾았더니 배가의 원칙에 따라서 감사할 것이 점점 많아지는 경험을 하게 된 것이다.

우리의 삶도 민 대표처럼 기적 같은 일들이 일어나는 삶이 되도록 해야 한다. 우리가 감사할 이유를 찾아서 감사하는 삶을 살면 배가의 원칙에 따라서 감사할 일들이 점점 많아지게 될 것이다. 그러면 우리의 삶에도 기적 같은 일들이 가득할 것이다.

감사는 만물에게 하자

감사할 이유를 찾으면 만물이 감사할 대상이 되고, 불평할 이유를 찾으면 만물이 불평할 대상이 된다. 감사하는 사람에게는 만물이 감사의 대상이 되고, 불평하는 사람에게는 만물이 불평의 대상이 된다는 것이다.

'인생은 해석이다.'라는 말이 있다. 인생은 해석에 따라서 완전히 달라진다는 것이다. 세상을 보는 관점의 중요성에 대해서 말하는 것이다. 세상을 보는 시야에 따라 완전히 다른 해석이 나올 수 있다는 것이다.

긍정적인 관점으로 세상을 보는 사람과 부정적인 관점으로 세상을 보는 사람의 차이는 극명하다. 감사하는 마음으로 세상을 보는 사람과 불평하는 마음으로 세상을 보는 사람의 차이도 극명해지는 것이다.

어떻게 살아야 할까

나는 교도소에 인문학 특강을 다닌다. 교도소에는 수익목적이 아니라 봉사목적으로 특강을 다니고 있다. 교도소에는 나와 같은 목적을 가지고 많은 단체에서 봉사를 나온다. 교도소의 강사 대기실에서 음악봉사를 위해서 오신 분들과 함께 시간을 보낸 적이 있다. 그분들은 악기연주를 통해서 재소자들이 행복한 시간을 보낼 수 있도록 돕는 사람들이다.

강사 대기실에서 음악봉사자들이 대화를 나누는 것을 듣게 되었다. 봉사자 한 분이 "재소자들은 어떤 마음으로 우리의 연주를 들을까?"라는 질문을 던졌다. 그러자 다른 봉사자가 "재소자들은 마음이 비뚤어진 사람들이니 부모 잘 만나 평생 음악이나 하면서 인생을 즐기는 사람들의 연주라고 생각하고 잘 듣지 않을 것이다."라고 대답하는 것을 듣게 되었다. 음악봉사자들은 병원봉사도 한다고 말하면서 "환자들도 몸과 마음이 아픈 분들이니 재소자들과 마찬가지의 마음으로 들을 것이다."라고 말하는 것을 들었다.

나는 음악봉사자들의 대화를 들으면서 많이 불편했다. 물론 불편한 마음을 표현하지는 않았지만 마음이 정말 좋지 않았다.

세상을 어떤 마음으로 보느냐는 정말 중요하다. 세상을 어떤 마음으로 보느냐에 따라서 세상이 완전히 달라지기 때문이다. 긍정적인 마음으로 세상을 보는 것과 부정적인 마음으로 세상을 보는 것은 엄청난 차이가 나는 것이다. 감사하는 마음으로 세상을 보는 사람이라면 어떤 상황과 환경에서도 세상이 아름답게 보일 것이다. 그러나 불평하는 마음으로 세상을 보는 사람이라면 모든 상황과 환경이 지옥처럼 보일 것이다.

그대는 세상을 어떤 마음으로 보고 있는가? 감사하는 마음이라면 그대의 인생은 천국이 될 것이다. 불평하는 마음이라면 그대의 인생은 지옥이 될 것이다. 감사하는 마음으로 항상 천국 생활을 하기 바란다.

내가 만나는 모든 사람에게 감사하자

감사하는 마음으로 세상을 보는 사람이라면 내가 만나는 모든 사람들에게 감사할 수 있다. 사람이 나에게 온다는 것은 사실 기적이기 때문이다. 사람이 나에게 온다는 것은 하늘의 축복이기 때문이다.

사람이 나에게 오는 것이 기적이 되는 이유는 내가 완벽하지 않기 때문이다. 사람은 누구나 불완전한 존재이다. 내가 불완전한 존재임에도 불구하고 나를 좋아해주고 나와 함께하는 사람이 있다는 것 자체가 기적이라는 것이다.

사람은 누구나 똑똑하고 잘났다. 세상에서 가장 똑똑하고 잘난 사람은 자신이라는 것이다. 자기 자신을 가장 똑똑하고 잘났다고 생각하는 사람은 거의 모든 사람이라는 것이다. 거의 한 사람의 예외도 없이 모든 사람에게 해당되는 것이다.

사람은 누구나 자신을 가장 똑똑하고 잘난 사람이라고 생각하지만

어떻게 살아야 할까

돈과 권력 앞에 자신을 낮추는 것일 뿐이다. 나보다 힘이 많은 사람들에게 굽히는 것일 뿐이다. 하지만 겉으로는 자신을 낮추지만 속으로는 절대로 낮추지 않는 것이 사람의 본성이다.

자신이 똑똑하고 잘났다고 생각하는 것은 다른 말로 하면 교만하다는 것이다. 나는 문제가 많고 교만한 존재이지만 사람들이 나를 좋아해주고 나에게 오는 것이다. 그래서 사람이 나에게 온다는 것은 기적이라는 것이다.

나의 인생은 공부를 시작하기 전과 공부를 시작한 후로 나누어진다. 공부를 시작하기 전에는 감사하는 마음으로 살지 못했다. 감사하기보다는 불평불만이 가득한 삶을 살았다. 세상에 대한 원망으로 가득한 삶을 살았다.

공부를 시작한 후로는 감사하는 마음으로 살고 있다. 공부를 시작한 후로 마음의 눈을 떴기 때문이다. 마음의 눈을 떴다는 것은 본질을 보기 시작했다는 것이다. 본질을 보는 것은 나를 보는 것에서부터 시작하는 것이다.

마음의 눈을 뜨고 나를 보게 되자 나는 부끄러운 존재에 불과하였다. 나는 머리를 들고 하늘과 사람을 볼 수 없는 너무나 부끄러운 존재였다. 하지만 나는 내가 최고라는 의식에 사로잡혀서 살았던 것이다. 내가 부끄러운 존재라는 것을 깨닫고 나서야 내가 만나는 모든 사람들에게 감사하기 시작했다.

나는 만나는 모든 사람들에게 감사하면서 살고 있다. 내가 사람들에게 감사를 하다가 어떤 때는 나도 놀라는 경우가 있다. 내가 감사를 받아야 하는 상황에서도 감사를 할 때가 많기 때문이다.

일반적으로는 물건을 파는 사람이 물건을 사는 사람에게 감사를 한다. 그러나 나는 물건을 사면서도 물건을 파는 사람에게 감사하다고 말하는 경우가 많다. 감사하는 것이 습관이 되었고 생활화가 되었기에 물건을 파는 사람에게도 감사하다고 말하는 것이다.

그대가 만나는 모든 사람들에게 감사를 표현해 보라. 처음에는 많은 어색함을 느낄 수 있다. 하지만 마음 깊은 곳에서 올라오는 따뜻한 행복감을 맛보게 될 것이다.

학생이라면 학교에 감사하자

그대가 학생이라면 학교에 감사하면 좋겠다. 그게 초등학교든지 중학교든지 고등학교든지 대학교든지 상관없다. 학교에 감사하는 것은 어쩌면 내가 최상으로 배울 수 있는 최고의 기회를 얻게 되는 것일지도 모른다.

학교에 감사하는 학생이 많을까? 아니면 아주 극소수의 학생들만 감사를 할까? 정확하게 조사한 자료는 없지만 나의 경험으로 미루어 본다면 거의 없다고 보아야 한다. 학교에 감사하는 학생이 있다면 해외토픽감이 될 만큼 아주 특별한 일이 될 것이다. 학교에 가고 싶고 공부가 하고 싶은 학생이 거의 없다는 것이 어느 정도 증명해 주는 것이다.

학생들이 학교에 감사하지 못하는 이유는 나이가 어리고 사고의 폭이 좁기 때문이다. 학생들은 어리고 사고의 폭이 좁기에 학교에 감사하지 못하고 불평불만을 하면서 학교에 다닌다는 것이다.

공부를 좋아하는 학생이 있을까? 아마도 없을 것이다. 공부를 좋아하는 학생이 없기에 학교에 감사하는 학생이 없는 것이다. 공부를 좋아하는 학생은 없지만, 공부를 할 수 있다는 것은 하늘의 축복을 받은 사람이라는 것이다.

공부가 하늘의 축복을 받은 사람만 가능한 이유는 공부가 너무 어렵기 때문이다. 공부가 너무 힘들고 어려워서 포기를 하는 사람이 많다. 하지만 하늘의 축복을 받은 사람은 공부를 포기하지 않는다.

학생이라면 학교에 감사를 해야 한다. 내가 학교에 가서 공부를 한다는 것 자체가 하늘의 축복을 받은 것이기 때문이다.

그대의 학교에 감사해보라. 그대가 학교에 감사하는 순간 하늘의 축복이 그대에게 임할 것이다. 그러면 그대의 배움이 무르익게 될 것이고 그대의 사람됨도 무르익어갈 것이다.

직장인이라면 직장에 감사하자

사람이 지켜야할 필수요소 중 하나는 의리이다. 의리의 사전적인 의미는 '사람이 마땅히 지켜야할 도리'이다. 의리는 엄청난 것을 지키는 것이 아니다. 의리는 사람의 기본적인 도리를 지키면서 사는 것이다.

대한민국은 의리가 희귀한 나라가 되어가고 있다. 사람이라면 지켜야할 기본적인 도리마저 지키지 않는 시대가 되었다는 것이다. 정말 안타깝고 가슴 아픈 현실이다.

직장인들이 자신의 직장에 의리를 지키는 것은 기본적인 것이다. 자신의 직장에 의리를 지킨다는 것은 무엇일까? 가장 먼저 해야 할 것은 감사를 하는 것이다. 자신에게 일을 할 수 있는 기회를 주고 자신에게 일에 대한 대가를 지불해주는 직장에 감사를 하는 것은 특별한 것이 아니라 일반적인 것이다. 사람이라면 마땅히 지켜야할 기본적인 도리이다.

많은 직장인들은 자신의 직장에 감사를 하기보다는 불평불만을 하는 경우가 많은 것 같다. 너무 안타까운 현상이지만 퇴사하는 비율을 살펴보면 이것이 사실이라는 것을 잘 보여준다.

한국경영자총협회에 따르면 대졸 신입사원의 1년 내 퇴사율은 2012년 23%, 2014년 25%에 이어 2016년에는 27.7%로 꾸준히 증가하는 추세다. 3년 내 퇴사비율은 더 심각하다. 구인·구직사이트 기업 잡코리아가 2017년 2월에 남녀 직장인 1,321명을 대상으로 설문 조사한 결과,

어떻게 살아야 할까

첫 직장을 그만뒀다고 답한 1,250명 가운데 근속 연수가 3년이 안 된 직장인이 62.2%에 달했다고 한다. 직장인 10명 중 6명은 3년 안에 퇴사를 하는 것이다.

직장인들의 퇴사 비율이 높은 이유는 감사하는 마음이 부족하기 때문이다. 지금부터는 자신의 직장에 의식적으로라도 감사를 해야 한다. 직장에 감사를 하는 것은 직장을 위해서가 아니라 나를 위한 것이다. 삶의 만족도는 일의 만족도에서 나오는 것이다. 자신의 직장에 감사하는 마음이 있다면 삶의 만족도가 올라갈 수밖에 없다. 그러나 자신의 직장에 불평불만을 하는 사람의 삶의 만족도는 떨어질 수밖에 없는 것이다.

지금부터는 삶의 만족도를 최상으로 만들기 위해서 자신의 직장에 감사하는 마음을 가져야 한다. 직장에 감사하는 것은 삶의 만족도도 올라가고, 사람이 마땅히 지켜야할 도리인 의리도 지키는 일이다.

내가 사는 지역사회에 감사하자

공부를 해보니 우리 선조들은 천지인 3기가 있다고 생각했다. 하늘이 주는 기운이 있고 땅이 주는 기운이 있고 사람이 주는 기운이 있다는 것이다.

하늘이 주는 기운은 태양이 모든 사람에게 차별 없이 비추는 것처럼 모든 사람에게 내리는 것이다. 땅이 주는 기운은 우리가 밟고 사는 지역의 기운을 말하는 것이다. 사람이 주는 기운은 우리가 만나는 모든 사람들과 주고받는 기운을 말한다.

사랑은 가까운 사람부터 사랑해야 한다고 말했다. 감사도 마찬가지이다. 가까이 있는 사람에게 감사하고 내가 사는 지역사회에 감사를 해야 한다.

내가 행복하고 건강하게 사는 것이 우연인 것 같지만 모두 감사할 대상들이 존재하는 덕분이다. 우리는 일상에서 누리는 것들에게 감사함을 느끼지 못하지만 막상 그것들이 없어지면 엄청난 고통이 뒤따른다. 예를 들면 우리가 호흡하는 공기가 그렇다. 우리 중에서 공기에 대하여 감사를 하는 사람은 없을 것이다. 그러나 만약에 공기가 없다면 어떻게 될까? 우리는 엄청난 고통 속에서 죽어갈 것이다.

우리가 살아가고 있는 지역사회도 마찬가지이다. 우리 중에서 지역사회에 감사함을 느끼면서 살아가는 사람은 없을 것이다. 그러나 우리가 일상에서 만족감과 행복감을 느끼면서 살아가는 것은 모두 지역사회 덕분이다.

지금부터는 내가 살고 있는 지역사회에 감사하는 마음으로 살아가면 좋겠다. 지역사회를 비판하거나 불평할 것을 먼저 찾지 말고 감사할 것을 먼저 찾는다면 보다 많은 만족과 행복을 느끼면서 살아갈 수 있을 것이다.

어떻게 살아야 할까

대한민국에 감사하자

시리아의 내전으로 인하여 많은 난민들이 발생하였다. 2015년 9월 2일에 시리아의 난민 천사 '쿠르디'의 시신이 터키의 해안가에서 발견되었다. 해안가에서 숨진 채 발견된 '쿠르디'의 사진 한 장이 세계를 경악하게 만들었고 엄청난 슬픔에 잠기게 만들었다. 그리고 아직도 세계 곳곳에는 '쿠르디'와 같은 아이가 많은 것이 현실이다.

국가는 존재하는 것 자체만으로도 우리에게 엄청나게 혜택을 주고 있는 것이다. 시리아의 사태를 보더라도 국가는 존재하는 것 자체로 우리에게 엄청난 혜택을 주고 있는 것이다. 그러나 국가의 존재에 대해 감사함을 느끼는 사람은 많지는 않다.

우리 대한민국도 나라가 약해서 일본에게 나라를 빼앗기고 무려 36년 동안이나 지배를 받고 살았다. 국가를 빼앗긴 백성은 부모가 없는 고아와도 같은 존재가 되는 것이다. 나라를 빼앗기고 36년 동안 일본에게 받은 고통은 상상을 초월하는 것이다. 대한민국이 다시 약한 나라가 된다면 정신대나 군함도와 같은 일들이 다시 일어나지 말라는 법이 없는 것이다.

국가의 존재 없이 디아스포라로 살아가던 유대인이 당했던 고통을 우리는 잘 알고 있다. 히틀러에 의해서 6백만 명의 유대인이 학살이 되었다. 6백만 명의 유대인이 학살이 되었지만, 당시에는 유대인을 구해줄 국가가 없었던 것이다.

지금부터는 대한민국이라는 나라에 감사하는 마음으로 살아갔으면 좋겠다. 우리가 느끼지 못할 뿐이지 대한민국은 정말 아름답고 풍요로운 나라이다. 대한민국은 사계절이 명확한 나라이다. 세계적으로 사계절이 명확한 나라는 많지 않다. 대한민국에 사는 우리는 사시사철의 아름다움을 만끽하면서 살아가고 있는 것이다.

대한민국은 국토의 70%가 산악지대이다. 그래서 대한민국의 경치는 어느 곳에 가더라도 정말 아름답다. 국토의 70% 이상이 사막지대인 나라들도 많다. 그런 나라들에 비하면 대한민국은 천국이나 다름없다.

대한민국처럼 치안이 발달된 나라도 없다. 세계적으로 밤거리를 아무 걱정 없이 다닐 수 있는 나라는 그리 많지 않다고 한다. 그러나 대한민국은 전국 방방곡곡 어디에서나 마음껏 밤거리를 다닐 수 있다.

대한민국처럼 의료보험이 잘 갖춰진 나라가 없다. 대한민국의 국민이라면 아주 적은 보험료를 내고도 편안하게 치료받을 수가 있다. 많은 나라들이 너무 비싼 보험료와 병원비 때문에 치료를 포기하는 경우가 많다고 한다.

대한민국에서 태어난 것은 어쩌면 하늘의 축복을 받은 것이다. 특히 21세기를 살고 있는 우리는 하늘의 축복을 받은 것이 확실하다. 그러나 너무 안타까운 현실이지만, 대한민국에 감사하는 마음으로 살아가는 사람들은 그리 많지 않은 것이 사실이다. 특히 젊은이들이 '3포 세대', '헬조선', '이생망'이라고 대한민국을 표현하는 것은 너무 가슴 아픈 현실이다.

지금부터는 대한민국에게 감사하는 마음으로 살았으면 좋겠다. 물론 대한민국에 100% 만족할 수는 없다. 그러나 다른 나라들과 비교하면 대한민국은 정말 아름답고 풍요로운 나라이다.

지금부터는 대한민국이 나에게 무엇을 해줄 것인가를 생각하기보다는 내가 대한민국을 위해서 무엇을 할 것인가를 생각하면서 살아갔으면 좋겠다. 그러면 대한민국이 점점 더 풍요롭고 아름다운 나라가 되어 국민들에게 돌아가는 혜택도 많아질 것이다.

감사하려면 현재를 살라

감사하는 마음으로 살아가면 하늘에게는 축복을 받고 사람에게는 사랑을 받는다고 말했다. 하늘에게 감사하면 하늘의 축복을 받고 사람에게 감사하면 사람에게 사랑을 받는다. 그러나 감사하는 마음으로 살아가는 것이 결코 쉽지 않다. 마음으로는 감사하면서 살고 싶지만 현실적으로 쉽지가 않기 때문이다.

감사하는 마음으로 살아가려면 어떻게 해야 할까? 감사하는 마음으로 살아가려면 현재를 살아야 한다. 감사하는 마음으로 살아가지 못하는 이유는 현재를 살지 않고 과거를 살거나 미래를 살기 때문이다. 과거나 미래가 아니라 현재를 살아야 감사하면서 살아갈 수 있다.

현재를 살아간다는 것은 무엇일까? 현재를 살아간다는 것은 나답게 사는 것이다. 나에게 주어진 모든 것들을 받아들이고 나답게 사는 것이다. 나에게 있는 모든 것에 감사하고 주어진 여건에서 최선의 삶을 사는 것이다.

2015년에 투자했던 사업이 어려워지면서 많은 것들을 줄여야 했다. 가장 큰 변화는 자동차가 작아진 것이다. 나는 자동차를 타고 전국을 다니면서 강연을 하고 있다. 작은 자동차를 타기 시작하면서 장거리 운전을 하고 강연을 다녀오면 전보다 훨씬 더 많은 피곤함을 느끼게 되었다.

처음에는 사업의 실패에서 오는 정신적인 이유로 많은 피곤함을 느끼는 것이라고 생각했다. 하지만 정신적인 문제가 아니라 승차감이 떨어지는 문제라는 것을 알게 되었다. 작은 차를 타면 충격을 온몸으로 흡수하기 때문에 피로감이 몰려왔던 것이다.

2017년 연말에 자동차의 타이어를 교체할 시기가 되었다. 타이어를 교체할 때가 다가오자 많은 생각을 하게 되었다. 자동차가 충격을 흡수하지 못해 그 충격을 온몸으로 받는 탓에 많은 피로감을 느낀 것이기에 발상의 전환이 필요했다. 그래서 작은 차라서 한계가 있기는 하지만 가능한 가장 넓은 타이어로 교체를 해달라고 타이어 전문점에 부탁을 하였다.

넓은 타이어로 교체를 하자 확실히 승차감이 좋아졌다. 승차감뿐만 아니라 안정감도 정말 좋아졌다. 타이어를 교체하기 전에는 온몸으로 충격을 흡수했다. 하지만 타이어를 교체한 후에는 넓어진 타이어가 충격의 일정부분을 흡수해주기에 안정감과 승차감이 좋아진 것이다.

나답게 산다는 것은 나에게 주어진 것들에 감사하고 주어진 여건에서 최선을 다하는 것이다. 그러면 현재의 어려움에 불평불만을 하는 것이 아니라 감사를 하면서 살아갈 수 있다.

작은 차라는 이유로 불평불만을 하거나 포기하고 살아갈 수도 있다. 그러나 불평불만을 하거나 포기를 하는 것은 지는 것이다. 작은 차를 타고 있지만 주어진 여건에서 최선을 다하여 최상의 결과를 이끌어 내는 것이 이기는 것이다. 아무리 힘들고 어려운 상황에서도 주어진 여건에서 최선을 다한다면 삶의 만족도가 최상으로 상승하게 될 것이다.

현재를 산다는 것은 어쩔 수 없는 것은 어쩔 수 없는 대로 놔두는 것이다. 어쩔 수 없는 것은 그냥 놔두고 나의 길을 가는 것이다. 어쩔 수 없는 것에 집착하는 것은 나의 영혼을 죽이는 것이다. 어쩔 수 없는 것에 대한 집착을 내려놓고 나의 길을 묵묵히 가는 것은 나의 영혼을 살리는 것이다.

사업이 어렵게 되고 내가 책임을 져야 하는 빚은 4억에 가깝다. 일반적으로 4억 정도의 빚을 지게 되면 헤어나오기가 쉽지 않다. 4억이라는 빚의 무게에 함몰되어 아무것도 못할 만큼 절망의 나락에 빠지기도 한다. 하지만 나는 다른 선택을 했다. 어쩔 수 없는 것은 어쩔 수 없는 대로 그냥 두고 묵묵히 나의 길을 가기로 한 것이다.

어쩔 수 없는 것은 어쩔 수 없는 대로 놔두고 나의 길을 가야 한다. 그래야 미래가 있고 희망이 있는 것이다. 어쩔 수 없는 것에 집착을 해서 나의 길마저 가지 못한다면 진짜 지는 것이다.

사실은 4억의 빚도 내가 책임지면 안 되는 것이다. 하지만 책임을 져야 할 사람이 책임을 회피하는 바람에 내가 책임을 지게 된 것이다. 나는 억울하게 4억에 가까운 빚을 떠안게 되었지만 한 번도 원망을 하거나 비난을 하거나 저주를 하지 않았다. 내가 원망하고 비난하고 저주를 해서 책임져야 할 분이 재기불능이 되면 결국은 나만 더 손해이기 때문이다. 나는 오히려 축복을 해야 한다고 생각한다. 그분이 잘 되면 일정부분이라도 감당을 할 것이기 때문이다. 현재를 산다는 것은 바로 이런 삶을 사는 것이다.

이런 나를 보고 사람들은 매우 놀란다. 하지만 나는 지극히 현명하고 현실적인 선택을 하고 있는 것이다. 무엇이 내가 살 수 있는 길인지를 알고 실천하고 있는 것이다. 이것이 주어진 현실에 감사하며 현재를 살아가면서 최상의 결과를 이끌어낼 수 있는 비결인 것이다.

미래에 대한 기대감이 현재의 어려움보다 크면 현재의 어려움을 이겨낼 수 있다. 그러나 미래에 대한 기대감이 현재의 어려움보다 작으면 현재의 어려움을 이겨낼 수 없다. 우리가 현재를 충실하게 살아가는 것은 미래에 대한 기대감을 크게 만들어가는 것이다. 미래에 대한 기대감은 자신에게 주어진 것에 감사하며 현재를 살아가는 사람에게 주어지는 하늘의 축복이다.

과거는 돌아갈 수 없는 강이다

감사하는 마음으로 하늘에게는 축복을 받고 사람에게는 사랑을 받으면서 살아야 한다. 그리고 감사하는 마음으로 살아가려면 현재를 살아야 한다. 그러나 많은 사람들이 현재를 살지도 못하고 감사하는 마음으로 살지도 못한다. 사람들이 현재를 살아가지 못하는 이유는 과거에 집착을 하기 때문이다.

현재를 살지 못하고 과거를 사는 사람들이 많다. 과거에 집착하고 과거에 함몰이 되어 현재를 살지 못하는 것이다. 그러나 과거는 돌아갈 수 없는 강일뿐이다. 과거는 과거일 뿐이니 우리는 현재를 살아야 한다. 어쩔 수 없는 과거는 과거대로 그냥 놔두고 우리는 현재를 살아야 한다. 현재를 사는 것이 감사하면서 사는 것이고 가장 지혜로운 삶이기 때문이다.

오래 전에 함께 독서모임을 하던 분의 경험이 생각난다. 그분의 동생은 30여 년 전에 오토바이 사고로 운명을 달리 하셨다. 문제는 그분의 어머니께서 동생의 죽음에 함몰되어 평생을 슬픔 속에서 사셨다는 것이다. 비명횡사한 아들을 생각하며 따뜻한 방에서 잠을 자지도 못하시고 따뜻한 밥을 먹지도 못하셨다. 물론 아들을 사랑하는 어머니의 마음은 충분히 이해가 간다. 하지만 우리는 과거가 아니라 현재를 살아야 한다. 어쩔 수 없는 과거에서 벗어나 현재를 살아야 한다. 그리고 어머니가 고통 속에서 사는 것은 아들이 원하는 것도 아닐 것이다. 어머니가 자신 때문에 고통 속에서 살고 있다면 천상에 있는 아들도 어머니와 똑같은 고통 속에서 살 수도 있다. 어쩌면 어머니의 슬픔 때문에 천상에 가지 못하고 구천을 떠돌고 있을지도 모른다.

그분의 동생은 인물도 좋았고 공부도 잘했다고 한다. 특히 성품이 좋아서 어머니에게 극진하게 효도를 했다고 한다. 사고를 당할 당시에도 의대를 졸업하고 군의관으로 보건소에서 근무를 하던 재원이었다. 어머니에게는 너무나도 귀한 아들이었음이 틀림없다. 그러나 아무리 귀한 아들이라고 하더라도 산 사람은 살았어야 하지 않았을까? 진짜 아들을 사랑한다면 마음을 강하게 먹고 이겨냈어야 하는 것이 아닐까?

우리의 육체는 진짜 나가 아니다. 우리의 영혼이 진짜 나인 것이다. 진짜 아들인 영혼은 죽은 것이 아니라 육체라는 옷을 벗었을 뿐이다. 그러나 육체라는 옷을 벗은 것을 아들의 진짜 죽음으로 오해를 했기에 어머니는 삶을 포기하고 평생을 슬픔과 회한 속에서 사신 것이다.

미래는 내일의 오늘일 뿐이다

감사하는 마음으로 살아가려면 현재를 살아야 한다. 그러나 현재를 포기하고 미래를 살아가는 사람들도 있다. 미래를 살아가는 사람들에게 현재는 어떤 의미가 있을까? 미래를 사는 사람에게 현재는 아무런 의미가 없다. 그리고 현재가 없는 사람들은 감사하는 마음으로 살아갈 수도 없다.

미래를 산다는 것은 어떤 의미가 있는 것일까? 미래를 산다는 것은 미래의 기대감과 가능성만을 바라보면서 살아가는 것이다. 미래의 기대감과 가능성을 위하여 오늘을 포기하면서 사는 것이다. 미래를 위해서 오늘의 희생을 요구하는 것이다.

그러면 현재를 살기 위해서 미래를 포기해야 하는 것일까? 젊은 사람들 중에서 YOLO족이 등장할 만큼 현재를 위해서 살아가는 사람들이 생겨나기 시작하고 있지만, 기성세대들은 미래를 위해서 현재를 포기하고 살아가는 경우가 많다. 기성세대들뿐만 아니라 젊은이들 중에서도 현재를 포기하고 살아가는 사람들이 많이 있다.

미래를 위해서 현재를 포기하는 것은 바람직한 것일까? 그것은 절대 아니다. 미래를 위해서 현재를 포기하면 절대로 안 된다. 물론 미래도 아주 중요하다. 따라서 미래를 준비하면서 살아가는 것도 필요하다. 그러나 미래를 위해서 현재를 포기하는 것은 절대로 안 된다.

최고선은 중용이다. 중용이라고 해서 고정되어 있는 것은 아니다. 중용은 사고의 유연성을 말한다. 중용은 사고의 다양성을 말한다. 삶에서 일어나는 일들을 유연하게 대처하는 것을 말한다. 중용을 실천하면서 살아가는 것은 조화와 균형을 적절하게 이루어 가는 것이다. 그래서 중용은 지혜라고도 할 수 있는 것이다.

우리에게는 중용의 지혜가 필요하다. 현재와 미래 사이에서도 적절한 조화와 균형이 필요하다는 것이다. 미래에 대한 준비가 잘 되어 있으면 더 많은 시간을 현재에 할애할 필요가 있다. 그러나 미래에 대한

어떻게 살아야 할까

준비가 부족할 경우에는 현재에 할애한 시간을 줄이고 미래에 대한 준비를 위하여 시간을 더 많이 할애해야 할 것이다.

우리가 미래를 산다고 해서 꼭 미래를 사는 것은 아니다. 미래를 사는 것도 결국 현재를 사는 것이고 오늘을 사는 것이다.

미래는 무엇일까? 미래는 내일의 오늘이 아닐까? 미래가 내일의 오늘이라면 우리에게는 오늘만 있는 것이다. 우리에게는 미래도 없고 내일도 없는 것이다. 오늘을 사는 것이 내일을 사는 것이고, 오늘을 사는 것이 미래를 사는 것이기 때문이다.

우리가 미래만을 위해서 살게 되면 감사하는 마음으로 살 수 없다. 그러나 오늘을 살면 항상 감사하는 마음으로 살 수 있다. 따라서 미래를 준비하는 삶을 살더라도 오늘을 살겠다는 마음의 자세가 필요하다. 그리고 오늘을 사는 것이 내일을 사는 것이고, 오늘을 사는 것이 미래를 사는 것이라는 마음의 자세도 필요하다.

'카르페디엠'이라는 말이 있다. '카르페디엠'은 지금 살고 있는 현재 이 순간에 충실 하라는 뜻을 가진 라틴어이다. 우리말로는 '현재를 잡아라(Seize the day or Pluck the day).'로 번역할 수 있는 라틴어이다.

'카르페디엠'이라는 말은 영화 '죽은 시인의 사회'에서 키팅 선생님 때문에 유명해진 말이다. 키팅 선생님은 학생들에게 자주 '카르페디엠'을 외치면서 현재를 살라고 말했다. '죽은 시인의 사회'에서는 청소년들이 자유정신을 가지고 전통과 규율에 도전하는 삶을 살아가는 상징적인 말이었다. 키팅 선생님은 대학입시와 직장이라는 미래를 위해서 학창시절의 낭만과 즐거움 같은 현재의 삶을 포기하는 현실을 안타까워한 것이다. 키팅 선생님은 학생들에게 지금 살고 있는 이 순간이 가장 중요한 순간임을 일깨워주었다.

미래를 위해서 현재를 포기하면 안 된다. 미래는 내일의 오늘일 뿐이다. 따라서 우리는 '카르페디엠', 즉 오늘을 살아야 한다. 내일의 행복과 즐거움을 사는 것이 오늘을 행복하고 즐겁게 사는 것이다.

'카르페디엠'을 사는 사람은 감사하는 마음으로 살 수 있다. 그리고 감사하는 사람은 하늘의 축복과 사람의 사랑을 받고 살 수 있다.

어떻게 살아야 할까

평생감사로 평생축복을

평생 동안 감사하면서 살아간다면 얼마나 좋을까? 그러나 우리의 인생길은 그리 쉽지 않다. 감사하면서 살아가려고 노력하지만 현실이 발목을 잡고 삶에 찌들어 가면서 감사를 잃어버리고 살아간다.

감사하는 삶이 힘들고 어려운 것이니 포기해야 할까? 절대로 포기하면 안 된다. 아무리 힘들고 어려워도 감사하는 삶을 살아야 한다. 평생감사는 평생축복을 불러오는 것이다. 따라서 우리는 최선을 다하여 감사하는 생활을 해야 한다.

평생감사로 평생축복을 받는 삶을 살기 위해서 연령대에 맞는 감사를 찾아보려고 한다. 그러면 감사생활이 어려워도 좀 더 쉽게 접근할 수 있을 것이다. 10대부터 80대까지 각각의 연령대에 맞게 감사할 것들을 찾아보려고 한다. 그래서 평생감사로 평생축복의 삶을 살아보자.

10대 시절의 감사

10대에는 부모님에게 감사하면서 살면 좋을 것 같다. 10대에는 부모님에 대한 의존도가 높기 때문이다. 물론 10대 시절에는 부모님의 사랑을 느끼는 것이 쉽지 않다. 부모님의 사랑을 느끼기보다는 오히려 부모님의 통제와 간섭만을 느끼기가 더 쉬울 것 같다. 특히 반항심의 절정기를 지나는 사춘기 시절에는 부모님과의 갈등이 커지기가 쉽다.

10대 시절에 부모님의 사랑을 느끼기 어렵다고 해서 부모님의 사랑이 없는 것은 아니다. 부모님은 태양과도 같은 존재이다. 부모님의 사랑은 자식들이 받아들이든지 받아들이지 않든지에 상관없이 태양처럼 항상 비추고 계신다. 따라서 부모님의 사랑이 느껴지든 느껴지지 않든지 상관없이 항상 감사하는 마음을 가지려고 노력하면 좋겠다.

10대 시절은 성격과 성품이 결정이 되는 아주 중요한 시기이다. 부모님에게 감사하는 10대와 부모님에게 반항하는 10대의 차이는 크게 나타날 것이다. '3살 버릇 여든까지 간다.'라는 말이 있는 것처럼 사람의 성격이나 성품은 쉽게 바꿀 수가 없다. 따라서 성격과 성품이 결정이 되는 10대에 부모님에게 감사하면서 살아가는 것은 아주 중요한 것이다.

인생은 내가 살아가는 것이다. 부모님이나 선생님이 인생을 대신 살아줄 수는 없다. 결국 인생은 스스로 결정하고 스스로 선택하는 것이다. 따라서 나의 성격이나 성품은 인생의 방향을 결정하는 중요한 요소가 된다. 행복하고 즐거운 인생을 살아가려면 성격이나 성품이 반드시 뒷받침이 되어야 한다. 행복한 삶을 살고 싶지 않은 사람은 아무도 없다. 그러나 성격과 성품이 뒤따르지 않으면 행복하게 살지 못할 수도 있다.

10대 시절에 부모님에게 감사를 하면서 살아가는 것이 결코 쉽지 않겠지만 최선을 다해야 한다. 그리고 부모님에게 감사를 하는 것은 나를 위한 것이다. 나의 행복한 미래를 위한 필수적인 요소이다.

20대 시절의 감사

20대 시절에는 친구들에게 감사하면 좋겠다. 좋은 친구는 거의 10대에 결정된다. 20대 이후에 좋은 친구를 만난다는 것은 쉽지가 않다. 10대에는 아무런 사심이 없이 친구를 사귀지만 20대 이후에는 사심이 들어가기 시작한다. 20대 이후에는 자신에게 이익이 되는 사람은 가까이 하고 자신에게 손해가 되는 사람은 거의 만나지 않는다. 그래서 이해관계에 얽혀 있는 20대 이후에는 좋은 친구를 사귀기가 쉽지 않다.

20대 시절에 친구에게 감사를 하면서 살아야 하는 이유는 10대의 순수한 시절에 만났던 친구가 평생친구가 될 수 있기 때문이다. 평생 동안 마음이 맞고 대화가 통하고 아무런 사심 없이 만날 수 있는 사람이 있다는 것은 하늘의 축복을 받은 것이다.

하늘의 축복 같은 좋은 친구들을 20대에 잃어버리기도 한다. 20대에는 정신적으로나 경제적으로 미성숙한 시기이기 때문이다. 그래서 자칫하면 좋은 친구를 잃어버리기가 쉽다. 20대에 좋은 친구를 잃어버리는 것은 엄청난 손실이다. 물론 20대에 친구의 소중함을 알 수 있으면 괜찮다. 하지만 20대에는 미성숙한 시기이기에 모를 가능성이 높다. 그러면 소중한 친구를 잃을 수도 있는 것이다.

20대에는 친구의 소중함을 모르고 친구를 잃어버릴 수 있다. 그래서 20대에 친구에게 감사하는 마음을 갖자는 것이다. 친구의 소중함을 느끼지는 못하더라도, 친구에게 감사하는 마음으로 대한다면 친구를 잃어버리지는 않을 것이다.

30대 시절의 감사

30대 시절에는 직장에 감사하면 어떨까? 30대에는 직장에서 배울 수 있는 가장 좋은 시기이기 때문이다. 30대를 보내는 10년 동안 어떻게 배웠느냐에 따라서 40대 이후의 인생이 결정이 되기 때문이다.

나이가 40세가 되면 불혹의 나이라고 한다. 불혹이라는 것은 유혹에 흔들리지 않는다는 것이다. 40세에 불혹을 맞게 된다는 것은 인격 형성이 거의 끝난다는 것이다. 40세 이후에는 변하기가 어렵다는 것을 말해주기도 한다. 특히 남자들이 40세 이후에 변하는 것은 정말 어려운 일이다. 유혹에 흔들리지 않을 만큼 자아가 단단하게 형성되기 때문이다.

30대 시절에 직장에 감사를 해야 하는 이유 중 하나가 바로 나에게 일을 주고 일에 대한 대가를 주기 때문이다. 일과 일에 대한 대가에 감사를 하는 것은 기본이다. 일과 대가에 대한 감사를 넘어 직장에 감사를 해야 하는 것은 30대를 보내는 10년 동안 잘 배워야 하기 때문이다. 30대를 보내는 10년 동안 잘 배워서 40대에 보다 멋진 인격의 소유자가 되기 위해서이다.

직장에 감사를 하는 것과 불평불만을 하는 것은 엄청난 차이가 있다. 직장에 감사를 하는 사람은 잘 배울 수가 있기 때문이다. 직장에 감사를 하는 사람이라면 직장의 시스템을 잘 배울 수 있다. 직장의 시스템을 잘 배워서 40대 이후에 자신의 삶에 적용할 수 있다면 엄청난 자산이 될 것이다.

직장동료에게 감사를 하는 사람이라면 사람을 공부할 수 있다. 논어에서 공자님은 '지(知)는 사람을 아는 것이다.'라고 말했다. 사람을 아는 것이 최고의 지혜이다. 모든 것은 인간관계의 산물이기 때문이다. 성공도 행복도 사람과의 관계서 나온다.

반대로 직장에 불평불만을 하는 사람은 어떨까? 매사에 직장에 대해서 불평불만을 하니 직장 시스템이 제대로 눈에 들어올 리가 없다. 그래서 20년, 30년 동안 직장생활을 해도 은퇴 후에 직장 시스템을 하나도 써먹지 못하게 되는 것이다.

직장동료들에게 불평불만을 하는 사람은 인간관계도 엉망일 것이다. 매사에 직장동료에게 불평불만을 하니 사람도 눈에 들어오지 않을 것이다. 그러면 인간관계의 지혜를 배울 수가 없게 되어 가정에서도 직장에서도 항상 갈등을 유발하면서 살게 될 것이다.

40대 시절의 감사

40대에는 건강에 감사하면 어떨까? 40대에는 비교적 젊은 나이기에 건강을 과신하기 한다. 물론 40대 때에는 대부분이 건강하다. 그러나 40대를 보내는 10년 동안 건강관리를 잘하지 못하면 50대 이후에는 회복이 불가능할 수도 있다. 50대 이후는 퇴행성 질환이 나타나는 시기이다. 퇴행성 질환이 나타나기 전에 건강을 유지해야 하는 것이다.

50대가 넘으면 다이어트도 거의 불가하다고 한다. 40대 중반이 넘어가면서부터는 사실 물만 먹어도 살이 찐다. 특별하게 많이 먹지 않아도 나잇살이 붙는다는 것이다. 50대가 넘은 선배님들이 나를 보고 많이 부러워하신다. 40대에 건강의 소중함을 알고 40대에 관리를 했어야 한다고 말한다. 40대에는 비교적 건강하기에 신경을 안 썼더니 몸이 불어버렸다고 말한다. 그리고 50대에는 아무리 신경을 써도 관리가 안 된다고 하면서 하소연을 하는 것이다.

40대를 보내는 10년 동안 건강에 감사하면서 살아간다면 50이 넘어서도 건강생활을 할 수 있다. 40대에 건강에 감사하는 사람이라면 건강이 소중하다는 것을 아는 사람이다. 건강이 가장 소중하다는 것을 아는 사람이라면 40대를 보내는 10년 동안 특별하게 건강관리를 할 것이다. 그러면 누구나 50 이후에 건강한 삶을 영위하게 될 것이다.

어떻게 살아야 할까

반대로 40대에 건강을 과신하고 건강에 감사를 하지 않는 사람은 관리에 소홀하게 될 것이다. 건강관리에 소홀한 사람은 자신의 몸에 좋지 않은 것들을 끊임없이 공급하게 될 것이다. 그러면 돌이킬 수 없을 정도로 건강이 나빠질 수도 있고 50 이후에는 퇴행성 질환으로 인해 건강한 생활을 하기 힘들게 될 것이다.

50대 시절의 감사

50대에는 가족에게 감사하면 어떨까? 인생의 전성기는 50대에 온다고 한다. 전성기를 50대에 맞는다는 것은 50대가 될 때까지 열심히 살았다는 것이다. 그리고 열심히 사는 동안 가족들의 많은 희생과 양보가 있었을 것이다. 아빠가 필요할 때 함께하지 못했을 수도 있고, 엄마가 필요할 때 함께하지 못했을 수도 있다. 남편이 필요할 때 함께하지 못했을 수도 있고, 아내가 필요할 때 함께하지 못했을 수도 있다.

50대를 보내는 10년 동안은 가족들에게 감사하면서 살면 좋겠다. 그동안 소홀했던 가족들에게 관심과 애정을 쏟는 것이다. 물론 30대, 40대에 소홀히 했던 가족들이 한 번에 마음을 열지 않을 수 있다. 그래도 최선으로 다가서야 한다.

특별히 자녀들에게 더 감사하면 좋겠다. 조금만 더 지나면 자녀들이 장성하여 부모의 품을 떠나게 된다. 부모의 품을 한 번 떠나면 다시 돌아오지 않는다. 어쩌면 50대가 자녀들과 함께할 수 있는 마지막 기회일 수도 있다. 따라서 50대에는 특별히 자녀들에게 감사하면서 살아야 한다. 자신의 부재에도 무탈하게 잘 자라준 자녀들에게 감사하는 마음이라면 자녀들과의 어색한 동거는 끝나고 하나가 될 것이다.

50대에 가족들과 다투는 경우가 많다. 30대와 40대에는 정신없이 살다보니 가족이 눈에 들어오지 않다가 정신적으로나 경제적으로 여유가 생기는 50대에 가족이 눈에 들어온다. 가족이 눈에 들어오면서 가족들과 함께 하려고 하지만, 남편이나 아내하고 대화가 잘 되지 않는다. 특히 자녀들과는 세대차이가 발생하여 대화가 어렵게 된다. 그래서 50대에 가족들에게 감사하는 마음이 필요하다는 것이다. 대화가 어려워도 감사하는 마음이 있다면 조금은 부드러워질 것이다.

60대 시절의 감사

60대에는 지역사회와 대한민국에 감사하면 어떨까? '50대까지 열심히 일한 당신, 60대에는 쉬어라.'라고 국가에서 편안한 쉼을 주고 있다. 인생의 성패는 60대 이후의 삶의 질로 결정이 된다. 60대 이후에 내가 살고 있는 지역사회와 대한민국 덕분에 최상의 삶을 누릴 수 있는 것이다.

지역사회와 대한민국에 감사할 것이 얼마나 있느냐고 반문하는 사람도 있을 것이다. 그러나 모든 것을 나의 힘으로 살아온 것 같아도 대한민국과 지역사회의 힘도 무시하지 못한다. 대한민국과 지역사회가 없었다면 오늘의 나도 없다고 봐야 한다. 그래서 국가를 조국이라고 표현하지 않는가? 국가는 부모님과 조상 같은 존재라는 것이다. 부

어떻게 살아야 할까

모님과 조상들은 존재하는 자체만으로도 우리에게 힘을 주는 것이다. 대한민국과 지역사회라는 것도 존재하는 자체만으로도 우리에게 힘을 주는 것이다.

60대 이후의 삶의 질에 있어서 대한민국과 지역사회처럼 좋은 곳도 없다. 세계 어느 곳과 비교해도 손색이 없는 치안 시스템과 의료보험 시스템이 있기 때문이다. 60대 이후에도 불안하게 살아간다면 삶의 질은 최악이 될 것이다. 그러나 대한민국과 지역사회의 존재가 60대 이후의 삶을 책임져 준다면 안정감을 가지고 살아갈 수 있을 것이다. 대한민국은 이미 최고의 안정감을 주는 나라이다.

60대에 대한민국과 지역사회에 감사를 하게 되면, 그것이 곧 봉사로 발전할 수 있다. 사실 60대까지 경험한 것들을 사장시킨다는 것은 국가적으로나 개인적으로나 너무나 안타까운 일이다. 60대까지 열심히 일하고 공부하고 경험한 것들은 엄청난 자산들이기 때문이다.

대한민국과 지역사회에 감사하는 마음으로 봉사를 하게 된다면 세상이 아름다워질 것이다. 그리고 후배들은 봉사하는 선배님들에게 존경하는 마음을 갖게 될 것이다. 아름다운 세상도 만들어가고 후배들의 존경도 받을 수 있다면 금상첨화가 아니겠는가?

70대 시절의 감사

70대에는 다시 친구들에게 감사하면 좋겠다. 10대에 만났던 친구들이 70대까지 인연을 이어간다면 얼마나 아름다운 일일까? 10대부터 70대까지 친구관계를 이어간다면, 그것은 아마도 신의 축복을 넘어 신의 선물일 것이다. 60년이 넘는 세월 동안 변하지 않는 우정이 지속된다는 것이 어디 사람의 힘으로만 가능한 것이겠는가? 절대로 불가능한 것이다.

천안 독서모임에서도 60대 후반의 친구 두 명이 함께 모임에 참석하고 있다. 고등학교 때부터 이어진 우정이 70세가 가까운 나이까지 이어진 것이다. 그런데 그 모습이 얼마나 멋지고 아름답게 보이는지 모른다.

70대에 친구들과 좋은 관계를 유지하는 것은 쉽지 않다. 70년의 인생을 살아오면서 많은 차이가 발생하기 때문이다. 70년을 살아오면서 쌓은 삶의 경험이 경제적으로나 정신적으로 너무 많은 차이를 만들기 때문이다. 그래서 70대에는 다시 친구들에게 감사하는 마음이면 좋겠다.

논어에 '가장 지혜로운 사람과 가장 어리석은 사람은 변하기가 어렵다.'라는 말이 있다. 70대에 원만한 인간관계를 맺기가 어려운 것은 70년의 경험에서 나오는 지혜 때문이다. 70년의 삶의 경험으로 인해서 단정적으로 세상을 보고 사람을 대하기가 쉽기 때문이다.

70대에는 다시 친구들과 사람들에게 감사하는 마음을 가지면 좋을 것 같다. 그러면 70년 동안 쌓은 경험의 차이에서 오는 문제들이 많이

어떻게 살아야 할까

해소가 될 것 같다. 지금까지 함께해준 친구들에게 무조건 감사하는 마음을 지닌다면 갈등의 요소가 대부분 사라질 것이다.

80대 이후의 감사

80대 이후에는 신에게 감사하면 어떨까? 지금까지 지내온 모든 것에게 감사하는 마음을 가지면 어떨까? 신에게 감사하는 마음을 가진다면 인생을 아름답게 마무리할 수 있을 것이다.

80대 이후까지 건강하게 살고 있다면 모든 것이 신의 축복이고 은혜이다. 우리 선조들은 61세에 환갑을 지냈다. 61세까지 무탈하게 산 것을 신의 축복이자 은혜로 받아들인 것이다. 그러나 21세기인 지금, 61세는 청춘이다. 그래서 심리적으로 80세를 환갑으로 받아들여야 한다. 그래서 80세까지 지켜주신 신의 은혜에 감사하는 마음으로 살아가자는 것이다.

사람은 육신이 진짜가 아니다. 사람은 영혼이 진짜다. 세상을 떠난다는 것은 육신이라는 옷을 벗고 영혼이 귀천을 하는 것이다. 그래서 죽는다는 표현은 정확한 표현이 아니다. 세상을 떠난다는 표현을 하거나 하늘로 돌아간다는 표현을 하는 것이 정확한 표현이다.

우리 모두는 우리의 고향으로 돌아가야 한다. 육체의 고향이 아니라 영혼의 고향으로 돌아가는 날이 있다. 80세 이후에 신에게 감사하는 마음으로 살아간다면 영혼의 고향으로 돌아갈 때 조금은 편안하지 않을까?

신에게 감사하는 마음으로 살아간다면 선을 행하면서 살지 않을 수가 없을 것이다. 비록 지난 세월 동안에 많은 선을 행하지 못했다고 하더라도, 신에게 감사하는 마음으로 선을 행하며 살아간다면 삶을 아름답게 마무리하게 될 것이다.

80세 이후에는 신에게 감사하는 마음으로 살아가면 좋겠다. 그러면 우리에게 있는 모든 탁한 것들이 순화될 것이다. 모든 영혼이 맑고 깨끗한 영혼이 될 것이다. 그러면 웃으면서 눈을 감을 수 있게 될 것이다. 아무런 여한도 회한도 없이 행복한 여행을 떠나게 될 것이다.

어떻게 살아야 할까

'인생은 고통의 바다'라는 말이 있다. 누구에게나 인생은 힘들고 가슴 아프고 고달픈 삶의 연속이라는 말이다. 돈이 많든지 적든지 상관없이 누구에게나 삶은 힘든 것이다. 권력이 많든지 적든지 상관없이 누구에게나 삶은 가슴 아픈 것이다. 지식이 많든지 적든지 상관없이 누구에게나 삶은 고달픈 것이다. 그래서 '인생은 고통의 바다'라는 말은 우리네 인생을 정확하게 표현해주는 말이다.

인생이 고난의 연속인 것은 누구에게나 자기만의 십자가가 있기 때문이다. 어느 한 사람도 예외 없이 자기만의 십자가를 가지고 있다. 자기만의 십자가는 크든지 작든지 상관없이 누구에게나 버거운 것이다. 자기만의 십자가가 다른 사람에게는 아무것도 아닌 것처럼 보여도 나에게는 힘들고 버거운 것이다. 그래서 살아 있다는 것 자체가 힘들고 어려운 것이며 숨을 쉬고 있다는 것 자체가 고통스러운 것이다.

자기만의 십자가를 지고 힘들고 어렵게 인생길을 걸어간다고 해도 삶의 길라잡이가 있다면 한결 나아질 것이다. 인생이 아무리 힘들고 어려운 것이라고 해도 삶의 길라잡이가 있다면 한결 나아질 것이다.

그대가 행복하고 당당하게 살아가고, 섹시하고 뜨겁게 살아가며, 공부하고 자유롭게 살아가고, 사랑하고 감사하며 살아가는 것을 삶의 길라잡이로 삼으면 된다. 그대가 8가지 삶의 길라잡이를 붙들고 삶의 길을 걸어간다면 그대의 삶은 멋지고 아름다운 인생길이 될 것이다. 그대가 8가지 삶의 길라잡이를 목표로 하여 삶의 길을 걸어간다면 그대의 삶은 멋지고 풍요로운 인생길이 될 것이다.

그대의 멋지고 아름다운 삶을 응원한다.
그대의 멋지고 풍요로운 삶을 응원한다.